Johan Splinter Stavorinus, August Ferdinand Lueder

Reise nach dem Vorgebürge der guten Hoffnung, Java und Bengalen

Johan Splinter Stavorinus, August Ferdinand Lueder

Reise nach dem Vorgebürge der guten Hoffnung, Java und Bengalen

ISBN/EAN: 9783741166785

Hergestellt in Europa, USA, Kanada, Australien, Japan

Cover: Foto ©Andreas Hilbeck / pixelio.de

Manufactured and distributed by brebook publishing software (www.brebook.com)

Johan Splinter Stavorinus, August Ferdinand Lueder

Reise nach dem Vorgebürge der guten Hoffnung, Java und Bengalen

Stavorinus
Schiffskapitains in Diensten der holländisch-ostindischen Kompagnie
Reise
nach dem
Vorgebürge der guten Hoffnung, Java und Bengalen
in den Jahren 1768 bis 1771.

Aus
dem Holländischen frey übersetzt und mit Anmerkungen begleitet

von

Professor Lueder

in Braunschweig.

Berlin,
bey Haude und Spener
1796.

Vorrede.

Reize van Zeeland over de Kaap de
Goede Hoop naar Batavia, Bantam,
Bengalen enz gedaan in de Jaaren 1768
tot 1771 door J. S. Stavorinus. In
twee Deelen. Leyden 1793 ist der Titel des
Werks, von dem ich hier nicht sowohl eine wört:
liche Uebersetzung, als vielmehr einen Auszug
dem Publikum mittheile. Ich ließ alles hinweg,
was nur dem Schiffer und dem Holländer wich:
tig seyn konnte; und noch weniger, als ich hier
gebe, würde ich geben, hätte ich längere Zeit zu
meiner Arbeit gehabt. Wollte ich nicht ein Buch
über dies Buch schreiben, so durfte ich mir nur
die Anmerkungen hinzuzufügen erlauben, die
man würklich findet. Was vom Vorgebürge
der guten Hoffnung mitgetheilt ist, kann größten:
theils nur dem Geschichtschreiber brauchbar seyn;
und sollten auch Historiker und Statistiker den
übri:

übrigen, bey weitem größten Theil des Werks, nur unter sich theilen können, so würden doch deswegen meine Bemühungen nicht als unnöthig erkannt werden können. Jene Theilung findet hier würklich nicht statt, aber wohl findet sich Veranlassung genug zu jenem Seufzer, wie viel auch hier, dem Historiker abzugeben sey! Ein Seufzer, der überhaupt unbegreiflich, und mehr als unbegreiflich ist, wenn man ihn bey Werken hören läßt, die Asien betreffen. Welche Lücken hat nicht noch gegenwärtig Asiens Geschichte, und welch ein ehrwürdiger Staub ruhet nicht auf so vielen statistischen Angaben von asiatischen Ländern?

Braunschweig, den 16. Sept.
1795.

A. F. L.

Bey der Entfernung des Uberſetzers und des Verlegers vom Druckorte, ſind in dieſen Bogen verſchiedene Druckfehler ſtehen geblieben, welche, nächſt unbedeutenden Buchſtabenfehlern, und unrichtiger Interpunktion, der Leſer folgendermaßen zu verbeſſern gebeten wird.

Seite 27. Zeile 17 von oben, ſtatt: Beſatzung des Hofes, lies: Beſatzung des Forts
— 29. — 3. von oben, ſtatt: Aral, lies: Arek
— 33. — 7. von oben, ſtatt: Pinangkauen, lies: Pinanglauen
— 40. — 11. von unten, ſtatt: Baluſore, lies: Balaſore
Ebendaſelbſt, Zeile 7. von unten, ſtatt: Im Waſſer, lies: Im Weſten.
— 41. — 16. von oben, ſtatt: bey der Touan, lies: bey der Tonne
— 55. — 18. von oben, ſtatt: Droß, lies: Troß
— 69. — 5. von oben, ſtatt: wurden, lies: werden
— 84. In der Note, Zeile 7. von unten, ſtatt: dem Geſchmack der Sitten, dem Character in der Willkühr, lies: dem Geſchmacke, den Sitten, dem Character und der Willkühr
— 91. — 12. von oben, ſtatt: Hindus, lies: Hindu — (und ſo leſe man überall, wo das Wort in der einfachen Zahl vorkommt.)
Ebendaſelbſt in der letzten unterſten Zeile, ſtatt: gelehnt, lies: gelehrt
— 102. — 11. von unten, ſtatt: Bam, lies: Ram
— 105. — 8. von unten, ſtatt: Schandpfleck, lies: Schandfleck
— 135. — 4. von unten, ſtatt: Landesſpitze, lies: Landſpitze
— 153. — 18. von unten, ſtatt: durch einen Graben, lies: durch jenen Graben
— 163. — 4. von unten, in der holländiſchen Note, ſtatt: 200, lies: 200.
— 164. In der vorletzten Zeile der holländiſchen Note, ſtatt: gedunnende, lies: geduurende
— 171. — 6. von unten, ſtatt: Der Weſt-Mouſſon, lies: Die Weſt-Mouſſon
— 179. 8. u. 11. von oben, ſtatt: Durinas, lies: Durinus
— 191. — 11. von unten, ſtatt: Abgaben, lies: Abgabe
— 192. — 4. der Note, ſtatt: 33 Secunden, lies: 30 Secunden
— 202. — 6. von unten, ſtatt: beſitzt, lies: beſitzt

Seite 208. Zeile 3. von unten, statt: Scheeps hoos Iden, lies
Scheepshoofden
— 211. — 17. von oben, statt: von Oberkaufmann, lies:
vom Oberkaufmann
— 214. — 9. von oben, statt: Scheepies-Schellinger, lies:
Scheepies - Schellingen
— 224. — 10. von unten, statt: dieser Inseln, lies: dieser Insel
— 227. — 5. von unten, statt: Palembang, lies: Palembang
Ebendaselbst, in der Note, muß, in der untersten Zeile bey Japan, statt: 11563, gelesen werden: 115637
Ebendaselbst, drey Zeilen höher hinauf, statt: Bantam, 73178,
muß gelesen werden: 79178
— 230. — 5. von unten, statt: in Ausschlag, lies: Im
Ausschlag
— 234. — 11. von oben, statt: overde zaaler, lies: over
de zaaleu
— 237. — 1. von oben, statt: Werler, lies: Werle, —
und — Zeile 12. von unten u. f. statt: de
Kniper, lies: de Kuiper.

———

Erstes

Erstes Buch.

Erſter Abſchnitt.
Reiſe von Seeland nach dem Vorgebürge der guten Hoffnung.

Es war der zehnte May 1768, an dem man die letzte Muſterung auf unſerm Schiffe hielt. Die Mannſchaft beſtand aus hundert und ſieben und vierzig Seeleuten, aus ſieben und ſiebzig Soldaten und aus einem Handwerksgeſellen, alſo zuſammen aus zweyhundert und fünf und zwanzig Köpfen. Unſere Beſtimmung war, mit dem erſten günſtigen Winde über das Vorgebürge der guten Hoffnung nach Batavia zu gehen, und wie gewöhnlich, waren auch wir auf neun Monate ausgerüſtet.

Am dreyzehnten verließen wir den Hafen von Middelburg und kamen glücklich bis vor Vliſſingen. Hier mußten wir bis zum vier und zwanzigſten auf günſtigen Wind harren; erſt an dieſem Tage, Morgens um neun Uhr, konnten wir in See gehen. Die Inſel Walcheren hatten wir bereits um Mittag aus dem Geſichte verlohren und am folgenden Tage erblickten wir mit Sonnenaufgang Britannien und Frankreich; allein ein Südwind nöthigte uns ſchon gegen Mittag

Mittag hinter die Singels zu gehen und dort einen günstigen Wind abzuwarten. Unter den Singels hat man sich eine große Sandbank zu denken, die volle anderthalb Meilen weit von der englischen Küste, etwas westlich von Folkstohn, sich in die See ziehet. So sicher der Schiffer hinter dieser Sandbank bey Südwest- und Westwinde liegt, so schnell muß er sich entfernen, wenn sich der Wind nach Südsüdwest oder nach Süden hin drehet. Ein Feuer, das am äussersten Ende dieser großen Sandstrecke unterhalten wird, zeigt die Gefahr, der man hier bey Nacht ausgesetzt ist.

Am dreyßigsten Junius versuchten wir, vom Ostwinde begünstigt, weiter den Kanal hinaufzufahren. Glücklich erreichten wir die Insel Wight, da aber brach nicht nur ein Donnerwetter los, das alles zu zerstöhren drohete, sondern es erhob sich auch ein anhaltender, heftiger Westwind, der endlich zum fliegenden Sturm wurde. Die Zahl unserer Kranken war bereits sehr beträchtlich, und vergebens würden alle Versuche gewesen seyn, unsern Weg zu verfolgen; wir wandten uns also nach Portsmouth und erreichten am achten Julius die Rhede von Spithead.

Von hier aus machte ich mit einigen Freunden eine Reise nach Southampton, das sechzehn englische Meilen von Gosport entfernt ist. Der Weg führte über ein dürres dem Anschein nach unfruchtbares Land, auf welchem wir aber doch Schaafheerden weiden sahen. Auch ist diese Gegend durch Bäche gewässert, die von den Bergen herab durch das Gesträuch hin in die Thäler sich ergießen. Wir verweilten zu Litchfield, einem Dorfe auf der Mitte des Wegs, das aus zwey langen Straßen besteht und recht artige Häuser hat.

Die Stadt oder der Flecken Southampton liegt an einem Flusse, welcher Newport, auf der Insel Wight

Wight, gegen über in das Meer fällt. Der Fluß führt den Nahmen Southampton Water, und trägt Seeschiffe von mittelmäßiger Größe noch über die Stadt hinaus. In den Zeiten der Herrschaft der Dänen war Southampton ein Königssitz. Zwey Arme des Flusses umgeben die Stadt und eine Mauer von gehauenen Steinen und von hohem Alter vergrößert noch ihre Sicherheit. Eine lange und breite Straße auf beyden Seiten mit schönen Gebäuden, läuft vom Flusse nach dem Landthore hin, das nach London führt. Diese Straße ist die vornehmste und einzige in ihrer Art; alle übrigen sind unbedeutend. Seiner angenehmen Lage wegen wird dieser Ort im Sommer stark von dem Adel besucht, und diese Zeit über, in welcher auch unsre Anwesenheit fiel, giebt es täglich Konceite, Bälle, Schauspiele und andere Lustbarkeiten.

Portsmouth ist wohl befestigt; die Werke, welche die Stadt vorzüglich an der Landseite umgeben, kann man in der That beträchtlich heißen. Die Werfte, die Docken und die, mit einer unglaublich großen Menge von Schiffs- und Kriegsbedürfnissen angefüllten Magazine liegen in dem nördlichen Theile der Stadt. Die mehresten Kriegsschiffe werden hier abgetakelt und immer in flottem Wasser gehalten; auch mag man wohl die größten Schiffe von der englischen Flotte hier finden.

Portsmouth gegenüber liegt der Flecken Gosport; das Wasser zwischen beyden Oertern wird als ein Hafen gebraucht, und starke Batterien vertheidigen den Eingang zu demselben. In Kriegszeiten hat dieser Ort sehr viel Nahrung, weil dann gemeiniglich eine Menge von Schiffen hier ab- und zugeht. Auf der Landspitze, die Spithead heißt, und von der die erste Rhede im Reiche ihren Nahmen erhielt, steht ein großes, schön gebautes Hospital für die königliche Marine. Eben so groß

wie

wie die in diesem Hospital herrschende Reinlichkeit, ist auch die Sorgfalt, mit der die Kranken behandelt werden.

Erst am acht und zwanzigsten Jullus gelang es uns, nach zwey vergeblichen Versuchen, in See zu gehen, und zwar nicht ohne Gefahr, denn auf der einen Seite des Fahrwassers muß man hohen spitzigen Klippen, die am äussersten Ende der Insel Wight pyramidenförmig aus der See hervorragen, und auf der andern Seite einer Sandbank, auszuweichen suchen.

Am vierten August verließen wir den Kanal und am sechszehnten früh erblickten wir, bey neblichtem, hier gewöhnlichen Wetter, die Insel Porto Santo; ohngefähr eine Meile weit von uns entfernt. Die Südostseite ausgenommen, wo eine mit Häusern umgebene Bay ist, besteht das Ufer, rings um die Insel her, aus lauter steilen Felsen, die auf der Nordseite vorzüglich hoch sind; und Klippen, theils unter theils über dem Wasser, hat man auf allen Seiten. Das Erdreich schien uns dürr und unfruchtbar zu seyn.

Südwestwärts von Porto Santo zeigt sich, fast zehn Grad über dem Horizont, eine mächtige dichte Masse, einem starcken Rauche gleich; man nähert sich ihr und sie wird heller; man kömmt ihr noch näher und es tritt hervor das hohe Land von Madera bis zur Hälfte herab mit Wolken bedeckt.

Die Entfernung beyder Inseln von einander beträgt nicht mehr als sechs bis sieben Meilen, aber Madera ist ungleich größer und höher als Porto Santo. An der Südostseite von Madera liegen die Serstero, drey kleine, dürre und unbewohnte, aber sehr hohe Eilande; man sieht sie schon in weiter Ferne, muß ihnen aber ganz nahe kommen, ehe man mit dem Senkbley Grund findet, daher denn auch hier nicht, wie sonst, die

Nach-

Nachbarschaft des Landes aus der veränderten Farbe des Wassers zu erkennen ist.

Jetzt vergrößerte sich die Zahl unserer Kranken bis gegen siebzig, und viere waren bereits gestorben; bey weitem die mehresten litten an gallichten Fiebern und verschiedene an Krampfkoliken. Gleichwohl hatten wir nur wenig Regen und keine sehr große Hitze; selten stand der Thermometer über den acht und siebzigsten Grad. Ich veränderte nun die Diät; das Bier ließ ich des Morgens zur Grütze geben, und Wasser statt Bier trinken. Der Erfolg dieser Veränderung war höchst glücklich; von den Gesunden erkrankten nur noch wenige, und die schon würklich Kranken besserten sich nach und nach, so daß wir, wie wir zur Linie kamen, nur noch wenige Patienten hatten.

Auch der fliegende Fisch fand sich jetzt häufig ein. Oft kamen des Nachts einige aufs Schiff geflogen und gewährten uns eine angenehme Speise. Sie haben die Größe und Gestalt der Heeringe, doch sind die mehrsten kleiner und nur einige größer, wie die Heeringe; der Kopf ist abgestumpft, der Rücken schwärzlich und der Bauch weiß. Für die Doraden und Albicoren sind sie die beste Lockspeise; sie halten sich mehrentheils zwischen den Wendekreisen auf, doch trift man sie auch, wie wohl seltener, bis zum zwey oder drey und dreyßigsten Grad der Breite, über diesen Grad hinaus aber durchaus nicht mehr.

Gleich nach unserer Abfarth von Madera, bekamen wir die beständigen Nordostwinde und schon am zwey und zwanzigsten August passirten wir den Wendekreis des Krebses; die größte Hitze an diesem Tage war 78 ¼ Grad. Am fünf und zwanzigsten gesellten sich zu uns eine Menge Landvögel, vorzüglich Schwalben, und blieben bey uns bis früh zum sieben und zwanzigsten, da wir die Insel Sal, eine der kapverdischen Inseln, zu Gesicht bekamen.

Nach dem Augenmaaß schien uns diese Insel drey oder vier Meilen lang und die volle Hälfte dieser Meilenzahl breit zu seyn. Unsern Beobachtungen nach liegt sie unterm sechzigsten Grade und vier und dreißig Minuten nördlicher Breite und die Magnetnadel wich hier zehn und ein Viertel Grad nach Westen ab. Sal ist ist nicht sehr hoch, den südlichen Theil ausgenommen, in welchem man drey hohe Hügel erblickt, von denen der nördlichste der höchste ist; und im Süden dieser Hügel ist der Boden von mittelmäßiger Höhe bis zur Südostspitze hin, die abhängig in die See läuft.

Sechs oder sieben Meilen südwärts von Sal liegt das Eiland Bonavista, beynahe um ein Drittheil größer und wohl ganz so niedrig wie Sal. Von der Nord- und Südspitze dieser Insel ziehen sich zwey Reihen verborgener und höchstgefährlicher Klippen in die See; ein holländisch-ostindisches Schiff verunglückte hier im Jahr 1769. Beyde Inseln schienen uns sehr unfruchtbar zu seyn, und zwischen beyde hindurch richteten wir unsern Lauf nach der Linie zu.

Am dreyßigsten August verließ uns der Nordost-Passatwind; wir befanden uns in dreyzehn Grad, dreyßig Minuten Nördlicher Breite, und bekamen wenn auch veränderliche Winde, doch immer Winde die uns gerade entgegen waren; dabey hatten wir zugleich starke Gewitter und Platzregen, diese letzteren füllten uns indeß unsere leeren Wasserfässer; und das war ein großer Gewinn, weil die Hitze, so wenige Windstillen wir auch hatten, doch immer mehr zunahm. Zum Glück hatten wir fast gar keinen Kranken. Die Gewitter stellten sich gewöhnlich ein beym Auf- und Untergang des Mondes, der auf die Luftbeschaffenheit innerhalb der Wendekreise einen

weit

weit größeren Einfluß zu haben scheint, als ausserhalb derselben. Wir fanden nicht, daß, (wie es in den Instruktionen heißt, welche die holländisch-ostindische Kompagnie ihren Schiffen ertheilt) in diesen Gegenden beym Neu- und Vollmonde Nordwinde wehen; wir hatten starke Südwestwinde, zuweilen mit Sturm und bewölktem Himmel. Je näher wir der Linie kamen, desto größer wurde die Menge der Fische; Doraden, Albicoren, Bonyt- und Haysische und verschiedene andere fingen wir so häufig, daß wir Ueberfluß daran hatten.

Die ersten dieser Fische, die Doraden, gehören, wenn auch ihr Fleisch etwas trocken ist, zu den delikatesten Seefischen. Sie sind lang und platt, und haben sehr kleine Schuppen. Sie sind bis acht Fuß lang; doch hatten die mehrsten, die uns zu Theil wurden, selten mehr als sechs Fuß und zehn bis zwölf Pfund am Gewichte. Ihr stumpfer und runder Kopf bildet gerade den breitesten Theil des Körpers, der bis zum Schwanze hin immer dünner und schmaler wird. Wenn dieser Fisch dicht an der Oberfläche des Wassers schwimmt; so gewährt er den herrlichsten Anblick durch die mannigfaltige Farbenmischung seiner Schuppen, die brennend hell, ins blaue, grüne, gold- und silberfarben spielen. Dies Schauspiel wird dadurch noch reizender, daß an der Oberfläche des Wassers die Doraden sehr schnell schwimmen, und oft einige Fuß hoch aus dem Meere empor springen um den fliegenden Fisch zu erhaschen. Der Delphin, den man für das Männchen der Dorade hält, hat eben die Gestalt und eben den Geschmack, aber er ist nicht so schön von Farbe.

Die Albicoren sind dick und gedrungen; sie haben einen spitzigen Kopf, einen dicken Bauch und einen dünnen Schwanz; der Rücken ist dunkelbraun und der Bauch

Bauch weiß. Ihr Fleisch ist fester und noch trockner, als das der Doraden, aber gleichwohl für den Seemann eine angenehme Speise. Wir fingen mehrere die über 60, ja 70 Pfund schwer, und deßhalb an der Angelschnur kaum heraufzuziehen waren. Man fängt sie nemlich entweder mit der Angel, in welchem Fall der fliegende Fisch zur Lockspeise genommen wird, oder man wirft sie auch mit der Harpune; dies letztere geht um desto leichter an, da sie nie einzeln sondern immer in großen Haufen beyeinander schwimmen. Einst erblickten wir sie in ungewöhnlicher Menge; sie schwammen im Kreise, peitschten mächtig mit ihren Schwänzen das Wasser, und trieben auf diese Weise in der Mitte des Kreises ganze Schwärme kleiner Fische zusammen. Wir näherten uns ihnen; der Kreis wurde immer kleiner, die Gefangenen immer dichter in einander getrieben und dann von ihren Feinden verschlungen. Diese kleinen Fische, wie die Splerings gestaltet, kamen oft in solcher Menge um unser Schiff her, daß man sie zu ganzen Körben voll hinaufzog. Wenn sie einige Tage lang eingesalzen gelegen hatten, so schmeckten sie wie Meergründeln (Ansjovis oder Sardellen) und wo wir sie fanden, da gab es auch allemahl Doraden und Albicoren. Der Bonyto ist viel kleiner als die Albicore, sonst aber sind beyde einander an Geschmack und an Gestalt so ganz gleich, daß es mir wenigstens scheint, man nennt den Fisch Bonyt, wenn er jung ist, und Albicore, wenn er älter und größer geworden ist.

Zuweilen fingen wir auch, bey schönem, stillen Wetter, Hayfische; doch geschah dies mehr zum Zeitvertreib, als um sie zu genießen; ihr Fleisch ist schlecht, und höchstens essen die Matrosen den Schwanz, der dann vorher so lange mit Füßen getreten werden muß, bis ein leichter Schaum sich zeigt. Der Hayfisch

fifch ist ein höchstgieriges und Fleischfressendes Thier; er verschlingt alles, was ihm vorkömmt, und wehe dem, der in Gegenden über Bord stürzt oder schwimmt, wo dies scheußliche Thier sich aufhält! Sein Raub entgeht ihm nie; er kann ihm nicht entgehen, da der obere Theil der Schnauze wohl acht bis zehn Zoll lang über die Oefnung des Mauls hervorsteht, und das Maul selbst sehr weit und breit, und mit drey Reihen Zähnen besetzt ist, die alle in einander schließen und alles zerschneiden; fanden wir doch einst, daß ein Hayfisch in ein eisernes Instrument, das wir ihm in das Maul stießen, Löcher gebissen hatte! Seine größte Kraft hat der Hayfisch im Schwanze; ist er gefangen, so peitscht er mit dem Schwanze das Wasser, daß es hoch aufschäumt, und hat man ihn an Bord gebracht, so muß jeder sehr auf der Huth seyn, daß er ihm nicht Arme und Beine zerschlägt. Seine oben und an den Seiten häßlich grüne Haut ist sehr hart und scharf, besonders wenn sie trocken geworden ist. Um seinen Raub zu erhaschen, schwimmt er ganz unter sein Schlachtopfer hin, legt sich (weil sein Maul sich nach untenhin öfnet) auf den Rücken, schleßt schnell zu und verschlingt ganz, was er faßt. Man fängt ihn gewöhnlich mit einem großen Haken, der sich an einem sehr dicken, vier bis fünf Fuß langen Kupferdrath befindet, (denn jedes Seil würde er abbeissen) und dieser Drath hängt wieder an einem Seile, das im Schiffe befestigt ist. Etwa sechs Fuß von dem Haken wird ein Stück Holz angebracht, das schwimmend den Haken empor hält, der von einem Stücke Speck oder Fleisch bedeckt wird. Hat der Fisch den Haken gefaßt, so muß sogleich mit dem Seile nachgegeben werden, besonders wenn das Thier groß ist, was man leicht gewahr wird, da das Wasser im Weltmeere so hell und durchsichtig ist; nachher wird das Seil langsam angezogen bis der Fisch wieder zu rücken beginnt; dann läßt man von neuem nach, bis endlich der mattgewordene Gefangene mit stärkern um ihm her befestigten Seilen an Bord gezogen wird. Mit eisernen Werkzeugen haut man ihm dort so lange auf den Kopf bis er todt oder so matt ist, daß man ihm ohne Gefahr den Schwanz abschneiden kann.

Mit dem Hayfisch zusammen trift man immer die sogenannten Lootsmannetjes; man glaubt daß sie dem Hayfisch seinen Raub aufspüren, daher rührt ihr Nahme, als ob sie ihm gleichsam zu lootsen oder Wegweisern dienten. Sie sind noch schwerer zu fangen, als der Hay, doch gelang es uns mit dem Elger *) einen zu erhaschen. Er war acht Zoll lang, über den ganzen Körper mit blauen und weißen Daumsbreiten Streifen gefleckt, wog zwey Pfund, und hatte ein schmackhaftes minder trocknes Fleisch als andere Seefische.

Auf der Norder Breite von drey und einem halben Grad erhielten wir endlich am siebzehnten November den Südost-Passatwind, mit welchem wir am zwey und zwanzigsten dieses Monats, am Abend, den Aequinoctialkreis passirten, gerade an eben dem Tage und in eben der Stunde, in welcher die Sonne in die südlichen Zeichen tritt; die Hitze stieg an diesem Tage auf 77 Grad.

Am dreyßigsten giengen wir an dem Vorgebürge St. Augustin, und am sechsten Oktober an den Abrolhos vorüber; wegen der vielen Sandbänke und Klippen, die von der Küste Brasiliens zwanzig volle Meilen weit sich in die See ziehen, ist dies eine sehr gefährliche Fahrt,

*) Eine Art Drenzack, mit dem man verschiedene Seefische fängt. L.

Fahrt, daher auch, nach einem Befehl der ostindischen Compagnie, wenn sie glücklich überstanden ist, jedesmahl dem Himmel förmlich gedankt, und jedem Manne auf dem Schiffe ein Maas Wein gereicht werden muß. Auf dem 22sten Grad Südlicher Breite verließ uns der Ost-Passatwind, und bis zum 30sten oder 31sten Grad hin hatten wir veränderliche, doch meistens Ost- und mitunter nur Nordwinde; jenseits des 31sten Grades bekamen wir Westwinde, die beträchtliche Kälte mitbrachten, wenn sie aus Südwesten kamen; bey der größten Wärme stieg der Thermometer nicht über 54 Grade; bey Nord- und Nordostwinde hingegen war es warm.

Jetzt fing der Skorbut an sich zu zeigen; er griff in kurzer Zeit so um sich, daß viele meiner Leute zu Verrichtung ihrer Arbeit ganz unfähig wurden und verschiedene derselben starben; indeß hatten wir noch größere Verwüstungen erwartet, denn jetzt war es bereits drey Monate her, daß wir England verließen.

Am zehnten November sahen wir zum erstenmahle Trompeten-Gras, oder jenes dicke Schilf mit großen spitzigen Blättern ziehen, dessen Form der Gestalt einer Trompete so ähnlich ist. Auch erschienen Kochshennen und Malegassen, zwey Arten von Seevögeln, die sich nie weit vom Lande entfernt halten. Jene, die pechschwarz sind, haben die Größe einer Henne, einen langsamen, schwerfälligen Flug und halten sich immer dicht über dem Wasser. Weit größer, so groß wie eine kleine Gans, sind die Malegassen; diese sind weiß mit schwarzen Flecken, entfernen sich weiter vom Lande und fliegen stets paarweise. *) Theils aus der Anwesenheit dieser

Vögel,

°) Die welche allein fliegen, nennt man Bastart-Malegassen.

Vögel, theils aus der Abweichung der Magnetnadel, die über achtzehn Grade westlich betrug, (eine Abweichung, nur um zwey Grad verschieden von der In der Tafelbay,) schlossen wir, daß wir nicht weit mehr von der Küste entfernt seyn könnten, und wirklich entdeckten wir, zu grosser Freude, am 17ten November Nachmittags um drey Uhr, das Vorgebürge der guten Hoffnung; der Tafelberg lag etwa noch zwölf oder dreyzehn Meilen gegen Osten hin von uns entfernt, aber der größte Theil des Tags war verschwunden, wir konnten also erst am folgenden Morgen auf die Rhede gehen.

Nichts weniger als schön ist der Anblick des Landes, wenn man auf die Rhede zufährt; man erblickt da nur ein steiles, felsigtes und unfruchtbares Gebürge und das Kastel, so wie die Stadt, tritt erst hervor, wenn man sich dem Ankerplatze nähert.

Auf der ganzen Reise von Vlissingen bis hieher waren uns breyßig gestorben und acht und funfzig Mann krank geworden, fast alle hatten am Skorbut gelitten.

Zweyter Abschnitt.

Vorgebürge der guten Hoffnung — Reise nach Batavia.

Der Wunsch, jene Merkwürdigkeiten selbst anzuschauen, die den Ruf des Tafelbergs so weit verbreitet haben, bestimmte mich, in Gesellschaft dreyer Freunde, einiger Sklaven und eines Wegweisers, den Berg zu ersteigen. Früh gegen drey Uhr traten wir unsere Wanderung an. Eine halbe Stunde über die Gärten der

Kap-

Kapschen Bürger hinaus hat man noch immer bequemen Weg, denn es geht nur ganz wenig bergan. Nun aber wird es immer steiler und steiler; der Weg führt längst dem schmalen Rücken des Bergs hin und endigt sich an einer gerade hinaufgehenden steilen Seite, bey der man die Hälfte der Höhe erreicht hat. Hier, am sogenannten Kranze, wo wir mit Sonnenaufgang etwa um halb fünf Uhr ankamen, machten wir einen Ruhepunct. Fast überall ist der Rücken des Berges mit niedrigem Gebüsch bewachsen, das ehemals wilde Thiere beherbergte. Zu beyden Seiten des Bergrückens sind steile, mächtige Tiefen und rechter Seits strömt ein kleiner, oben auf dem Berge entspringender Bach mit sanftem Geräusch hinab in die tiefe Kluft.

Noch war das Steigen uns nicht sehr beschwerlich geworden, aber nun wurde der Pfad recht steil und so schmal, daß er an verschiedenen Stellen nur zwey Fuß Breite hatte; ja wir mußten nun Anhöhen erklettern, die ganz gerade sich vor uns hinauf zogen. Zur linken lagen auf einander gewälzte Felsen und zur Rechten war ein tiefer Abgrund vorhanden, dessen Anblick Grausen erregte. Mit jedem Schritt wurde der Weg beschwerlicher; das kleine hie und da aus den Felsenritzen hervorgewachsene Gesträuch erleichterte uns wohl das Klettern, aber doch kostete es die Anstrengung aller Kräfte, um sich an diesen Reisern fest zu halten; und wären sie irgend einmahl unsern Händen entwichen; so hätte vor dem Hinabstürzen in die schrecklichste Tiefe nichts uns retten können! So oft wir Gelegenheit dazu hatten, rollten wir große Steine hinab, die dann, wenn sie auf andere stießen, ein fürchterliches Getöse verursachten. Steinmassen, die sich von dem Felsen losgerissen hatten, und die wohl zwanzig Fuß im Durchmesser hielten, lagen hin und wieder zerstreut. Zwischen diesen hindurch und über Hügel von einzel-

einzelnen auf einandergestapelten Steinen hinweg, gieng unser Weg, eben so mühsam als gefährlich, immer bergauf; wich auf einem solchen Steinhügel unter unsern Füßen, nur ein einziger Stein, so wichen ihrer mehrere, und dann konnte nur das Gesträuche uns vor dem Abgrunde retten.

Um halb acht Uhr erreichten wir endlich den Gipfel des Berges, der, von unten angeschauet, einer Tafel gleicht, und dem Berge den Nahmen Tafelberg verschaft hat. Es war gerade einer der schönsten Tage, an dem wir unsere kühne Wanderung unternahmen. Wind und Wetter waren uns höchst günstig, wir hatten heitere Luft und den herrlichsten Sonnenschein; dies verschafte uns von der äussersten Höhe dieses Berges aus, eine unbeschreiblich schöne Aussicht. Das hohe Gebirge von Hottentots-Holland begränzte den Blick auf der Landseite. Auf der Südseite sahen wir die Bay Falso bis hin zu ihrer östlichen Spitze, desgleichen die Romans Klippe in dieser Bay. Die Gärten von Constantia prangten zwischen dem Tafelberge und dem Meerbusen; von da führte der Blick zur Holzbay und noch etwas weiter gen Westen zum Löwenberge. Der Gipfel dieses letztern ist sehr hoch, und doch schaueten wir auf ihn, wie auf einen kleinen Hügel herab; und obgleich der Löwenberg nicht weniger als zehntausend Fuß weit vom Tafelberge entfernt ist; so schien er doch gleichsam dicht unter unsern Füßen zu liegen. Ein zweyter Berg, der Löwenschwanz genannt, und über tausend Fuß hoch, glich einer vollkommenen Fläche; den schönsten Anblick gewährte uns indessen die Tafelbay. Die Robbeninsel, die mitten in dieser Bay liegt, und die zu umgehen man nicht weniger als dreyvierte Stunden bedarf, kam uns wie ein Roche vor; kaum erkannte das Auge die Masten der in der Bay vor Anker

liegen-

liegenden Schiffe und die Boote erschienen wie kleine Kähne; nur das Dasseneiland, wenn gleich volle acht Meilen vom Vorgebürge entfernt, war vollkommen sichtbar. Die Kapstadt zeigte sich als ein kleines Viereck, dessen einzelne Theile kaum, einzelne Häuser aber gar nicht zu unterscheiden waren, die Kirche, so wie das von der Stadt etwas entfernte Kastel, erkannte man nur mit Mühe. Klein, kläglich klein erschien uns alles, auch so gar die umherliegenden Lande; aber schrecklich, über alle Beschreibung schrecklich war die Seite des Berges anzusehen, auf der wir hinaufgestiegen waren; da standen wir oben am Rande einer nicht nur unsäglich hohen und steilen, sondern so gar überhangenden Mauer, und doch war es eben diese Mauer, an der wir wieder hinabklettern sollten!

Wir hatten einen heißen Sommertag, in der Stadt zeigte der Thermometer achtzig Grad, und gleichwohl war auf dem Gipfel des Berges, die Luft so sehr kühl, daß wir, um unser Mittagsmahl behaglich einzunehmen, ein Feuer anmachen, und uns darum her lagern mußten.

Wir umgiengen einen Theil der Tafel, (die obere Fläche des Berges) und bedurften dazu volle anderthalb Stunden. So ganz flach ist die Tafel würklich nicht, denn hie und da ragen Felsen bis sechs Fuß hervor. An mancher Stelle besteht der Boden ganz aus Felsen, die wie Meereswellen geformt sind. An einigen steinigen mit wenig Erde bedeckten Stellen, zwischen den Felsen, fanden wir schilfartiges Gras mit scharfen Spitzen und von ziemlicher Höhe, und in diesem oder zwischen diesem Grase verschiedene uns unbekannte Arten von Blumen; einige derselben hatten einen sehr angenehmen, andere einen sehr häßlichen Geruch. Von einem Teiche oder stehenden Wasser, deren auf dem Tafelberge mehrere
vor-

vorhanden seyn sollen, konnten wir, alles Nachsuchens ohnerachtet, auch nicht eine Spur entdecken, dagegen trafen wir ein angenehmes, süßes und ein wenig in's Gelbe fallende Wasser an, das aus den Ritzen und Spalten der Felsen hervorquoll und wahrscheinlich von den dicken Wolken herrührt, welche bey Südostwinde die Spitze des Tafelberges bedecken. Uns gewährte dies Wasser eine sehr große Erquickung, denn wir hatten von der Kapstadt Wasser mitzunehmen vergessen, und wurden vom heftigsten Durste gequält.

Vier volle Stunden hielten wir uns auf der Höhe des Tafelberges auf, und dann traten wir den Rückweg ganz auf eben dem Pfade an, den wir gekommen waren. Nur auf diesem konnten wir zurückkehren; denn wenn gleich der Tafelberg nach Süden und nach Südosten hin anfänglich sanfter hinabläuft, so gelangt man doch bald an eine Stelle, wo der Weg einige hundert Fuß weit steil herab geht, und zwar mit so mächtig hervorragenden und überhangenden Felsen, daß hier niemand weder hinauf noch herunter kann. Eine halbe Stunde mochte unsere Wanderung hinabwärts gedauert haben, als wir zu einer tiefen beym Hinaufsteigen nicht bemerkten Einbuche gelangten. Ein stark hervorragender Fels hatte hier eine sehr reißende Grotte gebildet; den Boden bedeckte ein kurzes Gras und im Innersten der Grotte rieselte aus dem Felsen ein helles, süßes Wasser, eines Daumens dick hervor. Dort streckten wir uns ins weiche Gras, und gestärkt durch eine halbstündige Ruhe und durch den Genuß der uns noch übrigen Lebensmittel verfolgten wir mit frischem Muthe unsern Pfad.

War das Hinaufsteigen beschwerlich und gefahrvoll, so war es das Hinabsteigen in einem noch weit höheren Grade. Bey jedem Schritt hatte man erst den Punkt zu suchen, auf den der Fuß gebracht werden sollte, und
wie

wie ließ sich dieser Punkt auffinden, ohne zugleich einen Blick in die grausenvolle Tiefe zu werfen, die auch den Kühnsten schwindelnd machen mußte? Am Gesträuche konnten wir uns nun nicht, wie beym Hinaufsteigen halten, und der kleinste Fehltritt wäre jetzt hinreichend gewesen, uns dem schrecklichsten Tode in die Arme zu stürzen. Doch führte uns der Himmel glücklich wieder zur Kapstadt; wir erreichten sie um vier Uhr Nachmittags; aber so steif und so ermüdet, daß wir die nächsten vier und zwanzig Stunden über, an Armen und Füßen wie gelähmt waren, und noch volle sechs Tage hindurch empfanden wir einen solchen Schmerz in den Hüften, daß wir selbst auf ebenem Boden nur mit Mühe gehen konnten.

Auch für uns, so wie für alle Ostindienfahrer, die hier anlegen, war der Aufenthalt am Vorgebirge der guten Hoffnung höchst wohlthätig. Unsere Kranken kehrten halb hergestellt aus dem Hospital zurück, und die Gesunden hatten durch den Genuß von frischem Rindfleisch, frischem Brode und Gartengewächs neue Kräfte gesammelt. Am dreyzehnten December giengen wir, zweyhundert und achtzehn Mann stark, von der Tafelbay aus nach Batavia unter Seegel. Durch einen Sturm, der am vier und zwanzigsten anfing und erst am folgenden Tage gegen Abend sich legte, litten wir sehr, doch erschienen uns schon am zehnten Januar 1769 eine große Menge Strandmeven, mehrere Seeroben und schwarze Landvögel, und verkündigten uns, daß wir in der Nähe von St. Paul wären, von dem wir irrigerweise uns noch achtzig Meilen entfernt gedacht hatten.

Das Eiland St. Paul und das funfzehn Meilen weiter nordwärts liegende Eiland Amsterdam, sind die einzigen bekannte Eilande, die in dieser großen See auſſer dem Wendekreiſe des Steinbocks entdeckt wurden. Keines von beyden iſt von großem Umfange, aber beyde ſind von beträchtlicher Höhe, beſonders St. Paul, das bey hellem Wetter neun oder zehn Meilen weit zu ſehen iſt. Im Jahr 1726 wurden zwey Schiffe von der holländiſch-oſtindiſchen Kompagnie nach dieſen Eilanden geſandt. Menſchen fand man nicht, wohl aber auf jedem friſches Waſſer, und auf St. Paul noch auſſerdem einen ſiedend heiſſen Quell mineraliſchen Waſſers; auch traf man an beyden, auf der Nordſeite guten Ankerplatz, und Fiſche in Menge an den Geſtaden. So viel ich weiß ſind dieſe Inſeln ſeitdem nicht weiter beſucht worden; ihre Entfernung vom feſten Lande hat man auf vier bis fünf hundert Meilen angegeben. Wir würden hier angelandet ſeyn, allein das Wetter geſtattete es nicht.

In der Nachbarſchaft dieſer Inſeln hörten wir eines Morgens um ſechs Uhr einen Laut, aus dem Waſſer hinaufdringen, der ſo klang als ob ein Menſch wehklagte. Ich vermuthete, es halte ſich eine Seelöwin dicht unten am Schiffe auf, der Konſtabel aber verſicherte, er habe einſt auf einer ſeiner Reiſen nach Aſien einen ähnlichen Vorfall erlebt, und dies ſey der Vorbote eines fliegenden Sturms geweſen. Leider beſtätigte der Erfolg die Richtigkeit dieſer Beobachtung: denn gegen vier Uhr Nachmittags entſtand ein Sturm, der ſich erſt um Mitternacht legte.

Am letzten Jänner hatten wir wieder die Sonne gerade über uns, und das Thermometer ſtand an dieſem Tage auf 81, ſo wie am folgenden Tage auf 83 und 84 Grad.

Ein günſtiger Weſtwind brachte uns am zwölften Februar nach Engano, unter fünf Grad und funfzehn Minuten ſüdlicher Breite. Dieſe Inſel iſt fünf und zwanzig Meilen von dem Prinzeneilande entfernt, ſechs bis

bis sieben Meilen lang und nicht völlig halb so breit. Weil sie nicht hoch liegt, sieht man sie erst in einer Entfernung von fünf Meilen. Sie ist über und über mit Bäumen und Gesträuch bewachsen, und prangt daher mit ewigem Grün. Nur an der Westseite findet man nahe am Gestade Grund, und laut unserm Seebuche auch einen Ankerplatz; doch ist dieser durch eine Brandung unsicher gemacht. Es wohnen auf dieser Insel einige Fischerfamilien, die aber in hohem Grade menschenscheu sind.

Als wir uns der Insel Engano näherten, entstand ein heftiges Gewitter, auf welches anhaltende Windstille folgte, oder wenn ja ein Lüftchen wehte, so kam es aus Südosten, also daher wohin wir wollten; und am Ende trieb uns eine nach Westen ziehende Strömung noch gar zurück. So fortschaukelnd auf den ewigen, ungeheuren Fluthen, entdeckten wir kurz vor Sonnenuntergang am ein und zwanzigsten Februar in einer Entfernung von höchstens drey Meilen ein sehr niedriges und kleines Eiland. Und wohl uns, daß wir es entdeckten: denn so weit westwärts glaubten wir uns nicht getrieben, wie doch würklich der Fall war; ein Schiffbruch hätte hier unser Loos werden können, hätte die Nacht uns vor jener Entdeckung übereilt. Es war das Eiland met het Rif, oder das Droevige Eiland, das wir entdeckten. In einer Entfernung von zwey Meilen gleicht dies Eiland einem schwimmenden, etwa eine halbe Meile langen Walde mit immer grünenden Bäumen. Unsern Beobachtungen zufolge liegt es unter 3 Grad, 45 Minuten südlicher Breite, und von der Süd-wie von der Nordseite laufen zwey Felsenriefe.

Die Windstille und die widrigen Winde dauerten nicht nur fort, sondern es kamen fliegende Stürme und äusserst starke Gewitter noch hinzu. Stürmte der Wind

Wind uns entgegen, so war durchaus jeder Gebrauch
der Seegel unmöglich, und todten Gewitter, so schien
Himmel und Meer in Feuer und Flammen zu stehen;
und keinen Sturm gab es, auf den nicht unmittelbar
eine todte Stille erfolgt wäre, bey der auch nicht ein
Hauch von Luft zu spüren, und die Hitze unerträglich war. Oft stand der Thermometer auf 88 Grad.
Nur Platzregen fehlte noch, aber auch dieser stellte sich
endlich ein, und nun war unsere Lage im höchsten Grade traurig. Das Schiffsvolk erkrankte, und nach einem
kurzen Lager starben mehrere, unter andern auch der Untersteuermann; ich selbst litt zwölf Tage lang an Kräm-
pfen im Unterleibe, und der Obersteuermann mußte
jetzt Tag und Nacht arbeiten, weil niemand vorhanden
war, der ihn hätte ablösen können.

Endlich erblickten wir am funfzehnten Merz, Morgens um acht Uhr, das hohe Land auf der Westküste von
Sumatra, und zwey Tage darauf kamen wir zum Eilande Dwars in den Weg. Der Posthalter, den
die Kompagnie in Anser hält, verfügte sich zu uns an
Bord, und ich übergab ihm zwey Briefe, einen an den
Generalgouverneur zu Batavia, in dem ich unsere
Ankunft meldete, und einen andern an den Kommandeur zu Bantam, den ich um frische Lebensmittel für
die Equipage bat; gegen Mitternacht erst ankerten wir
an der Spitze von Bantam bey der Insel Panjang.

Am Morgen des folgenden Tags erhielten wir die
verlangten Erfrischungen. Sie bestanden in vierzig
Stück Hühnern, etwas wenigem schlechten Gemüße und
einem kleinen alten Büffel, dessen Fleisch so zähe war,
daß kein irdisches Feuer es zu erweichen vermochte;
gleichwohl wurden für diese Lieferung der Kompagnie
nicht weniger als hundert Gulden in Rechnung gebracht!

Ein

Ein Westwind führte uns gleich Nachmittags weiter, und ehe die Sonne untergieng, waren wir bey den Eilanden vor Anker gegangen, die den Nahmen de Wapens van Hoorn führen. Wegen der vielen Klippen, die hier überall unterm Wasser liegen, ist es gefährlich in diesen Gewässern des Nachts zu seegeln. Erst mit Tagesanbruch setzten wir also unsere Reise fort, um vier Uhr Nachmittags ankerten wir auf der Rhede von Batavia, und fuhren sogleich nach der Stadt, um dem Generalgouverneur unsere Ankunft zu melden und Bericht von unserer Reise abzustatten.

Dritter Abschnitt.
Reise von Batavia nach Bantam.

Bis zum zehnten May blieben wir in Batavia, und giengen alsdann um eine Ladung Pfeffer zu holen, nach Bantam. Man sandte uns acht Geldkisten, in welchen sich für den König von Bantam, funfzigtausend spanische Piaster zur Bezahlung des Pfeffers befanden, und der Oberkaufmann von Tets zu Batavia, der Justizrath von Meyer und noch einige andere Herren und Damen entschlossen sich die Reise mit uns zu machen. Am dritten Tage nach unserer Abfarth ankerten wir vor der Stadt Bantam bey dem kleinen Eilande, das den traurigen Nahmen des holländischen Kirchhofs führet. Ich begab mich sogleich mit meiner batavaischen Gesellschaft zum Herrn Reinouts, dem holländischen Kommandeur zu Bantam, der uns sein Haus und seinen Tisch angeboten hatte.

Die Bay von Bantam wird durch die Landspitzen von Bantam und Pontang gebildet, und enthält für eine große Zahl von Schiffen einen völlig sichern Ankerplatz. Mit vielen kleinen Eilanden besäet, gewährt diese Bay den auf der Rhede liegenden Schiffen den schönsten Prospekt. Nur ein einziges dieser Eilande, gerade das größte, Panjang nehmlich, oder das lange Eiland ist bewohnt, und zwar von einigen Fischerfamilien. Die See ist hier äusserst fischreich und verschafft den Einwohnern Bantams die wohlschmeckendsten Fische in großer Menge. Ganz am äussersten Ende der Bay liegt die Stadt Bantam, eine gute Viertelstunde von dem Gestade entfernt.

Der Fluß an dem das Fort Speelwyk liegt, und der gewöhnlich der Bantamfluß genannt wird, ist eigentlich nur der kleinste und mittelste der drey Arme, in die sich der wahre Bantamfluß oberhalb der Stadt Bantam theilt. Dieser kleinste Arm ist bey seiner Mündung nur zehn bis zwölf Ruthen breit, und dabey so seicht, daß bey niedrigem Wasser nicht einmahl eine gewöhnliche Schaluppe hinauffahren kann. Bis zum Fort hin hat man ihn zu beyden Seiten mit Pfahlwerk versehen, für dessen Erhaltung aber wenig geschieht, so sehr sich auch durch gute Erhaltung desselben das Versanden des Flusses verhindern ließe. Hat das Wasser eine Höhe von fünf bis sieben Fuß erreicht, und höher steigt es nie, so können kleine asiatische Fahrzeuge den Fluß hinaufgehen.

Von Batavia ist die Stadt Bantam nur dreyzehn Meilen entfernt; aber mächtige Wälder und Moräste sperren die Landkommunikation zwischen beyden Oertern; wenigstens würde es für einen Europäer höchst beschwerlich seyn, den Weg von der einen dieser Städte nach der andern zu lande zu machen. Man reiset daher

zur

zur See und benutzt zu diesen Reisen höchstglücklich die selten fehlenden Land- und Seewinde, welche die leichten asiatischen Fahrzeuge, die man Flieger nennet, ganz ausserordentlich schnell hin und her bringen; indem, wie man uns versicherte, ein solcher Flieger die Reise oft in weniger als vier Stunden macht.

Die Stadt Bantam liegt in einer weitgestreckten Ebene, jenseits welcher ein ansehnliches hohes Gebürge empor steigt, das weit nach Süden sich hinziehet. Man kömmt in die Stadt, ohne es zu wissen; man ist in der Stadt, und man glaubt in einem Walde von Kokosbäumen zu seyn. Was man hier Häuser nennet, sind nur Hütten, armselig von Rohr geflochten, mit Lehm beworfen, und mit Blättern gedeckt; keine Ordnung irgend einer Art ist sichtbar; keine Gasse läßt sich auffinden; jede Hütte und jedes Hüttchen steht allein, umpflanzt mit Kokosbäumen, und die Hütte wie ihre Bäume sind mit gespalteten Bambusrohr umzäunt. Die Größe der Stadt wüßte ich nicht anzugeben, nur einige Distrikte durchwanderte ich, aber sicher ist sie von bedeutender Größe, denn mehreremahle ging ich eine ganze Stunde lang gerade fort, ohne das Ende zu erreichen. Man giebt ihr Mauern und Festungswerke, ich fand keine; was ich entdeckte war das Fort Diamant, innerhalb welchem der Pallast des Königs befindlich ist.

Zu den öffentlichen Lustbarkeiten der hiesigen Eingebohrnen gehört auch das Pferderennen und der dazu bestimmte Ort wird Pascébaan genannt. Dort erscheinen zum Rennen nicht nur die Großen des Reichs, alle stattlich geschmückt zu Pferde, sondern auch der König mit seinen Prinzen. Die Unterwürfigkeit des Asiaten gegen seinen Oberherrn, läßt es aber auch im Spiel nicht zu, daß er sich über ihn erhebe, und deshalb treten denn auch bey einem solchen Wettrennen die Könige und die Prinzen nie anders als Sieger vom Kampfplatze. Bantams Pascébaan, ein offnes Feld, liegt eine Viertelstunde weit nach der Seite der Gebürge hin, und drey Wege, aus eben so vielen Gegenden der Stadt, führen zu diesem Felde. Auf der Ostseite desselben hat man den Fluß, auf der Südseite liegt die Stadt, auf der Nordseite erhebt sich die königliche Moschee und auf der Westseite der Pallast des Königs. In der Mitte dieses Feldes steht ein großer Weringabaum, dessen weit ausgedehnte Zweige ein Grab beschatten, in welchem, den Eingebohrnen heilig, die Gebeine eines ehemaligen Königs von Bantam in einem großen blauen Sarge ruhen. Auf der andern Seite des Baumes, dem Grabmahl gegen über, erblickt man ein viereckiges nach allen Seiten hin offenes Gebäude, das zehn bis zwölf Fuß hoch, mit einem auf Pfeilern ruhenden Ziegeldache versehen ist. Hier wird an den königlichen Prinzen die Beschneidung vorgenommen, und bey einer solchen Feyerlichkeit ist das Haus mit köstlichen Gewändern und Teppichen reichlich behängt und geschmückt. Merkwürdiger noch ist, wenn auch nicht die Moschee, doch der Pallast des Königs.

Die Moschee, ist ein viereckiges, mit einer hohen Mauer umgebenes Gebäude, dessen Obertheil aus fünf thurmartig über einander hervorragenden, immer kleiner werdenden Dächern besteht, und von welchen das unterste weit über die Mauer hervortritt. Sie liegt in einer reizenden Ebene und dicht daneben erhebt sich ein hoher, sehr schmaler Thurm, von dem herab die Stunden des Gebets verkündigt werden. Kein Christ und kein Heide darf bey Todesstrafe diese Moschee betreten; doch soll, zum Troste beyder, einige Bänke und eine Kanzel ausgenommen, wenig Sehenswerthes sich in diesem Heiligthum befinden. Auf der Kanzel verrichtet zuweilen der König selbst als Priester den Gottesdienst.

Der

Der königliche Pallast steht im Fort Diamant an der Westseite der Pasèbaan. Am Ende des vorigen Jahrhunderts wurde dies Fort von einem gewißen Heinrich Louwrents, aus Steenwyk gebürtig, aufgeführt. Louwrents stand in Diensten der holländisch-ostindischen Kompagnie, floh, eines Verbrechens wegen, zu dem Könige von Bantam, trat zum mohamedanischen Glauben über und wurde in des Königs Dienste genommen, weil er den Vestungsbau verstand. Eine Menge Kokosbäume verbergen dem Auge das Fort, bis man sich ihm dicht genähert hat; nur von der Seite der Pasèbaan erblickt man es früher. Rings um dasselbe her ist ein Graben gezogen, der aber an mehrern Stellen ausgetroknet ist, und auf keinem Fall einen europäischen Feind abhalten könnte. Das Fort bildet ein länglichtes Viereck, acht hundert und vierzig Fuß lang und fast halb so breit. Auf den Ecken hat es vier ganze Bastionen und auf den Seiten verschiedene Halbmondswerke. Ich zählte hier sechs und sechzig Kanonen; meist alle waren von Metall, aber alt und schwer und gutentheils unbrauchbar; einige zierte das portugiesische, andere das englische Wappen, und ihrer fünf oder sechs, mit mehrern starken eisernen Ringen gegen das Zerspringen versehen, waren von Javanern gegossen. Die Mauern waren von harten Steinen, und vierzehn bis funfzehn Fuß hoch.

Für die Erhaltung des Forts muß der König sorgen, so wie denn auch aus seiner Schatulle die Artillerie ihren Sold zieht. Aber nicht der König ist es, sondern die holländische Kompagnie, die hier herrscht, und zur Behauptung ihrer Herrschaft eine Besatzung im Fort hält, die aus einem Hauptmann, drey Subalternen und hundert und dreyßig Gemeinen besteht. Diese Besatzung, sagen die Holländer dem Könige, hielten sie zur Beschützung

schützung seiner geheiligten Person; im Grunde aber dient sie blos dazu, Seine Majestät vollkommen wie einen Gefangenen zu bewachen. Keiner der Unterthanen, nicht einmahl einer von den Prinzen, kann zum Könige kommen, ohne von der Wache am Thor bey dem Hauptmanne gemeldet zu werden, und der Hauptmann muß von den Besuchen, die der König angenommen hat, noch seiner Seits wieder, dem Kommandeur, von Zeit zu Zeit Rapport abstatten. Auch darf weder ein Javaner noch Bantamer im Fort übernachten.

Jenseits der Zugbrücke, die in das Fort führt, steht rechter Hand ein großes hölzernes Haus mit einem viereckigten Dache und an zwey Seiten offen. In diesem Hauße werden die Beherrscher Bantams gekrönt, und gleichwohl befinden sich, gerade gegen über, die Pferdeställe und die Wagenschuppen! Die Kutschen, welche in diesen Remisen aufbewahrt werden, hat die holländische Kompagnie dem Könige zum Geschenke gemacht, sie sind aber großentheils aus uralten Zeiten und daher von recht antikem Geschmack. Neben den Wagenschuppen ist für das Gomgomspiel des Königs ein eignes Haus erbauet.

Weiterhin gelangt man zum Thor des Forts, an dem, in einem eignen Wachthause, beständig ein Officier und vier und zwanzig Gemeine die Wache haben; und zwanzig Schritt weiter gelangt man an den königlichen Pallast, der Dal'm, oder das Innerste genannt wird. Dieser Pallast ist ein einzelnes, regelmäßiges Gebäude, das aus einer Menge zusammengefügter Wohnungen besteht, die den ganzen innern Raum des Forts einnehmen. In der Mitte befindet sich ein viereckigtes Gebäude mit zwey hervorragenden Dächern, die über einander und so hoch gebauet sind, daß man sie schon drey Meilen weit vom Gestade sehen kann. Schon die Wälle

le des Forts sind hoch, aber weit höher sind die Mauern des königlichen Serails; dennoch wurden sie, ihrer abschreckenden Höhe ohnerachtet, von zwey liebenden erstiegen, die aber ihren Tod fanden, ohne zu ihrem Ziele gelangt zu seyn! Fast alle diese Gebäude sind von gebrannten Steinen aufgeführt, aber nirgends findet sich auch nur eine Spur von Baukunst. Gleichwohl wohnt hier der König mit allen seinen Prinzen; von diesen letztern erhält jeder, sobald er erwachsen ist, seine eigene abgesonderte Wohnung und sein eigenes Serail.

Gleich nach unserer Ankunft ließ Herr von Tets sich und seiner Gesellschaft eine Audienz beym Könige ausbitten, und der siebzehnte May wurde uns bestimmt um Sr. Majestät aufzuwarten. Wir wurden von drey Hofleuten des Königs, alle recht stattlich auf javanische Art geschmückt, aus dem Fort Speelwyk abgeholt. Durch die in zwey Glieder gestellte Besatzung des Hofs zogen wir feyerlich bis zum Ende der Zugbrücke. Hier trafen wir drey königliche Kutschen mit europäischen Kutschern in gelben Livreen mit rothen Blumen. Wir wurden von den Gesandten ersucht, uns dieser Wagen zu bedienen. In den ersten brachte man unsere Damen, in den zweyten den Kommandeur des Forts und den Herrn von Tets, wir übrigen setzten uns in den dritten. Die Leibwache des Kommandeurs, die aus zwölf Grenadieren bestand, gieng neben dem zweiten Wagen und zehn Mann von des Königs Leibwache liefen theils neben jenen, theils dem Wagen voraus.

In dieser Ordnung zogen wir durch die Pascè-baan bis über die Brücke des Forts Diamant. Hier fanden wir eine Abtheilung von des Sultans Leibwache in zwey Reihen bis hin zum Thore des Forts gestellt. Sie waren mit halben Piken bewafnet, an der ganzen obern Hälfte des Körpers nackt und trugen blos ein blaues

oder

oder schwärzliches baumwollenes Gewand, das um den Unterleib geschlagen und zwischen den Beinen durch gezogen, bis auf die Hälfte der Lende herabhing. Sobald wir in die Reihen traten, wurde das Gomgom und andere indianische Instrumente gespielt.

Am Thore erschien der König selbst; er reichte dem Kommandeur und dem Herrn von Tets die Hand, führte sie hinein und wir folgten langsam nach. Die Wache im Thor stand unterm Gewehre; man trommelte gewaltig und zwey Trompeter am Eingange des Pallastes liessen sich tapfer hören.

Jener Eingang, der wie ein gewölbtes Thor gebaut war, mochte wohl ehedem in uralten Zeiten weiß gewesen seyn, jetzt aber war er schwarz und schmutzig und hatte der Bauart und den Farben nach mehr Aehnlichkeit mit einem Gefängnisse, als mit dem Eingange zu einem königlichen Pallaste. Die Erwartungen, die ein solcher Eingang von dem Innern des Pallastes erregte, waren also eben nicht sonderlich.

Man führte uns in einen großen Saal, der höchstens sechzig Fuß lang und etwa halb so breit seyn mochte. Die Wände waren mit Kalk beworfen, aber von so schmutzigem Ansehen, daß man wohl abnehmen konnte, wie herzlich wenig hier für die Erhaltung der Dinge gethan werde. Der Boden war mit viereckigten rothen Steinen gepflastert und an der Nordseite waren zwey große Thüren und drey Fenster, die, außer Licht und Luft auch die Aussicht auf die innersten Gebäude des Hofs gewährten, ein Anblick, der weiter auch nicht reizend war.

Dicht neben der Thür, die zu den übrigen Zimmern führte, derjenigen, durch welche wir in den Saal traten, gerade gegen über, stand ein Ruhebette mit gelben Atlas überzogen und ein großes Bette mit Flügelthüren, chinesisch lackirt; etwas weiter hinab standen, auf

auf einem länglicht viereckigten Tische, über den man einen Teppich mit rothen Blumen ausgebreitet hatte, brey große silberne Schüsseln mit Siriblättern, Arak und was sonst noch zur Bereitung des Pinang gehört; ausserdem standen noch zwey kleine Tische mit schönen marmornen Blättern an der Wand und zwischen denselben Stühle von Nußbaumholz, auf europäische Art gearbeitet.

Sobald wir in diesem Saale angelangt waren, ließ der König und mit ihm die übrige Gesellschaft sich nieder. Der König saß auf einem hohen Stuhle oben an der Tafel, ihm zur Linken der Kommandeur, Herr von Tets, und dann die anderen Herren von unserer Gesellschaft, und ihm zur Rechten die erste Königin, die Frau Mutter des Kronerben und Frau von Tets, dann kam die zweyte Königin und die zweyte unserer Damen, darauf die dritte Königin und die dritte unserer Damen, und endlich die vierte Königin mit dem kleinen Sohne des Herrn von Tets. Zu gleicher Zeit als wir uns an der königlichen Tafel niederließen, setzte sich auch in dem unteren Theile des Saals, der Hofstaat des Königs mit dem Prinzen-Staatsreglerer, oder dem ersten Minister, an ihrer Spitze auf einer Matte nieder, die von gespaltenem Rohr geflochten und auf dem Boden ausgebreitet war. Ihnen zur Seite, und ein wenig von ihnen abgesondert, saß der zweyte Sohn des Königs. Den ältern aber, den Kronerben, sahen wir nicht, weil er sich abwesend, auf einer Lustparthie befand.

Die aus Eingebohrnen bestehende Leibgarde, die den König begleitet, wenn er öffentlich erscheint, führt an der Seite einen Kriß oder Dolch, in der Hand aber eine große, mit sehr langem und breitem Eisen beschlagene Pike. Diese Leibgarde darf nicht innerhalb des Pallastes hinein. Im Innern des Pallastes besteht die

Leib-

Leibwache, wie überhaupt alle aufwartende Perſonen bloß aus Frauenzimmern; daher fanden auch wir bey unſerer Audienz und Tafel nur weibliche Bediente. Eine Sklavin ſaß neben dem Prinzen, ihm aufzuwarten, und der König ſelbſt wurde von drey Schönen bedient. Hinter ſeinem Stuhle ſtand eine jener Amazonen, und hielt mit immer ausgeſtrecktem Arm einen großen, goldenen, und in einer goldenen Scheide ſteckenden Kriß in die Höhe; dieſe ward, ohnfehlbar der ermüdenden Stellung wegen, von Zeit zu Zeit abgelößt. Eine zweyte und dritte ſolcher Sclavinnen ſaß neben dem Könige auf der Erde. Die eine hatte eine große, goldene Tabacks- oder Betelboſe, die mit einem ſeidenen Tuche umwunden, ſie dem Könige reichte, ſo oft er ihrer bedurfte, und die andere präſentirte Sr. Majeſtät von Zeit zu Zeit einen goldenen Spuckkaſten.

Kaum hatten wir uns geſetzt, als Taback und Pfeifen herbey gebracht wurden. Der König, der Kommandeur und Herr von Ters ſprachen mit einander in malayiſcher Sprache über unbedeutende Dinge, und dann rief der König den Pangorang oder den Prinzen-Staatsregierer. Er kroch ſogleich von ſeiner Matte, tief gebückt, bis dicht zum Stuhle ſeines Herrn, ſetzte ſich da nieder und beantwortete die Fragen des Königs häufig nur mit einem bloßen Ja. Da ich nur wenig von dem Malayiſchen verſtehe, ſo wurde mir bey dieſem Geſpräch die Zeit herzlich lang.

Gegen halb zwölf Uhr deckte man die Tafel. Ein weißes baumwollenes Tuch ward über dieſelbe hergebreitet und nach einigen Augenblicken ſah man eine Menge kleiner Schüſſeln mit verſchiedenen indianiſchen Gerichten. Größtentheils beſtanden ſie aus Fiſchen und Hühnern, in Zucker, Eſſig und Tamarinden eingelegt. Vor dem Könige breitete man ein rothes tuchenes Gewand

aus

aus und besetzte das mit den Gerichten, die für Se. Majestät allein bestimmt waren. Der König aß mit bewundernswürdigem Appetit, indeß ich meiner Seits nur mit der äussersten Anstrengung von allem was vor mir stand, nur etwas weniges hinabzuwürgen vermögend war. Zum Glück hatte der Kommandeur einige Flaschen Wein und Bier mit genommen, die uns sehr wohl behagten, und auf die wir sonst ganz vergebens geharret haben würden.

Es währte nicht lange, so fingen Se. Majestät an zu rülpsen und so oft sie rülpften, — was denn recht häufig geschah, — wurde von allen Herren der Gesellschaft ergebenst und treulichst nachgerülpft. Man kann sich vorstellen, wie ich über diese asiatische Hofsitte erstaunte. Man erklärte mir aber bald, daß dies hier zur Etikette gehöre und daß man dadurch zu erkennen gebe, daß man wohl und herrlich speise, und in der That gereichte das Nachrülpsen zu des Königs ausserordentlichem hohen Wohlgefallen.

Nunmehro ward der zweyte Gang von Speisen aufgetragen. Dieser bestand aus drey großen Schüsseln mit Zucker- und andern Gebackenen. Dies war mehr nach meinem Geschmacke; allein der König, so wie die sämmtlichen Königinnen schienen sich wenig aus diesen Gerichten zu machen.

Dem Hofstaat, der unten am Ende des Saals, Platz genommen hatte, wurden itzt auch einige große porcellanene Näpfe mit gekochtem Reis und einige Schüsseln mit Fischen, die vorher auf unserer Tafel standen, vorgesetzt. Näpfe und Schüsseln wurden in kurzer Zeit ausgeleert und während dieses Geschäfts rülpsten die Edlen nicht nur ununterbrochen, sondern auch so mächtig und gewaltig, daß der ganze Saal davon dröhnte. Nach glücklicher Vollendung setzten sie sich dann wieder, ihrem

Ran-

Range gemäß und nach türkischer Art, mit kreuzweis untergeschlagenen Beinen, auf ihre Matte nieder.

Ohngefehr um zwey Uhr wurde die Tafel aufgehoben und wir wurden ganz auf eben die Art entlassen und zurückgeführt, wie man uns empfangen hatte.

Der König, den wir Iouang Sultan, oder Herr König anredeten, schien mir ein Mann von fünf und vierzig bis funfzig Jahren zu seyn. Er war mehr mager als stark, mittelmäßig groß, kastanienbraun und von freundlichem Wesen und Manieren; er hatte einen kleinen Barth und schwarzes Haar, das sich etwas kräuselte. Er trug einen langen morgenländischen Rock von einer Art mit Gold durchwürkten Stoffe, der zu Suratte verfertigt und Susje genannt wird. Dieser Talar reichte ihm bis auf die Füße hinab und die Ermel, welche oberhalb des Ellbogens weit waren, schlossen am untern Theil des Arms dicht an und waren mit einer Reihe goldener Knöpfe zugeknöpft. Unter dem Rocke trug er ein weißes Hemb und lange Beinkleider von dem Zeuge des Rocks, ferner weiße Strümpfe und niedergetretene türkische Schuhe, deren Spitze sich aufwärts krümmte. Auf dem Kopfe hatte er ein rundes, steil emporgehendes Mützchen von violetter Farbe und mit silbernen Borten besetzt.

Die beyden Königinnen, welche oben an saßen, schienen schon bejahrt zu seyn; die beyden andern waren jünger und zwar etwas braun, doch aber gerade nicht häßlich; unter den Sclavinnen aber fand ich mehrere, welche ungleich weißer und schöner waren, als irgend eine von den Gemahlinnen des Königs. Die Kleidung der Königinnen reizte eben auch nicht sehr. Sie trugen lange, sogenannte Kabayen, (ein Gewand, das nach asiatischer Art weit bis auf die Füße hinabreicht,) von Ziß. Ihr schwarzes, glatt hinauf gestrichenes Haupthaar war

in

in einem runb gebréheten Wulst, reichlich mit Gold und Juwelen geschmückt, an dem hintern Theile des Kopfs befestigt. Wie wir, saßen auch sie auf Stühlen; also nicht, wie ihre Gewohnheit ist, auf kreußweis übereinander geschlagenen Beinen. Sie sprachen Malayisch und zeigten sich sehr gesprächig gegen unsre Damen, vergaßen aber darüber das Betel- und Pinangkauen im mindesten nicht.

Der Prinz, der zweyte Sohn des Königs, war dem Ansehn nach ein Jüngling von siebzehn oder achtzehn Jahren. Sein Aeußeres mißfiel ganz und gar nicht, nur schielte er ein wenig. Wie man uns versicherte, soll er einen recht guten Kopf haben und mehr Verstand und Geschicklichkeit besitzen wie der Kronerbe.

Am Tage nach unserer Audienz bey Hofe sahen wir auch den Kronprinzen von der Lustreise zurückkommen, die er, um des Fischfangs willen, nach den benachbarten Eilanden gemacht hatte. Er kam den Strohm hinauf mit acht und zwanzig Fahrzeugen, die voller Menschen und mit Flaggen und Wimpeln prächtig ausgeschmückt waren. Eins dieser Fahrzeuge, und zwar dasjenige, auf dem sich des Prinzen Frauen befanden, war durchaus bedeckt, so daß man von dem Innern nicht das mindeste sehen konnte. Man sagte uns, der Prinz mache häufig solche kleine Reisen, er müsse sich aber jedesmahl die Erlaubniß dazu von seinem Herrn Vater ausbitten.

Am folgenden Tage erfuhren wir, daß sich der König um Mittagszeit, im priesterlichen Ornat nach dem großen Tempel zur Verrichtung des Gottesdienstes erheben würde; wir eilten also zum Fort Diamant um die Procession mit anzusehen.

Es war halb ein Uhr als der König aus dem Pallast trat. Er erschien in einem weißen, weiten, priesterli-

Stavor. Reisen.   C

sterlichen Gewande, das mit einem Gürtel um die Mitte des Leibes befestigt war. Auf dem Haupte trug er einen großen, weißen Turban, und an den Füßen große, mit Gold gestickte Pantoffeln. Er setzte sich in eine nur mit zwey Pferden bespannte Kutsche, und so wie er sich niederließ, stemmte der Kronprinz wie dessen Bruder, beyde in einem solchen Gewande, als der König trug, die Schulter unter die Achsen der hintersten Räder, gerade als wollten sie den Wagen aufheben, und in dieser Stellung blieben sie bis der Wagen fortgezogen wurde. Ein schön aufgeschirrtes Staatspferd wurde der Kutsche vorauf geführt, und dicht hinter der Kutsche gieng der Kronprinz zu Fuß; über seinem Haupte ward ein Staatssonnenschirm, und noch drey andere wurden, ohne daß jemand drunter gieng, hinter ihm her getragen. Auf den Prinzen folgte der Prinz-Staatsregierer, jedoch ohne Schirm, dann der Bruder des Prinzen und zuletzt die übrigen Großen des Hofs nebst einer Menge Sklavinnen. Jede dieser letztern trug irgend etwas zu den Bedürfnissen des Königs gehöriges, als Tabacks-und Beteldosen, Spuckkasten und dergleichen. An Musik fehlte es auch hier nicht, und die Trommel wurde ohne Unterlaß geschlagen.

Um dem auf der Pascébaan in Menge versammelten Volke die Ankunft des Königs zu melden, brannte man, als die Kutsche auf die Brücke des Forts kam, eine Kanone ab. Von hier bis zur Pascébaan hin, (über welche der Weg zum Tempel führte) stand die Leibwache in zwey Gliedern, mit rückwärts gewandten Köpfen, gestellt. Schon nach einer halben Stunde kehrte der König zurück und zwar auf eben die Art, wie er hingefahren war. Nur wurde bey seiner Ankunft am Fort von der, zum Theil mit Feuergewehren versehenen Leibwache, dreymal gefeuert, welches man vom Fort aus mit

einem

einem Schuſſe beantwortete, und dann wurde auch der König innerhalb des Forts von der holländiſchen Beſatzung mit fliegenden Fahnen und unter Trommelſchlag empfangen.

Während daß das Schiff, mit welchem ich von Batavia hieher gekommen, mit Aus- und Einladen beſchäftigt war, nahm ich mit meinen Geſellſchaftern mehrere kleine Reiſen ins Land vor. Wir beſuchten verſchiedene Paſſar (Baſar) oder Märkte, auf welchen an gewiſſen Tagen wöchentlich Güter aller Art, vorzüglich aber Lebensmittel, verkauft werden. Auch kamen wir nach Grobbezak und zu dem Grabe eines der erſten Heiligen der Bantamer. Grobbezak, anderthalb Stunden von Bantam entfernt, iſt ein altes vierecktiges und ſehr verfallenes Gebäude, das auf einer Inſel von gleicher Form, etwa fünf bis ſechs Morgen im Umfange haltend, von einem großen, gegen dreyhundert Fuß breiten Waſſer umfloſſen, liegt. Von der Brücke, die ehemals hinüber führte, ſieht man gegenwärtig nur noch Trümmer; auch fährt keiner mehr nach dieſem Eilande aus Furcht vor den Krokobillen, die ſich in dem Waſſer aufhalten ſollen, von welchen wir jedoch nicht ein einziges zu Geſicht bekamen. Nach den Verſicherungen der Bantamer iſt das Gebäude jetzt ein Wohnſitz böſer Geiſter. Wahrſcheinlich rührt es noch aus den Zeiten der Portugieſen her.

Das Grab des Heiligen liegt auf einem zweyhundert Fuß hohen und volle zwey Stunden von Bantam entfernten Berge, nahe bey dem kleinen Flecken Bobjo Nagare, wo alle Sonnabend ein Paſſar gehalten wird. Der Berg führt des Heiligen Nahmen, Wounong Santri, und ganz oben auf der Spitze deſſelben ruhen des Heiligen Gebeine. Das Grabmahl beſteht aus gebrannten Steinen, ragt aber nicht mehr als einen

Fuß hoch über dem Boden hervor. Am Kopfe und zu den Füßen stehen zwey runde, drey Fuß hohe Steine, welche die Javaner zu Ehren des Heiligen mit Stücken weißen Kattuns umwinden. Das Ganze umschließt eine kleine, weiße, steinerne Mauer, die nur wenig höher ist als das Grab selbst; neben diesem letzteren steht, nach hiesiger Landessitte, ein schattenreicher Baum. Nach der Legende wanderte dieser Heilige oft im Angesicht einer Menge gläubiger Muselmänner trockenen Fußes über das Meer, und eine Kleinigkeit war es ihm, viele Tage und Nächte hinter einander ohne Nahrungsmittel hinzubringen. Die Eingebohrnen hegen für die Ruhestätte dieses Heiligen große Ehrerbietung, und ich wollte es niemand rathen, sich in der Nachbarschaft derselben die mindeste Unsittlichkeit zu erlauben. Sie behaupten steif und fest, daß jedes Geschöpf, welches sich hier eine Freyheit herausnähme, die wir Europäer uns gegen unsre Kirchen und Thürme ohne alles Bedenken gestatten — auf der Stelle tod zur Erde niedersinken würde. —

Die Ladung Pfeffer, welche wir hier einnahmen, erhielten wir aus den hart am Flusse gelegenen Packhäusern des Königs. Siebzigtausend Pfund wurden uns in einzelnen Quantitäten von 250 Pfunden von einem Beamten des Königs zugewogen, und um allen Betrügereyen vorzubeugen, waren dabey zugegen acht oder neun Inghebée: oder Prinzen, die alles genau aufschrieben, einer von den dortigen Beamten der Kompagnie, und einer von meinen Schiffsofficieren. Aus den Packhäusern ward der Pfeffer, auf kleinen Fahrzeugen den Fluß hinab nach unserm Schiffe gebracht, und jedes dieser Fahrzeuge war mit Wächtern versehen, eine Vorsicht, die hier durchaus nothwendig war, weil die Eingebohrnen von Bantam leidenschaftliche Diebe sind. Am acht und zwanzigsten May erhielten wir die letzte Ladung

dung, und hatten nun 1,128,840 Pfund schwarzen und
5000 Pfund weißen Pfeffer am Bord. Doch ehe wir
von Bantam scheiden, noch ein Wort vom Fort
Speelwyk.

Diese Vestung ließ die holländisch ostindische Kompagnie in dem Kriege erbauen, welchen Sultan Agon von Bantam mit seinem Sohne führte. Sie liegt nur eine halbe Viertelstunde vom Ausfluß des Bantamflusses, der an der Westseite der Vestung vorbey fließt. Sie ist ein Viereck; jede Ecke hat drey ganze und eine halbe Bastion, und diese Werke sind zusammen mit acht und vierzig Kanonen von verschiedenen Kaliber besetzt. Auf drey Seiten, nehmlich auf der Nord-Süd- und Westseite, ist sie mit einem Graben umgeben, welcher mit dem Fluße auf der Westseite in Verbindung steht. Die Wälle oder Mauren sind von schweren und harten Steinen, dreyzehn bis vierzehn Fuß hoch, aber an einigen Stellen schon etwas baufällig. Im Fort sieht man verschiedene Gebäude, die, gerade in der Mitte, einen viereckigten freyen Platz bilden. Diese Gebäude, unter denen sich die Wohnung des Kommendanten vorzüglich gut ausnimmt, dienen theils zu Wohnungen für die Beamten der Kompagnie, theils zu Packhäusern und zu Barrakken für die Soldaten; doch wohnt noch ein Theil der Beamten nebst einigen Chinesern außerhalb dem Fort. Die hiesige Besatzung ist ohngefähr so starck, wie die im Fort Diamant; gewöhnlich aber giebt es im Fort Speelwyk eine beträchtliche Anzahl Kranke; man hält Speelwyk gar für noch ungesunder als Batavia.

Der Chef des hiesigen Etablissements führt den Titel eines Kommandeurs und hat Oberkaufmanns Rang; er führt auch die Aufsicht über den Handel, welcher meist in Pfeffer und wenigem baumwollenen Garn besteht;

zwar ist er der Regierung von Batavia, die ihm täglich Befehle ertheilt und der er seine Berichte zu übersenden hat, unmittelbar untergeordnet, doch hat man ihm noch einen Rath, der aus einigen Mitgliedern besteht, zugeordnet. Und ausserdem ist hier noch ein Fiskal angestellt, der auf den Schleichhandel Acht geben muß.

Unter den Oberbefehl von Bantam gehören auch die Residenzplätze, welche die Kompagnie zu Lampong Toulan Bauwang, und zu Lampong Samanca hat. Beyde liegen in dem südlichsten Theile Sumatras, sind eroberte Landschaften vom Reiche Bantam, und liefern jährlich eine beträchtliche Quantität Pfeffer. Man hält dort zwey Buchhalter, einen Unterofficier und einige wenige Gemeine, die blos darauf sehen müssen, daß der Pfeffer nicht in fremde Hände komme. Der Buchhalter von Toulan Bauwang starb vor einigen Jahren zu Batavia auf dem Blutgerüste. Er hatte einen der Großen des Königs von Bantam, der von Seiten des Königs in Toulan Bauwang angestellt war, mit kaltem Blute niederschiessen lassen. Der Generalgouverneur zu Batavia gab sich alle mögliche Mühe, dem Mörder das Leben zu retten; allein der König machte allzu nachdrückliche Vorstellungen, und der Buchhalter starb eben so kalt, als kalt er gemordet hatte.

Außer den vorgenannten müssen im bantamschen Reiche, noch zwey andere Posten, nehmlich der zu Anjer oder Anlar und der zu Jerette, jeder zwey Mann starck, von der Besatzung von Bantam versehen werden. Das Geschäfte dieser Leute besteht darinn, auf alle ankommende Schiffe, gleich viel, ob es holländische oder fremde sind, Acht zu geben, und die Nahmen derselben, so wie die Oerter, von welchen sie kommen, sogleich dem Kommandeur von Bantam zu melden; dieser stattet

so-

sodann nach Batavia an den Generalgouverneur Bericht davon ab.

Am dreyßigsten May segelten wir zurück nach der Hauptstadt der Holländer in Asien; am vierten Juny gegen Mittag ankerten wir bey dem Eilande Onrust, und desselben Abends befand ich mich schon wieder in Batavia.

Vierter Abschnitt.
Reise von Batavia nach Bengalen.

Am zwölften August gingen wir von Batavia aus nach Bengalen unter Seegel. Am funfzehnten gegen Mittag gelangten wir an das Eiland Dwars in den Weg, wo uns der Posthalter von Anjer zur Erfrischung einige Schildkröten verschafte. Am fünften September befanden wir uns auf der Breite der Insel Ceylon, am vierzehnten Morgens erblickten wir auf der Küste von Orixa das Land Pondy, das sich beym ersten Anblick als drey von einander geschiedene kleine Hügel zeigte; und am Abend dieses Tags befanden wir uns, etwa vier oder fünf Meilen weit vom Lande, dem Berge Carepore gegen über. Die Küste ist dort nicht hoch, aber hie und da liegen Dünen (Hügel von Meeressand) auf derselben, zwischen welchen man das mit Bäumen bedeckte Gestade erblickt; auch sieht man im Vorbeysegeln zwey große Pagoden, von welchen die so genannte Ingernatsche eine der vornehmsten Pagoden der hindostanischen Heiden, oder der Hindus ist. Diese

Tempel sollen außerordentliche Reichthümer besitzen und sie den Büßenden verdanken, welche von allen Gegenden her zu ihnen hinströmen, und reiche Gaben opfern, um von ihren Sünden gereinigt zu werden. Man versichert, der vornehmste dieser Tempel sey von einem Seeräuber, Nahmens Jngernate, erbaut worden; dieser habe unermeßliche Schätze zusammen geraubt, und hernach den Tempel aufgeführt, um mit beruhigtem Gewissen sterben zu können. Wann das aber geschehen sey, wußte niemand anzugeben. Von der See aus gesehen, erscheint die Jngernatsche Pagode, als ein hoher stumpfer Thurm, die andere aber als ein segeludes, zweymastiges Schiff.

Erst am Abend des folgenden Tages gelangten wir an die Mündung des kleinen Flusses Mirzapur, wo das zwey Meilen weit entfernte und überall mit Bäumen und Gesträuch bewachsene Gestade den schönsten Anblick gewährte. Eine Windstille hinderte uns, unsern Lauf fortzusetzen, und eine heftige Ströhmung nöthigte uns bis zum achtzehnten dieses Monats hier vor Anker zu bleiben. Doch stieß schon am zwanzigsten eine von den holländischen Schaluppen zu uns, die in der Gegend der Landspitze Palmiras der ankommenden Schiffe wegen kreuzen müssen. Das hohe Land von Balufore zeigte sich um Mittag und gegen Abend ankerten wir vor der ersten bengalischen Sandbank. Hier sahen wir schlechterdings nichts vom festen Lande.

Diese Sandbänke, von welchen zwey im Wasser der westlichen Mündung des Ganges liegen, ziehen sich wohl acht bis zehn Meilen vom festen Lande in die See. Wer aus der See kömmt, muß queer über sie hin fahren und bleibt ein Schiff beym Herübersegeln sitzen, so läuft es Gefahr mit allem was sich darauf befindet, umzukommen. Der Grund ist ein harter, sich senkender Sand.

Sand. Man paſſirt daher dieſe Bänke nur zur Zeit der höchſten Fluth, und ſind die Loorſen nicht vollkommen überzeugt, daß das Waſſer auf denſelben tief genug iſt, ſo müſſen die Schiffe geankert vor denſelben liegen bleiben. Auch pflegen ſie, um alle Vorſorge anzuwenden, mit einer Schaluppe, eine halbe oder drey viertel Meilen weit voraus zu ſegeln und dem nachſegelnden Schiffe durch Zeichen anzudeuten, was für eine Tiefe das Senkbley angegeben hat.

Auch wir ließen eine Schaluppe vorausgehen. Auf der erſten Bank hatten wir acht und zwanzig und auf der zweyten vier und zwanzig Fuß tief Waſſer, unſer Schiff ging in einer Tiefe von zwanzig Fuß. Des Mittags waren wir zwiſchen den beyden Bänken, und der Beobachtung zufolge, unter 21 Grad 19 Minuten Nördlicher Breite; um vier Uhr ankerten wir bey der Touan von Boero Baly.

Gleich am folgenden Morgen ſegelten wir gen Nordnordoſten. Um zehn Uhr erblickten wir ſchon das lange und niedrige, von den Einwohnern Bengalens für hochheilig gehaltene Eiland Sagor, das wir rechts liegen lieſſen. Bald nach Mittag paſſirten wir die Rhede von Inſely, ſo wie um drey Uhr das Jennegat, und mit Sonnenuntergang ließen wir bey dem Kanal Kifferryen die Anker fallen. Von dem Eilande Sagor ab, ſahen wir blos zur rechten Seite Land bis hin zur Rhede von Inſely; nun bekamen wir aber zu beyden Seiten Land zu ſehen, doch konnten wir das an der Mündung des Fluſſes ſehr niedrige Ufer erſt in einer Entfernung von drey Meilen erblicken. Im Jennegat iſt die gefährlichſte Fahrt, die man ſich nur denken kann. Iſt ein Schiff ſo unglücklich auf einer von den Bänken, die dies Fahrwaſſer ſo ſehr beengen, ſitzen zu bleiben, ſo iſt es unvermeidlich verlohren. Ein ſolches Unglück traf vor einigen

nigen Jahren ein, der holländischen Kompagnie zuständiges Schiff; nur ein Theil der Ladung ward geborgen, das Schiff selbst sank gleich in die Tiefe hinab.

Am drey und zwanzigsten September, Morgens, lichteten wir die Anker und segelten mit der Fluth den Kanal hinauf. Wir fanden sechs, fünf und vier Faden Tiefe. Das Wasser war dick und schlammicht, welches von dem schnellen Laufe des Flusses herrührt, der gerade jetzt im stärksten Ablaufe sich befand. Der Grund oder Boden des Flusses ist morastig, die Sandbänke aber, die man in Menge findet, bestehen aus einem harten Sande.

Um Mittag passirten wir den Haje-Kanal: er ist weit und tief genug, um mit Seeschiffen befahren zu werden. Im Jahr 1768 wurden von dem damaligen holländischen Direkteur einige Lootsen und andere der Sache kundige Männer ausgesandt, um von dieser Gegend eine Seecharte aufzunehmen, damit im Nothfall von dort aus Seeschiffe in's Meer gebracht werden könnten, anstatt sie durch das Jennegat bey Inseln vorbey zu führen. Als die Lootsen aber aus diesem Kanal in den Arm des Ganges kamen, welcher bey Decca vorbey fließt, fanden sie, daß die weitere Fahrt von da aus ins Meer, der großen, von ihnen nicht gekannten Sandbänke wegen, viel zu gefährlich sey. Die mehrsten Güter, welche von Decca nach dem Kanal von Hougly hinaufgebracht werden, passiren den Haje-Kanal.

Nachdem wir dem Haje-Kanal vorübergegangen waren, vertiefte sich das Fahrwasser zu zehn bis eilf Faden, aber noch immer behielten wir morastigen Boden. Das Land, das wir bis zum Haje-Kanal hin gesehen hatten, war unbewohnt, völlig eine Wildniß, in welcher sich eine Menge Tyger und andere wilde Thiere aufhalten.

ten. Die Ufer waren faſt durchaus dicht mit Gebüſch bewachſen. Einzelne Häuſer und kleine, von Bengalern bewohnte Dörfer zeigten ſich erſt jenſeits des Kanals. Landeinwärts ſahen wir überall flache, zum Theil bebaute Felder und zwiſchen denſelben grünes Weideland, welches einen ſchönen Anblick gewährte. Je weiter hinauf wir kamen, deſto ſchöner wurde das Land. Auf den Wieſen ſahen wir zuweilen Heerden von mehr als hundert Stück Kühen.

Um drey Uhr Nachmittags gelangten wir zu dem Dorfe Doveren, wo die Britten eine Faktorey und einige Packhäuſer errichtet haben. Das Dorf hat eine gute ſichere Rhede, die ſtark von engliſchen Schiffen beſucht wird; und dicht bey dieſem Dorfe hat der weit durch das Land ſich ziehende Garnale-Kanal ſeinen Ausfluß. Erſt gegen Abend warfen wir die Anker bey dem Buffelshök. Während dieſer ganzen Fahrt hatten Wind und Strohm uns ſehr aufgehalten. Gleich unter Buffelshök liegt der Platz, den man Adams Grab nennt; er iſt durch ein kleines liebliches Gebüſch von ſchönen Bäumen bezeichnet.

Der folgende Tag war uns höchſt ungünſtig. Wind und Strohm erlaubten uns erſt nach Mittag unter Segel zu gehen und ein ſtarkes, die ganze Nacht fortdauerndes Gewitter nöthigte uns ſchon nach zwey Stunden die Segel wieder einzuziehen und gleich unter dem alten Ganges die Anker auszuwerfen.

Mit Anbruch des Tages ſetzten wir unſere Reiſe zwar fort, allein auf eine höchſt unbequeme Art. Die Anker durften nemlich nicht mehr als eben nur aus dem Grunde losgehoben werden, und ſo, die Anker auf dem Grunde nachſchleppend, gingen wir, das Hintertheil des Schiffs nach vorne zu gewendet, ſtrohmaufwärts, mit der Fluth weiter. Theils die Enge des Fahrwaſſers —

denn

denn überall hat man Untiefen — theils die reissenden Ströhmungen des Ganges nöthigten uns zu einer so sonderbaren Fahrt. Den alten Ganges, wie ihn die Lootsen nennen, passirten wir um sieben Uhr.

Der alte Ganges hat seinen Ursprung so tief im Lande, daß nicht blos nach den Versicherungen der Lootsen, sondern auch anderer kundigen Leute, bisher noch niemand ihn ganz hinaufgefahren ist. Da, wo er sich mit dem eigentlichen Ganges vereinigt, hat man wegen der großen Sandbänke und der starken Ströhmungen die gefährlichste Fahrt, man gehe den Fluß hinauf oder hinab. Beyde Flüsse, der alte und der würkliche Ganges, bilden durch ihren Zusammenfluß eine Spitze, und hier waren die Britten bey meiner Abreise aus Bengalen Willens, eine starke Batterie anzulegen, um den Fluß schliessen zu können. Zuverläßig findet sich nirgends am Ganges eine Stelle, die so glücklich wie jene zu diesem Zwecke benutzt werden könnte, denn gerade dort haben die Schiffer alle ersinnliche Mühe und alle Mittel anzuwenden, um nicht auf die Sandbänke zu gerathen, oder von dem alten Ganges weggerissen zu werden; und ganz unmöglich ist es, hier an eine Vertheidigung zu denken.

Kaum hatten wir die Gefahr glücklich überstanden, als wir mehrere Schiffe der holländisch ostindischen Kompagnie auf der Rhede von Voltha erblickten. Sobald die Fluth abgelaufen war, ankerten wir bey dem Kalk-Kanal und am folgenden Tage auf der Rhede von Voltha selbst. Dort schon kam der Equipagenmeister von Hougly zu uns an Bord, um Herrn F** zu bewillkommen, den wir von Batavia mitgebracht hatten und der zum Directeur des holländischen Handels in den Reichen Bengalen, Bahar und Orixa ernannt war. Auf der Rhede widerfuhr ihm eben diese

Ehre

Ehre von einer Deputation des Raths zu Hougly. Diese Deputirten waren vier Mitglieder des Raths; von denen zwey ihre Damen mitgebracht hatten. Sie kamen in einem großen Badjerah und hatten es an nichts fehlen laßen, was zu einem feyerlichen Empfange nur immer gehören kann.

Fünfter Abschnitt.
Bengalen und Zurückreise nach Batavia.

Einer allgemeinen Verordnung des Raths von Hougly gemäß, mußte ich am Bord meines Schiffes bleiben. Kein Schiffskapitain darf von dem Ausgang des Septembers an, bis zum Anfang des Novembers hin sein Schiff verlaßen. In dieser Zeit verändert sich die Mousson (oder die Zeit der beständigen so genannten Passatwinde); die Ströhmung ist bey der Ebbe und Fluth dann äußerst stark und das Wetter höchst ungestühm. Ich ging daher erst am vierten October auf einem Badjerah nach Chinsura und ein recht unseliger Tag war es, an dem ich dort anlangte.

Gerade am Morgen dieses Tages ließ der Nabob von Coffimbazar, oder der Unterkönig von Bengalen, das Dorf Chinsura an der Landseite, durch zehn bis zwölftausend Mann einschließen und dies Corps hielt alle Wege und Zugänge so genau besetzt, daß niemand weder heraus noch hereinkommen konnte. In wenigen Tagen brach nun eine Hungersnoth aus, die verschiedene Menschen wegrafte. Die Mütter kamen mit ihren Kindern jammernd zu den Wohnungen der Europäer und baten

baten stehend, gegen ein wenig Reis die Kinder als Sklaven hinzunehmen. Zur Vergrößerung des Unglücks befand sich wenig oder gar kein Vorrath an Lebensmitteln im Dorfe, als der Nabob es einschloß. Auch auf dem Flusse konnte man den Unglücklichen nichts zuführen, denn oberhalb des Dorfes war auch der Fluß besetzt. Schon in den ersten Tagen wurden sieben Pfund Reis mit einer Ruppie (so viel als ein Gulden) bezahlt; nachher konnte man gar keinen Reis mehr bekommen, und es stand Nasen- und Ohrenabschneiden darauf, wer dabey ertappt wurde verstohlnerweise Lebensmittel in das Dorf zu bringen. Ein Zwist über den Zoll veranlaßte und bewürkte diese Blokade.

Die holländisch ostindische Kompagnie war nehmlich verpflichtet, gewisse Zölle an den Nabob für die Güter zu bezahlen, welche den Ganges hinauf oder hinab gehen; diesen Zoll hatte aber der Direkteur B. seit einiger Zeit nicht entrichtet. Der Nabob, der sich, den Tractaten gemäß, seines Rechts bewußt war, bestand darauf, daß der Zoll entrichtet werden sollte und gab dem Fausdar von Hougly Befehl, ihn mit Nachdruck einzutreiben. Dieser sandte einen Tschubbar an den Direkteur mit der Erklärung, daß, wofern der Zoll nicht gezahlt würde, man keine holländischen Güter weiter passiren lassen werde. Dies nahm der Direkteur sehr übel auf, schalt und schimpfte den Tschubbar, und ließ ihn zuletzt gar an einen Pfal binden und derb auspeitschen. Hierauf ließ der Fausdar nicht nur Chinsura besetzen, sondern auch alle, den Holländern zugehörigen Güter, welche den Ganges hinabkamen, in Beschlag nehmen.

Diese Güter bestanden in baumwollenen und andern Zeugen und waren zur Ladung für die Schiffe bestimmt, welche im Anfange des Novembers nach Holland gehen muß-

mußten. In Ermangelung dieser Waaren konnten die Schiffe nun nicht in der rechten Jahrszeit ihre Reise antreten; sie mußten bleiben bis zum Ausgang des Januars und zu einer ungünstigen Zeit abfahren. Zwey derselben gingen mit der gesammten Ladung verlohren und das dritte wurde nur mit genauer Noth gerettet; All dieses Unglück hatte man dem unklugen Verfahren des Herrn W. zu verdanken.

Bis zum funfzehnten October blieb Chinsura eingeschlossen und die Fahrt auf dem Ganges gesperrt, denn der Herr Direkteur beging eine unüberlegte Handlung nach der andern. Er sandte als die Nachricht einlief, daß die Güter angehalten wären, ein Kommando von einem Officier und dreyßig Mann ab, um die Waaren mit Gewalt zu nehmen; weil aber diese Maasregel, wegen eines Detaschements von vierhundert Sea poys*) die sich zur Wehre zu setzen Miene machten, nicht auszuführen war, so traf man einen Vergleich, nach welchem augenblickliche Bezahlung der rückständigen Zölle von Seiten des Direkteurs, und die Aufhebung der Belagerung des Dorfs und der Sperre des Flusses von dem Nabob gegenseitig bewilligt wurde. Der Nabob hielt sein Wort, der Direkteur hingegen ging im Merz des folgenden Jahrs nach Batavia, ohne die Schuld bezahlt zu haben. Hätte sein Nachfolger nicht gezahlt, so würde auch die für mein Schiff bestimmte Ladung angehalten worden seyn.

Am zwölften Oktober ging ich wieder nach Woltha, wo mein Schiff lag.

Auf

*) Landeseingebohrne, die halb auf europäische Art montirt, bewaffnet und exercirt sind.

Auf dem Wege dahin landeten wir zu Serampour. Hier haben die Dänen ihr Comptoir angeleget; es ist gerade das unbedeutendste Etablissement, das die Europäer am Ganges haben. Es besteht außer dem kleinen inländischen Dorfe nur aus einigen wenigen Häusern, die von Europäern bewohnt werden. Der Handel ist hier sehr unbedeutend.

Beym Hinauf- wie beym Hinabfahren des Ganges nach Boltha, gewähren die Ufer und Ländereyen an beyden Seiten die reitzendsten Prospekte; aber alles übertreffend ist der Prospekt, welcher den Reisenden entzückt, der von dem französischen Etablissement Chinsura, Hougly und Bandel hinauffährt. Die Gebäude von Chinsura, die Kirche und der Garten Welgelegen mit drey steinernen Terrassen über einander, alles nach europäischer Art mit Kalk beworfen, fällt sehr schön ins Auge. Hinter und zwischen jenen Gebäuden zeigen sich kleine Gebüsche mit ewig grünenden Bäumen; vor denselben ströhmt der Fluß mit einer großen Menge kleiner Fahrzeuge bedeckt, und etwas tiefer, und zur Seite erhebt sich Chandernagor, das längst dem Flusse hin gebauet ist und mit vielen schönen Gebäuden prangt. Die dort vor Anker liegenden Schiffe sind mit Tauen an dem Gestade befestigt.

Zur linken Seite hat man auf dieser reitzenden Farth fruchtbare Felder und Weideland, von einer Menge Rindvieh bedeckt, und zum Theil von kleinen Gehölzen durchschnitten.

Ohngefähr auf der Hälfte des Weges von Chandernagor nach Serampour zeigt sich Garetti. Hier hatte der französische Gouverneur ein prächtiges Haus oder vielmehr einen Pallast gebauet, und einen sehr schönen Garten angelegt, und zwar auf eben der Seite des Ganges, auf welcher Chandernagor liegt.

Alle

Alle diese Gegenden sind flach und eben, ganz so wie der Boden in den vereinigten Niederlanden, und auch eben so von einer Menge von Flüssen und Bächen gewässert und befruchtet.

Nähert man sich Calcutta, so sieht man auf beyden Seiten viele neue, von den Engländern angelegte Gärten, die einen schönen Anblick geben. Auch Calcutta selbst, das man beym Hinabfahren auf der linken Seite hat, gewährt einen recht herrlichen Prospekt; es zieht sich drey Viertelstunden lang am Flusse hin; und auch hier liegen, wie vor Chandernagor, eine große Anzahl von Schiffen geankert. Calcutta ist gleichsam der Stapelort, von und nach welchem täglich Schiffe aus allen Ländern Indiens abgehen und hinkommen.

Eine kleine Viertelstunde unter diesem Orte liegt das starke Fort William, hart am Ufer, so daß die Kanonen den Fluß bestreichen. Bis nach Voltha zu hat man hie und da bengalische Dörfer; deren einige von sehr großem Umfange sind.

Am dreyzehnten October kam ich wieder an Bord meines Schiffs, das auf der Rhede von Voltha lag. Voltha ist ein sehr großes, am linken Ufer des Ganges gelegenes Dorf. Die Rhede gewährt den Schiffen hinlängliche Sicherheit, selbst auch in den Zeiten, wenn sich der Mousson ändert, wofern es nur nicht mit würklichen Orkanen erfolgt; bey dergleichen schweren Stürmen ist man aber nicht nur auf jener Rhede, sondern auch auf dem Ganges überall großer Gefahr ausgesetzt. Auch liegen hier die Schiffe beschützt, wenn mit dem Beginnen der Fluth das Wasser oft sechs und mehrere Fuß hoch plötzlich und mit einer Gewalt hinaufschwillet, die stark genug ist, an weniger geschützten Oertern Schiffe von ihrem Anker loszuheben, ihre Taue zu zerreissen und sie am Ufer zu zertrümmern oder auf Sandbänke hinzu-

Stavor. Reisen.   D   wer-

werfen. Auf der Seite, auf welcher Woltha liegt, hat man dieses wilde Aufschwellen der Fluthen, oder, wie man es nennet, die Baar nicht; man hat sie auf dem gegen über liegenden Ufer. Der Grund der Rhede ist so zähe, daß beym Aufwinden der Anker zuweilen die Taue reissen.

Am ein und dreyßigsten Januar verliessen wir Woltha; wir giengen nach Inselp, um dort den Tag unsrer Abreise nach Batavia abzuwarten. Auf der Rhede von Woltha konnten wir nicht länger bleiben, weil das Wasser im Ganges in dieser Jahrszeit so niedrig wird, daß man nur mit großer Gefahr das Jennegat paßiren kann.

Meine Berufsgeschäfte nahmen mir in Bengalen nur wenige Tage weg; die übrige Zeit benutzte ich zu Erforschung des Landes. Ich unternahm mehrere kleine Reisen, von welchen namentlich die, welche ich in den letzten Tagen des Januars machte, die interessanteste war. Wir fuhren auf einem Babjerah von Chinsura bis zum Kanal Nifferijen; und giengen von dort aus zu Fuß eine Strecke landeinwärts.

Da, wo wir landeten, führte der Weg durch herrliche Ebenen, so wohl von bebauten Feldern als von Viehweiden, und hie und da durch kleine Gehölze von Klapper-Suri-Mangos-und anderen Bäumen. Auch gab es eine Menge Felder, die mit starkem Zuckerrohr bepflanzt waren. Die hier übliche Methode, den Zucker zuzubereiten, ist auffallend einfach. Man zerbrückt nehmlich das Rohr zwischen zwey gereisten Walzen von hartem Holz, die zwey und einen halben Fuß lang und ohngefähr sechs Zoll im Durchmesser starck sind. Diese Walzen liegen horizontal über einander auf zwey kleinen Schragen, die so gemacht sind, daß die Walzen nicht von einander weichen können, und einen Raum von einem Viertelzoll zwischen beyden lassen. An dem einen Ende jeder Walze sind vier Speichen, die von

zwey

zwey Leuten mit den Händen in entgegenstehender Richtung gedrehet werden. Das Zuckerrohr wird zwischen diese Walzen hineingesteckt, und, indem sie gegen einander herumgedrehet werden, zerquetscht, da denn der Saft hinaus fließt und in einem unten auf der Erde stehenden Topf aufgefangen wird. Acht oder zehn Fuß von den Walzen fanden wir acht Töpfe auf eben so vielen Löchern, die genau zu den Töpfen paßten und in die Erde gegraben waren. In diese Töpfe schüttete man den Saft und kochte ihn zu Zucker bey einem Feuer, das von dem ausgepreßten Zuckerrohr unterhalten wurde. Und alles das geschah unter freyem Himmel. — In diesen Gegenden ist Bengalen mit Tschakals *) und wilden Hunden angefüllt. Wir schossen einige derselben, aber die Einwohner sahen es nicht gerne, weil ihre Religion verbietet, irgend ein lebendiges Geschöpf zu tödten.

Mit der Fluth fuhren wir bis zum Kanal Chagabba, der, wenn man hinauffährt, acht oder zehn Stunden weit über Chinsura hinaus, auf der rechten Seite des Flusses liegt. Das Dorf, das dem Wasser seinen Nahmen giebt, liegt ein wenig landeinwärts; es hat wöchentlich einen großen Markt, oder einen Bazar, wie die Bengaler es nennen, auf dem allerley Landesprodukte verkauft werden; der Kanal selbst reicht drey Stunden landeinwärts. Auf der linken Seite desselben und weiter hinauf hat man nur flaches Land, ohne irgend einen Baum; aber rechter Seits und hinabwärts giebt es viel Gebüsch, in welchem Tyger und andere wilde Thiere sich aufhalten. Wir durchstrichen die Felder in die Kreuz und Quere, ohne eine Spur von Tygern zu sehen; so bald wir aber in die Gebüsche kamen, fanden wir Tygerspuren in Menge, und hielten es um desto weniger rath-

*) Ein Raubthier, das ohngefähr dem europäischen Wolfe gleich kommt.

rathsam weiter zu gehen, da dies Thier sich selten eher zeigt, als bis es sicher ist, seinen Raub zu fassen; in welchem Fall dann an keine Rettung zu denken ist. Wir trafen auch auf unserm Wege den zerfleischten Körper eines Bengalers an, der kurz zuvor einem dieser Raubthiere zur Beute geworden war. Die Jagd auf die Tschakals und wilden Hunde ist übrigens eine gar nicht unangenehme Jagd.

Von Chagabba fuhren wir nach Gouptipara, das sechs bis acht Stunden über Chagabba hinauf liegt. Wir kamen auf diesem Wege bey einem großen Eilande vorbey, das in der Mitte des Ganges liegt, auf dem aber nichts als ein wenig Rohr und langes Gras wuchs. Bey Gouptipara fanden wir nur drey Stunden Fluth, gegen neun Stunden Ebbe, und Bengaler, wie andere, die zu Cossimbazar gewesen waren, sagten uns, vier bis fünf Stunden höher hinauf, habe man fast gar keine Fluth mehr.

Mit Tagesanbruch begaben wir uns zu Gouptipara an's Land. Eine Viertelstunde vom Ufer kamen wir zu einem kleinen Dorfe, und ein wenig tiefer zu einem Gehölz von hohen Bäumen und vielem niedrigen Unterholz. Es heißt das Affenholz, weil eine große Menge Affen sich darin aufhalten. Wir wünschten einige zu erlegen; allein sobald nur der erste Schuß fiel, ergriffen sie mit einem Vorderfuß ihre Jungen, klemmten sie an ihre Brust und kletterten so die höchsten Bäume hinan; von dort warfen sie die Jungen in das verwachsenste Gesträuch hinab, wo wir, aller ersinnlichen Mühe ohnerachtet, auch nicht ein einziges aufzufinden im Stande waren. Die Alten sprangen unterdeß mit einer unglaublichen Geschwindigkeit von einem Zweige und von einem Baum auf den andern. Endlich gelang es uns ein paar von den Bäumen herunter zu schießen. Als die übrigen diese fallen sahen, erhoben sie ein schreckliches Geschrey. Unsere Bengaler wurden darüber sehr

traur

traurig und baten uns bringend, ja keine mehr zu schießen; und in der That war ihnen das nicht zu verdenken: denn sie glauben, daß die abgeschiedenen Seelen der Menschen vorzüglich gern in Affenkörper fahren. Wir giengen nunmehro auf unserm Babjerah wieder hinabwärts nach dem Kanal von Chagabba. In dieser Gegend sind die Ufer des Ganges überall sehr steil, und an einigen Stellen so mächtig von dem Wasser ausgehöhlt, daß zuweilen Massen, so groß wie ein Haus, hinabstürzen. Mit Sonnenuntergang erhob sich ein heftiger Wind, und der Himmel bewölkte sich fürchterlich. In Erwartung eines heftigen Gewitters lenkten wir in den Kanal ein. Unser Babjerah wurde auf beyden Seiten des Ufers mit Tauen fest gemacht, eine Vorsicht, die durchaus nöthig ist, weil der Wind ein solches Schiff, das keinen Halt unter'm Wasser hat, gar leicht umwirft. Wir hielten uns am Lande für sicherer und stiegen daher aus; allein einer von unsern Begleitern, ein Bengaler, schreckte uns durch die Nachricht, daß diese Gegend durch Tyger unsicher gemacht werde, auf unser Fahrzeug zurück. Die drohenden Vorbothen der Witterung hatten uns nicht getäuscht. Um acht Uhr brach das Wetter von allen Seiten her los, die Donner tobten fürchterlich, und Blitze auf Blitze schossen so tief hinab, daß alles rings um uns her in Feuer und Flammen zu stehen schien; starcke Stoßwinde kamen noch hinzu, und jeder derselben konnte unser Schiff losreißen und umwerfen. Es war keine Möglichkeit, darauf zu bleiben; also krochen wir wieder auf das Ufer, obschon uns auch da das Wetter und die Tyger den Tod drohten. Nachdem wir drey Stunden lang in der größten Angst zugebracht hatten, klärte sich gegen eilf Uhr der Himmel wieder auf, und nun fuhren wir noch in derselben Nacht den Kanal von Misserijen hinab.

Mit Tagesanbruch stiegen wir an's Land, um zu
Fuß nach Tripeny zu wandern, wo uns unser Badjerah erwarten sollte.

Unser Weg leitete uns zuerst durch ein großes Holz,
das voll von Vögeln aller Art war, und dann durch flaches Land, welches größtentheils aus Wiesen bestand.
Eine Stunde weit von Tripeny kamen wir in ein zweytes Gehölz, in welchem ein altes Gebäude ohne Dach
befindlich war, das aus großen viereckigten und so harten Steinen bestand, daß wir nicht vermögend waren,
nur ein Stück mit einem Hammer los zu hauen. Die
Form des Hauses war ein länglichtes Viereck, dreyßig
Fuß lang, zwanzig breit und etwa dreyzehn bis vierzehn
Fuß hoch. Im Innern fanden wir drey Grabstätte,
vier Fuß hoch über dem Boden, von polirten schwärzlichen Steinen gebauet, in welche an einigen Stellen Inschriften mit persischen Lettern eingegraben waren. Die
eingebohrnen Bengaler, welche uns begleiteten, versicherten ganz treuherzig, daß ein großer Zauberer dies
Gebäude, ohne alle fremde Hülfe, in einer einzigen Nacht
aufgeführt habe. Ohngefähr vierzig Schritte weiter fanden wir ein dem erstern ähnliches, großes, aber schon
sehr verfallenes Gebäude. Nach der Aussage unserer
Bengaler, dient es jetzt blos den herumirrenden Fakirs (Bettelmönchen) zum Aufenthalt, und würklich
fanden wir ihrer auch einige darinn.

In Tripeny stieß unser Badjerah wieder zu
uns, in welchem wir dann ohne weitern Anstoß nach
Chinsura zurück gelangten.

Vor meiner Abreise hatte ich noch die Ehre einigen
Staatsvisiten beyzuwohnen, dergleichen die europäischen
Befehlshaber einander hier alljährlich, und namentlich
bey dem Amtswechsel der Gouverneure und Directeure
mit großem Ceremoniel abzustatten pflegen. Ich befand
mich

mich in der Gesellschaft des Herrn Direkteurs V., einiger Glieder der Regierung und der Damen dieser Herren. Um aber dem bey solchen Gelegenheiten lästigen Ceremoniel zu entgehen, hatte unser Direkteur den französischen Gouverneur ersucht, unsern Besuch nicht an dem Orte seiner gewöhnlichen Residenz, sondern nur auf seinem Landgute bey Garetti anzunehmen. Um sechs Uhr Abends kamen wir dort an und fanden alle Herren und Damen von Chandernagor bereits versammelt. Man gab uns ein Schauspiel, das in einem dazu errichteten Hause, von einigen Liebhabern vorgestellt wurde, und dann an einer Tafel, die wohl aus hundert Gedecken bestand, ein prächtiges Abendessen.

Einige Tage nachher machten wir dem neuen englischen Gouverneur, Herrn Cartier eine Prunkvisite, um ihm zum Antritt seines Gouvernements Glück zu wünschen. Unsere Gesellschaft bestand eigentlich nur aus acht Personen, aber der Droß, den wir bey uns hatten, erforderte nicht weniger als drey und dreißig Fahrzeuge. Auf diesen eingeschifft, fuhren wir, unter dem Donner der Kanonen ab. In dem Badjerah des Gouverneurs, das groß genug war, um sechs und dreyßig Personen an einer Tafel zu bewirthen, hielten wir uns am Tage auf, und die Nacht über schlief jeder von uns in einem eigenen Schiffe; zwey Schiffe dienten zur Küche, zwey andere, um die Provisionen fortzubringen und auf den übrigen befanden sich die Leibwache des Directeurs von vier und zwanzig Mann unter Anführung eines Officiers, und eine Menge Bedienten aller Art.

Zu Sypur, das etwa eine Stunde über Calcutta liegt, wurden wir von den Deputirten des englischen Raths von Calcutta empfangen. Man führte uns nach dem Gartenhauße des Herrn Rußel, der einer von jenen Deputirten war. Hier wurden wir mit einem

Früh-

Frühstück bewirthet und dann in fünf Kutschen, die uns der Gouverneur hieher entgegen geschickt hatte, nach Calcutta gebracht. Sechs Mann von des Gouverneurs Leibwache, zu Pferde, in blauer, reich mit Gold besetzter Uniform, umgaben den Wagen, in dem unser Direkteur saß. In Calcutta selbst, hatte man das Haus des Nabob Mahomed Resichan für den Herrn Direkteur in Bereitschaft gesetzt. Es war ein schönes Gebäude mit vielen und geräumigen Zimmern, alle auf europäische Art meublirt. Der Nabob hatte dies Haus von einem Engländer für hundert und zwanzig tausend Rupien gekauft und bewohnt es, wenn er sich in Calcutta aufhält; weil er aber gerade damals abwesend war, so hatte es der Gouverneur uns zur Wohnung anweisen lassen. Auf dem Platze vor dem Hause, stand eine achtzig Mann starke und von europäischen Officieren commandirte Kompagnie Syppahis oder Seapoys unter den Waffen, als eine Ehrenwache für den Direkteur, und diese Ehrenwache blieb auch während unsers ganzen Aufenthalts hier.

Als der Direkteur vor dem Hause abtrat, ward vom Fort William aus, mit neunzehn Kanonenschüssen salutirt. Wir ließen nun unverzüglich durch einen Tschubdar (oder Ceremonienmeister) bey dem Gouverneur anfragen, ob wir ihm aufwarten dürften? allein er und alle Mitglieder des Raths von Calcutta kamen uns gemeinschaftlich mit dieser Höflichkeitsbezeigung zuvor Unser Direkteur sprach französisch, der Gouverneur Herr Cartier englisch, und weil dieser nicht die französische und jener nicht die englische Sprache verstand, so machte Herr Russel den Dollmetscher. Eine gute Stunde dauerte der Besuch, und eine halbe Stunde nachher statteten wir unsern etwa drey Viertelstunden dauernden Gegenbesuch bey dem Gouverneur ab.

Zu

Zu Mittage wurden wir bey dem Gouverneur in einem großen Saale an einer Tafel von sechzig bis siebzig Gedecken fürstlich bewirthet. Alle Geräthschaften waren von Silber. Unser Direkteur saß oben am Tische zur Rechten des Gouverneurs, und diesem letztern zur Linken der General des englischen Militärs. Die übrigen von der Gesellschaft setzten sich nach Belieben. Die volle Hälfte der Gäste bestand aus Officieren von der Landmiliz, für welche der Gouverneur täglich offene Tafel hält.

Bey Tisch sprach jeder ohne höfischen Zwang was und wie es ihm beliebte, ohne auf den Gouverneur und die übrigen hohen Personen Rücksicht zu nehmen. Der Geist der Freyheit, der den Engländer in seinem Vaterlande beseelt, schien hier nicht im mindesten geschwächt. Wir fanden in diesem Cirkel ganz das Gegentheil von dem steifen und lästigen Ceremoniel, das man in den Gesellschaften zu Batavia, bey dem Generalgouverneur und den Räthen von Indien, antrifft. Wahrhaftig ein Britte wäre nicht fähig, den unerträglichen Hochmuth zu dulden, mit welchem ein Unterbedienter der holländischen Kompagnie von den Obern sowohl in Batavia, als auf den Untercomptoiren behandelt wird; und noch möchte es hingehen, wenn diese Art des Benehmens einzig auf Asien eingeschränkt und nicht auch von Asien hinüber nach einem Lande gedrungen wäre, wo sie ganz und gar gegen den Charakter des Volks streitet und immer gegen ihn gestritten hat. Ehrsucht, oder das Bestreben wohl und recht zu thun, leitet denn aber auch im holländischen Asien sehr wenige von denen, die der Kompagnie dienen; sondern statt dessen sorgt jeder nur für seine Börse und beeifert sich aus allen Kräften, so schnell als möglich, sich einer willkührlichen Macht wieder zu entziehen.

So wie die Tafel aufgehoben wurde, bekam jeder eine Huka, das ist eine Tabakspfeife mit einem langen Schlauch-

Schlauchrohre und dazu gehörigen Geschirr mit Wasser, durch welches letztere der Tabaksrauch gezogen wird; wir dampften ein halbes Stündchen und darauf verfügte sich jeder nach seinem Zimmer. Gegen sechs Uhr Abends fuhren wir mit Herrn Cartier nach seinem Landsitze Belvedere, etwa zwey Stunden von Calcutta; dort wohnten wir einem schönen Concerte bey, das von Liebhabern gegeben wurde, und auf das Concert folgte eine prächtige Abendmahlzeit, von der wir erst um Mitternacht aufstanden und nach Calcutta zurückfuhren. Am folgenden Mittag war wieder Tafel bey dem Gouverneur und Abends ein großer Ball. Herren und Damen in Menge, alle sehr prächtig gekleidet, und die Damen noch überdem mit vielen Edelsteinen geschmückt, versammelten sich zu diesem Tanzfeste und setzen es bis zur Morgenröthe fort. Noch an eben diesem Morgen reisten wir nach Chinsura zurück. Man entließ uns ganz so feyerlich, wie man uns empfangen hatte; und so glänzend und kostbar wurde hier alles betrieben und behandelt, daß blos die Trinkgelder, welche unser Direkteur unter die Ehrenwache und unter die Bedienten des englischen Gouverneurs austheilen ließ, nicht weniger als tausend Rupien, oder funfzehnhundert holländische Gulden betrugen.

Kaum waren wir wieder in Chinsura angelangt, als aus Patna die traurigsten Nachrichten einliengen. Patna ist eine große Stadt in Bahar, etwa neunzehn Meilen von Chinsura, wo die holländische Kompagnie, des Salpeterhandels wegen, ein Comptoir hält. Dort wüthete die Hungersnoth jetzt so schrecklich, daß sie täglich die Eingebohrnen zu hunderten wegraffte. Unsere dortigen Beamten meldeten, daß keiner von ihnen aus der Factorey auf die Straße hinaus zu gehen wage, um sich nur den fürchterlichen Anblick zu ersparen, in allen

Gas-

Gassen und auf allen Fahrwegen die armen Menschen schaarenweise des Hungertodes sterben zu sehen. Es sey so weit gekommen, daß, des Abscheues ohnerachtet, den die Hindus, ihrer Religion nach, gegen den Genuß aller und jeder Fleischspeisen haben, die Ueberlebenden doch jetzt über die todten Leichname ihrer zu Tode gehungerten Mitbrüder herfielen und gierig davon zehrten!

Auch Bengalen litt von dieser Hungersnoth. Um einem noch qualvolleren Tode sich und ihre Kinder zu entziehen, nahm selbst in Chinsura eine Mutter ihre kleinen Kinder auf die Arme und stürzte sich mit ihnen in den Ganges. Die Ufer dieses Flusses waren fast überall von Sterbenden bedeckt, und unter diesen Unglücklichen befanden sich mehrere, die zu ohnmächtig zur Gegenwehr, noch bey lebendigem Leibe den Tschakals zur Speise dienten. So grausenvoll dieser Zustand auch war, so gesellte sich doch bald noch eine neue Noth dazu, und das Elend schien grenzen- und endlos werden zu wollen. Es entstand nemlich eine Pockenseuche; diese schreckliche Krankheit verschonte kein Alter und kein Geschlecht. Sie kam zu einer Jahrszeit, in der die Hitze mit jedem Tage zunahm und endlich so stark wurde, daß der Thermometer im Schatten bis auf 104 Grad stieg und Menschen und Vieh kaum noch zu athmen vermochten. Um das Gemählde des Elends vollständiger zu haben, denke man sich nun, nächst den Pocken und der Hitze, noch die Menge in Fäulniß übergegangener Leichname, die an den Ufern des Ganges unbeerdigt lagen, und durch ihre Auflösung die Luft verpesteten.

Die Hungersnoth war selber, nur zum Theil Folge einer schlechten Reisernde; größtentheils war sie das Werk der unmenschlichen Habsucht der Briten. Diese hatten den Reishandel zum Monopol gemacht, allen Reis bey der letzten Erndte aufgekauft, und dann

dann solche Preiße bestimmt, bey welchen dem größern Theile der Menschen, der hier nur auf einen täglichen Verdienst von einem oder anderthalb Stuiver rechnen kann, fast nichts anders übrig blieb, als sich selbst das Leben zu nehmen, oder des schmähligen Hungertodes zu sterben. —

Ehe ich nach Batavia zurückgieng, hatte ich das Vergnügen, den englischen Gouverneur in Calcutta noch einmahl zu besuchen. Auch hier wohnten wir der Vorstellung eines Schauspiels bey, die in einem dazu aufgeführten Hause, wie in Chandernagor, von Liebhabern gegeben wurde. Was mir unter den hiesigen Gebräuchen der Europäer am mehresten auffiel, war die Trauer, welche in Chinsura ein Theil der Einwohner um die verstorbene Gemahlin des neuen holländischen Direkteurs, des Herrn F. anlegte. Herr F. gehörte zum Orden der Freymaurer. Mit vieler Feyerlichkeit bestattete man den Leichnam zur Erde und alle zu jener Bruderschaft gehörige Herren nicht nur, sondern auch die Frauen derselben trugen drey Tage lang Trauerkleider sammt den Ordenszeichen, und zwar diese letztern an einem schwarzen, auf der Brust befestigten Bande.

Erst am ein und dreyßigsten März konnte ich Chinsura verlassen, und doch fand ich, als ich nach Inselp kam, noch nicht die ganze Ladung meines Schiffes beysammen. Länger zu warten wäre unmöglich gewesen, da die Moussons schon anfingen sich zu verändern. Gefahrvoll war die Rückreise, die wir jetzt antraten, doch lief sie ohne Unfall ab. Am zehnten Junius entdeckten wir die Westküste von Sumatra, und am zweyten Julius kamen wir auf der Rhede von Batavia an. Gestorben waren uns auf dieser Reise nicht mehr als vier Personen.

Zwey=

Zweytes Buch.
Bengalen.

Erster Abschnitt.
Bengalens Lage, Größe und natürliche Beschaffenheit.

Bengalen, die östlichste Provinz des großmogolischen Staats *), liegt zwischen dem ein und zwanzigsten und sieben und zwanzigsten Grad nordwärts vom Aequator, also zwischen eben den Paralellen, als die kanarischen Inseln. Die mittlere Länge ist ohngefähr 105 Grad ostwärts von Teneriffa, so daß man hier um sechstehalb Stunden früher Mittag hat, als in Amsterdam.

Begrenzt wird das Land im Südwesten vom Reiche Orixa oder Orissa, im Westen von der Provinz Malwa, im Norden von Monghir und Bahar, im Osten und Südosten vom Königreiche Arrakan, so wie im Süden von dem Meerbusen, dem Bengalen seinen Nahmen mitgetheilt hat **).

Ben-

---

*) Der bekanntlich längst zertrümmert ist. L.
**) Befriedigende Angaben über die Größe aller einzelnen Bestandtheile der Besitzungen der Britten in Asien fehlen uns noch, wenn auch schon mehrere Distrikte genossen sind.

Bengalen hat nur zwey Jahrszeiten, eine warme und eine kalte.

Die kalte Jahrszeit beginnt mit dem November und dauert bis zum Anfange des Februars. Während dieser Periode wehen herbe Nordwinde, und führen eine Kälte herbey, welche vor Sonnenaufgang, zuweilen so heftig ist, daß man Winterkleider sehr gut vertragen könnte. Sahe ich doch selbst im Februar Hagel fallen, darunter Eisstücken von der Größe eines Taubeneyes waren. Nicht selten stellen sich auch dicke Nebel ein, die aber Morgens gegen acht oder neun Uhr, vor der Macht der Sonnenstrahlen verschwinden, und in dem Fall pflegt nicht nur an dem Rest desselben, sondern auch noch an mehreren darauf folgenden Tagen der Horizont durchaus heiter und nirgends auch nur eine einzige Wolke zu sehen zu seyn. Gleich im Anfange dieser Jahrszeit werden die besten Feldfrüchte eingesammelt, und die Fluren bekommen neue Reitze und neues Leben, so bald die versengende Hitze abnimmt.

Nähert sich mit dem Februar, oder um die Mitte des Februars die Sonne der Linie wieder, so wird die Wärme mit jedem Tage auch wieder größer. Die Winde kommen nun nicht mehr aus Norden, sie werden veränderlich, drehen sich dann nach Süden und Südwesten, und wehen nun aus diesen Gegenden bis zum September

---

sind. Die letzten Eroberungen ungerechnet, beträgt nach Rennel das brittische Gebiet am Ganges und auf der Halbinsel Dekan über 13000 deutsche Quadratmeilen; das Reich am Ganges wird gegen 7000 Quadratmeilen groß gerechnet, und Bengalen ohne Bahar und Orissa soll noch etwas größer als Großbritannien seyn. Rennels Memoir of a Map. of Hindostan p. 8. und 335. und Tieffenthaler L 26 und folg. und 297.

ber und Oktober. Der Himmel bewölkt sich immer stärker und stärker; besonders steigt bey Untergang der Sonne ein dickes Gewölke auf, und häufig toben fürchterliche Gewitter mit heftigen Platzregen verbunden. Im May fängt die Regenzeit an und dauert bis zum August; die Hitze ist dann unerträglich, und nimmt sie auch wieder ab, so bald die Sonne die Linie wieder passirt ist, so wird sie doch erst im Oktober gemäßigt *).

Die

*) Die Beobachtungen, welche Herr Stavorinus mit einem Fahrenh. Thermometer anstellte, der in freyer Luft, an einer hohen Mauer, von gegen über stehenden Häusern gegen die Sonne geschützt, hing, gaben folgende Resultate. Vom Anfange Oktobers bis Anfang Aprils war die Hitze des Nachmittags um zwey und halb drey Uhr am stärksten, eine Stunde vor Sonnenaufgang aber am schwächsten. Die stärkste und schwächste Hitze am Nachmittage war im

Oktober 94° bey N. Wind und hellem Himmel und 95° bey gleichem Wind und Himmel.
Novemb. 89° bey N. O. W. und hellem Himmel und 81° bey N. W. und hellem Himmel.
Decemb. 88½° bey O. W. und hellem Himmel und 76° bey N. W. und hellem Himmel.
Januar 85° bey S. O. W. und hellem Himmel und 74° bey N. W. und hellem Himmel.
Februar 92° bey S. W. und hellem Himmel und 76° bey W. W. und dunkelm Himmel.
März 104° bey S. W. und hellem Himmel und 93° bey trüber Luft.

Und vor Sonnenaufgang stand der Thermometer im
Oktober auf 70° bey N. Wind.
Novemb. auf 60° bey N. W. und Nebel.
Decemb. auf 52° bey N. W. und heller Luft.
Januar auf 63° bey N. O. W. und heller Luft.
Februar auf 68° bey S. W. und heller Luft.
März auf 72° bey S. W. und heller Luft.

Die Winde wehen hier gewöhnlich das ganze Jahr hindurch entweder aus Norden, oder aus Süden; und eben den Wind, welchen man auf dem Lande hat, hat man auch zur See, längst der Küste von Koromandel und im bengalischen Meerbusen. Drehet sich der Wind aus Norden nach Süden, oder aus Süden nach Norden, so erfolgen häufig Stoß- und Sturmwinde, die man, wenn sie äusserst heftig sind, Elephanten nennet, und gegen diese hält kein Schiff aus. Solche Winde waren es, welche im Oktober des Jahrs 1754 von sechs Schiffen der holländischen Kompagnie, die auf der Rhede von Woltha vor Anker lagen, fünfe mit einer solchen Gewalt an das Ufer warfen, daß sie nie wieder in flottes Wasser gebracht werden konnten; das sechste Schiff ward nur mit genauer Noth gerettet. Indeß ist nicht gerade jede Veränderung der Passatwinde oder Moussons, mit Stürmen der Art verbunden *).

*) Bengalen hat eben so wenig durchaus ein gleiches Klima, als das ganze Reich der Britten am Ganges; der Boden des Landes, wie die Lage der einzelnen Theile ist gar zu verschieden; auch müssen die große Menge der Arme und Mündungen des Ganges, und die Waldungen und Mordste im südlichen Bengalen, bedeutenden Einfluß auf das Klima haben.

Nur häufig ist die Abwechselung der Moussons oder Monsone oder Passatwinde, mit vier bis fünf Tage lang dauernden Stürmen verbunden, die stark genug sind, Schiffe von ihren Ankern zu reißen und auf Sandbänke und an das Gestade zu werfen.

Der Regen fängt im April nach Tieffenthaler an, und währt sechs Monate. Am heftigsten und häufigsten ist dieser Regen in den letzten Monaten (nach Bucquoi aber schon im May so stark, daß Häuser umzustürzen Gefahr laufen) und nun werden die niedern Gegenden des Landes ganz überschwemmt. Läßt der Regen früh im

Septem-

Ben-

Bengalen ist ein niedriges und flaches Land.*)
Sein leichter und fetter Boden bedarf nur weniger Arbeit und gar keines Düngers, wenn er auch ein Jahr nach dem andern unabläßig gebauet wird; die starken Regen und die Ueberschwemmungen unterhalten diese immer dauernde Fruchtbarkeit. Bengalen ist bey weitem das fruchtbarste von allen übrigen Ländern Asiens. **)
Viele derselben versorget es mit dem so wohlthätigen Reis, der im ganzen östlichen Indien die Stelle des Brodtes vertritt, so wie mit mehreren ähnlichen Lebensmitteln; und seine Handelsprodukte, Baumwolle, Seide, Salpeter und Opium werden nicht nur über Asien, sondern auch in großer Menge bis nach Europa hin verbreitet. ***)

Große September schon nach, so ist die, durch Stürme, wie durch Gewitter häufig gemilderte Hitze unerträglich, und die Einwohner leiden dann sehr an ihrer Gesundheit. Bucquoi p. 289. Tieffenthaler III. 135 und Rennel p. 339.
Die besten Nachrichten und die bestimmtesten Angaben von der Abwechselung der Monsone, findet man beym Rennel p. 359. L.

*) Ganz flach ist nur der südliche Theil Bengalens; im Norden und Osten ist das Land gebürgig, und auch die an das Ufer des Ganges stossenden Länder sind einige Meilen landeinwärts beträchtlich höher als das übrige Land. Rennel 349. und Tieffenthaler I. p. 40. L.

**) Ueber die ausserordentliche Fruchtbarkeit Bengalens, die dem Lande den Nahmen des indischen Paradieses gab, aber auch verschieden in verschiedenen Gegenden ist, sehe man ausser Rennel, Travels in Europe Asia and Africa. London 1783. T. I. p. 255. sq. und Tieffenthaler I. 313. sq. L.

***) Von dem herrlichen Weizen, den man in Bengalen erndtete, geschahen, wie der Herr W. sagt, ehemals Versendungen auch nach Batavia. Man zog aber keinen mehr von Bengalen, um den Einwohnern des Vorgebürgs der guten Hoffnung nicht zu schaden.

Stavor. Reisen.   E

Große und kleine Waldungen findet man in verschiedenen Gegenden, desgleichen mannigfaltige Arten von Fruchtbäumen. Unter diesen letztern behauptet der Kokosbaum mit Recht den ersten Platz. Er wächst hier überall, und vielleicht ist auf der ganzen weiten Erde kein Baum, der leistete, was d i e s e r leistet.

Er wird aus Saamen gezogen; legt man eine reife Nuß in die Erde, so ist nach wenig Jahren der Stamm gerade und hoch aufgeschossen. Ist er ausgewachsen, so hält er vierzehn bis funfzehn Zoll im Durchmesser, und wird funfzig und mehr Fuß hoch, ohne an einer andern Stelle, als oben am Gipfel Zweige zu treiben. Die Zweige haben durchaus nichts holzartiges, breiten sich oben am Gipfel, wie eine Krone in die Runde aus, und die Blätter, die je zwey und zwey bey einander sitzen, werden immer kleiner, je näher sie dem Ende des Zweigs sitzen; die größern Blätter mögen zwey Fuß lang und drey Zoll breit seyn.

Die Nüsse, die der Baum trägt, sitzen an den zarten Zweigen dicht am Stamme, in Büscheln von fünf bis sechs Stück beysammen. So lange sie grün sind, sind sie voll süßen Wassers, das sehr kühlt, erfrischt, und den Durst löscht, und in Asien so wohl von Indianern, als Europäern häufig getrunken wird. Fängt die Frucht an zu reifen, so verdickt sich das Wasser zu einem Gallert, den man zur Erfrischung ißt. Und wird die Nuß reif, so ist ihr Inneres hart und weiß, und auf mannigfaltige Art zu benutzen.

Gekocht und gepreßt liefert der Kern ein Oel, daß dem Mandelöl gleich kömmt, und frisch als Butter gebraucht, nach Verlauf einiger Wochen aber, wenn es sich verdickt hat, zum Brennen und zu andern ähnlichen Gebrauch benutzt wird. Aus der harten Schaale werden Tassen, und aus dem garnartigen Fasern, die um die

Schaa-

Schaale sitzen, werden Seile ja selbst Ankertaue bereitet. Solche Seile versendet man von Ceylon und Malabar in großen Quantitäten nach Batavia, und die Ankertaue, die wohl sechs und mehr Zoll im Durchmesser dick sind, werden nicht nur für eben so gut, als die in Europa von Hanf gemachten, sondern noch für besser gehalten, weil sie wegen ihrer Leichtigkeit auf dem Wasser treiben, sich ausdehnen und sich wieder zusammen ziehen.

Mit den Blättern des Baums deckt man die Häuser, und bedient sich ihrer auch als Pappier, in welchem letztern Fall dann ein kleiner eiserner Stift die Stelle der Feder vertritt. Der Stamm endlich giebt Brennholz, läßt sich aber nicht zu Meubeln verarbeiten, weil das Holz nicht Festigkeit genug hat.

Auſſer diesem vortreflichen Baum besitzt Bengalen noch Maulbeerbäume, Guavas, Mangosbäume, Orangebäume, den Pisang, die beyden letztern jedoch nicht in großer Menge, — und auch den Suribaum. Macht man einen Einschnitt in den Stamm des Suribaums, so erhält man einen klaren, süßen Saft, der ein liebliches Getränk gewährt, aber betäubt, und nach wenigen Wochen zu sauerm Essig wird.

In den Gärten des Landes werden manche Gemüßarten gezogen, die eigentlich hier nicht einheimisch sind; nemlich Erbsen, Bohnen, alle Arten von Kohl, und noch verschiedene andere, doch kann man sie nur in der kalten Jahrszeit und nur bey großer Wartung und Pflege haben. Spinat und Gurken sind das einzige dieser Art, das auch in der heißen Jahrszeit zu haben ist.

Bey den Pflanzen Bengalens verdient noch der Baum eine besondere Erwähnung, den die Bengaler und Javaner für heilig halten; nemlich der Manglebaum. (Rhizophora mangle Linn.) Aus den Zweigen dieses Baums schießen dünne Sproßen gerade

zur

zur Erde herab; wenn diese den Boden erreicht haben, so treiben sie Wurzeln, werden folglich Stützen des mütterlichen Zweigs und endlich selbst zu Bäumen.

Der Ganges kömmt von den nordlichen Gebürgen Thibets, läuft von Nordwesten her durch das hindostanische Reich, und mitten durch Bengalen hindurch nach Südosten zu. Einige Stunden über Cossimbazar trennt er sich in zwey große Arme, von welchen der östlichste sich wieder in mehrere kleine vertheilt. Der größte jener beyden Hauptarme fließt bey der Stadt Dekka vorbey, und ergießt sich bey Chattigam in's Meer; und der andere, der westliche, gewöhnlich der Huglysche genannt, geht bey Bandel, Hugly, Chinsura, Chandernagor, Calcutta, und bey mehrern andern Oertern vorbey, und ströhmt endlich bey Insely in den bengalischen Meerbusen.

Im Julius, August und September, hat der Fluß seine größte Höhe und den stärksten Ablauf. Das Wasser tritt über die Ufer, wo diese niedrig sind, und die umherliegenden Lande werden überschwemmt. Ebbe und Fluth sind dann so heftig, daß sie alles wegzuführen drohen.°) Die Ebbe ist noch nicht ganz abgelaufen, wenn die

---

°) Die größte Höhe beträgt 32 Fuß, und 15¼ Fuß steigt der Fluß nach Rennel am Ende des Junius. Die Hauptursache seines Steigens und Ueberströhnens ist der Regen, der in den, nahe an seiner Quelle liegenden Gebürgen fällt, so wie der Regen in den Ebenen von Hindostan. Der Regen in den Gebürgen fällt schon im April; am Ende dieses Monats kömmt das Regenwasser nach Bengalen herab, und in den ersten vierzehn Tagen steigt nun der Ganges täglich um einen Zoll, dann stärker und in den letzten Tagen des Julius sind schon alle niedrige Gegenden am Ganges, wie am Burrampuier überschwemmt. Diese Ueberschwemmung erstreckt sich oft über hundert Meilen weit. Rennel p. 348 und 349. L.

die Fluth schon wieder beginnt, und die Fluth erfolgt nicht etwa langsam, sondern so mächtig, daß man sie einige Stunden weit ankommen hört. Sechs, acht, und mehrere Fuß hoch hebt sich das Wasser, und Schiffe und Fahrzeuge wurden von ihren Ankern loßgerissen und fortgetrieben, wofern sie nicht an Stellen liegen, wohin die reissenden Wogen entweder gar nicht, oder doch nur gebrochen kommen. Zu Woltha ist man blos auf einer einzigen Seite, da, wo die Schiffe gewöhnlich liegen, sicher, und am heftigsten ströhmt die Fluth von Serampour bis Huglh.

Im März und April hat der Fluß das wenigste Wasser; vor Chinsura ist er während dieser Zeit fast ganz trocken, und nur der Stadt gegenüber, noch ein kleines Fahrwasser vorhanden.

Große und gefährliche Sandbänke liegen nicht nur vor den Mündungen, sondern auch überall, selbst im Bette des Flusses, theils in der Mitte desselben, theils in der Nähe des Ufers*). Das Bette ist morastig und die Bänke und Untiefen bestehen aus einem harten Triebsande. Bey seiner Mündung mag der Ganges vier teutsche Meilen breit seyn, doch wird er immer schmaler, je weiter er ins Land hinauf kommt, und bey Chinsura und noch höher hinauf mag die Breite nicht über eine halbe Stunde betragen**).

E 3 Das

---

*) Nach Rennels Bericht, sind in viel weniger, als einem Menschenalter große Inseln im Bette des Ganges entstanden, und, indem der Fluß an der einen Stelle neue Inseln hervorbringt, scheint er an der andern alte Inseln zu vertilgen. L.

**) Die Breite des Ganges ist sehr verschieden, wenn auch nicht in dem Grade, als man bey der Aufnahme so vieler Ströhme erwarten möchte, die sich würklich in den Ganges ergießen; denn durch die Aufnahme manches Ströhmes

Das Wasser ist wegen der starken Ströhmung des Flusses,*) immer dick und trübe. Trinken kann man es nur, wenn es einige Zeit gestanden und sich gesetzt hat. Um es schnell trinkbar zu machen, bedient man sich einer Art Bohnen, die hier zu Lande wachsen. Eine einzige solcher Bohnen, mit etwas Wasser zerrieben, und in ein großes gefülltes Faß geworfen, macht das Wasser innerhalb sechs Stunden völlig klar, und das auf diese Art gereinigte Gangeswasser bleibt auf der See ungewöhnlich lange gut.

Von Insely bis hinauf nach Chinsura kann der Ganges mit großen Schiffen befahren werden; seine Tiefe steigt auf dieser Strecke von viertehalb bis zu ellf und zwölf Faden.**)

Die Bewohner von Bengalen, Orixa, Golkonba, Koromandel, so wie von mehreren andern Län-

---

Strohms wird mehr die Tiefe, als die Breite des Ganges vergrößert. Nach der Aufnahme des Gogra, Soane, Gunduk, und mehrerer kleinern Flüsse, hat der Hauptstrohm seine völlige Breite erreicht; nun hält die Breite nirgends weniger, als eine halbe Meile, und steigt an den breitesten Stellen, und zwar da, wo das Bette keine Inseln enthält, bis zu drey Meilen. Rennel, a. a. O. L.

*) In den trockenen Monaten durchläuft der Ganges in einer Stunde drey englische Meilen, in der nassen Jahrszeit aber fünf, sechs, sieben und auch wohl acht Meilen. Rennel p. 339. L.

**) Vor seiner Vereinigung mit dem Jumnah ist der Ganges an einigen Stellen sehr seicht, jedoch nicht so, daß deshalb die Schiffart unterbrochen würde; nach jener Vereinigung aber hat er eine beträchtliche Tiefe. Fünfhundert englische Meilen vom Ausflusse ist er beym niedrigsten Wasser dreyßig Fuß tief, und diese Tiefe behält er bis zur See. Rennel p. 338. L.

ländern Asiens schreiben dem Ganges eine große Heiligkeit zu, und die Hindus verehren ihn gar als eine Gottheit, der zu Ehren sie jährlich ein Fest feyern. Nach der Meynung dieser Völker hat das Wasser des Ganges die Kraft, alle Sünden abzuwaschen, und deshalb baden sich nicht nur diejenigen, welche in der Nähe wohnen, täglich wenigstens einmahl im Ganges, sondern auch die, welche tief im Lande wohnen, müssen, oft dreyßig und mehrere Tagereisen weit, ohne Unterschied des Alters und des Geschlechtes, einmahl im Jahre sich am Ganges einfinden, um durch ihn von ihren Sünden rein zu werden. Am Ende des Märzes sah ich zu Hugly und Trippeny eine so ungeheure Menge solcher zum Ganges wallfahrender Sünder, daß sie im buchstäblichen Sinne des Worts gar nicht zu zählen waren. Drey Tage lang dauerte dieser Zulauf, und keiner, der sich gereinigt hatte, vergaß, sein mitgebrachtes Gefäß zu füllen, um auch die zu Haus gebliebenen schwachen Alten und Kranken damit besprengen zu können. *)

Bengalen ist überall von großen und breiten Fahrwassern durchschnitten, die man Kanäle nennet, und die alle in den Ganges sich ergießen. Durch sie wird

der

*) Die Hindus haben eine besondere Ehrfurcht für das Wasser des Ganges, des Kistna und Indus. Der Ganges wird zur Gottheit, wenn er nach einem Laufe von achthundert englischen Meilen aus den Gebirgen Thibets hervor tritt, und seinen großen, majestätischen und segensreichen Lauf in Bengalen beginnt. Doch wird des Ganges Wasser an einigen Stellen für heiliger, als an andern gehalten. Die Reichen, welche entfernt wohnen, lassen sich das Wasser bringen; bey gewissen geistlichen Ceremonien hält man es für unentbehrlich. Travels in Europe etc. L 328. Rennel a. a. O. Tiefenthaler III. 136. L.

der Transport der Waaren von dem einen Ort zum andern das ganze Land hindurch sehr erleichtert, und eben diese Kanäle verbinden auch die Hauptarme des Ganges *). Ob sie das Werk der Kunst oder das Werk der Natur

---

*) Bengalen wird von zwey Flüssen, dem Ganges und dem Burrampuster durchströhmt, die zu den größten Flüssen der Erde gehören. Beyde tränken und bereichern Bengalen nicht nur, sondern verbinden auch mit ihren zahlreichen Nebenflüssen die einzelnen Theile des Landes auf eine Art, die wohl ganz einzig ist, und nichts zu wünschen übrig läßt. Ein Sechstheil des Landes abgerechnet, giebt es, selbst in der trockenen Jahreszeit, keinen Distrikt, der über fünf und zwanzig englische Meilen weit von einem schiffbaren Flusse entfernt wäre. Eine Verbindung, die auch in militärischer Hinsicht äusserst wichtig ist, da man so, gute Heerstraßen weit weniger vermißt und Magazine unnöthig werden. In seinem Laufe durch die Ebene nimmt der Ganges nicht weniger als eilf Flüsse auf, von welchen keiner schmäler als die Themse ist, und einige selbst dem Rheine nahe kommen.

Auf dreyßigtausend wird die Zahl der Schiffsleute geschätzt, welche die inländische Schiffarth beschäftigt; und so groß diese Zahl ist, so mag sie doch nicht übertrieben seyn, da theils alles Salz und ein großer Theil der Lebensmittel für sechzehn Millionen Menschen zu Wasser nach Bengalen und in die zu Bengalen gehörigen Länder gebracht werden, und theils die aus- und eingeführten Waaren des Landes auf zwey Millionen Pf. St. jährlich betragen. Auch muß dabey noch der Transport der im Lande gegenseitig vertauschten Manufakturen und Produkte, die Fischerey, so wie die Menge der Reisenden in Anschlag gebracht werden.

Von Hurdwar, wo sich der Ganges durch eine Oefnung in dem Berge hindurch dringt, durchläuft er bis zum Meer hin einen Weg von eintausend dreyhundert und funfzig englischen Meilen. Rennel p. 338 u. 336. L.

Natur sind, weiß man nicht;*) die Ufer prangen überall mit Dörfern und Flecken, mit schönen Aeckern und Wiesen. Einige von diesen Kanälen haben eine solche Tiefe und Breite, daß sie auch mit großen Schiffen befahren werden können. Dies ist besonders der Fall bey dem Haazekanal, als dem wichtigsten von allen. Dieser geht gerade durch das Land demjenigen Arme des Ganges zu, an welchem Dekka liegt.

Auch stößt man überall, wo das Land bewohnt ist, auf eine Menge gegrabener Wasserbehälter. Man nennet sie Tanke, und einige derselben sind im Umfange einen Morgen Landes groß. In der Regenzeit füllen sie sich an, und versorgen dann die Einwohner während der trockenen Zeit mit einem Wasser, das dem trüben, dicken Wasser des Ganges weit vorzuziehen ist. In vielen dieser Behälter finden sich Fische, die auffallende Aehnlichkeit mit unsern Karpfen haben.

Zweyter Abschnitt.
Von den Einwohnern Bengalens.

Bengalen wird von verschiedenen Völkern bewohnt, unter welchen die Mongolen und Jentiven die vornehmsten sind. Die Mongolen werden auch Mohren, so wie die Jentiven auch Bengaler und Hindus

---

*) Rennel nennt sie natürliche Kanäle, bemerkt aber dabey, daß sie auf eine so gleichförmige als bewundernswürdige Art über das Land ausgebreitet wären. Rennel p. 335. L.

bus genennt, welchen letztern Namen sie mit den Bewohnern von Golkonda, der Küste Koromandel und des größten Theils von Hindostan gemein haben.*) Die Hindus mögen wohl hundertmal zahlreicher als die Mongolen seyn.**)

Durch ihre Gestalt unterscheiden sich die Hindus von den Europäern eben nicht sehr. Sie sind mehr mager als fleischig, von dunkelbrauner Farbe, die nur bey wenigen in's Gelbe fällt; sie haben schwarzes Haar, das sich aber nicht kräuselt, und sind alle von geraden, wohlgebildeten Gliedmaßen, wenigstens fand ich nur einige Fakihrs, die aus Liebe zum Himmel krumm geworden waren. Auch das andere Geschlecht ist von schönem Wuchs und gefällt seiner braunen Farbe ungeachtet.

Weit weniger vortheilhaft erscheinen die Hindus von Seiten ihres Charakters. Die mehresten sind faul und wollüstig, diebisch und furchtsam. Schlaf und Unthätigkeit sind in ihren Augen, die größten unter allen Gütern dieser Erde. Sie würden durchaus gar nichts thun, wenn sie nicht das Bedürfniß dazu nöthigte. Nur der

alles

---

*) Heiden (Gentios, Gentils) nannten die Portugiesen alle Einwohner des östlichen Indiens, sowohl die, welche sich zu der Brahmanen Religion bekannten, als auch die Anhänger des Propheten. In der Folge unterschied man die Verehrer des Brahma von den Mohamedanern; jene nannte man nun Hindus, diese, ganz unpassend, Mohren. Doch wurden noch oft genug alle Einwohner Indiens unter dem Nahmen Hindus begriffen. Etat civil, polit. & commerçant du Bengale. Mastr. T. I. 1778 p. 2. L.

**) Die Hindus sind die Ureinwohner des Landes. Die Mongolen, die Hindostan im Jahr 1525 denen Afgahnen entrissen, wurden Stifter des großmogollischen Staats. L.

alles vermögende Hunger ist im Stande, sie aus ihrem geliebten Schlummer aufzuschrecken. Die Bananen oder Kaufleute, machen in diesem Betracht allein eine Ausnahme. Diesen ist keine Arbeit und keine Mühe zuwider, wenn sich eine Gelegenheit zum Verdienste darbietet, betrüge dieser auch nicht mehr als eine halbe Ruppie, (oder einen halben Gulden.) Auch findet man allein unter dieser Classe reiche Leute; alle übrige leben in der größten Armuth. Das weibliche Geschlecht thut platterdings gar nichts, sondern hält jede Art von Arbeit für lästig und für schimpflich.*)

Ausschweifungen in der Liebe werden hier niemanden zur Schande gerechnet. Es giebt öffentliche Oerter, wo die Priesterinnen der Wollust in großer Anzahl beysammen sind und für eine Abgabe von einer halben Ruppie an den Fiskal, ihr schnödes Gewerbe, selbst unter dem Schutze der Gesetze treiben. Das weibliche Geschlecht übertrifft in dieser Hinsicht noch das männliche. Alle dazu nur erdenklichen Mittel, werden von den Schönen dieses Landes angewendet, und ganz vorzüglich legen sie es auf die Fremden an.

Feiger kann kein Volk seyn als die Hindus es sind. Ein muthvoller Europäer könnte ihrer funfzig in die Flucht schlagen, ja nicht selten ist dazu eine bloße Drohung hinreichend. Die Ursach davon liegt größtentheils in ihrer Religion, die ihnen gegen alles Blutvergießen den tiefsten Abscheu gebietet.**)

Aber

*) In Hinsicht auf die Unthätigkeit, die hier den Hindus vorgeworfen wird, spricht der Herr W. wohl zu sehr ins allgemeinen. Der Landmann und Handwerker arbeitet doch sicher mit großem Fleiße, zumal wenn man das Klima mit in Anschlag bringt. L.

**) Allerdings hat die menschenfreundliche Religion der Hindus einen großen Antheil an ihrer Feigheit, aber die

Nah-

Aber an Gewandheit, an Fähigkeiten und an Kopf fehlt es den Hindus ganz und gar nicht; ihre Handarbeiten sind vortreflich, und die Banianen verstehen sich meisterhaft auf den Handel; in wenigen Augenblicken können diese leztern Summen im Kopfe berechnen, wozu der Europäer am Schreibtische vieler Zeit bedürfte. Sie haben ein eigenes Alphabet, das von dem persischen und mohrischen gänzlich verschieden ist; statt des Griffels bedienen sie sich zum Schreiben eines gespaltenen Rohres und zwar gehen die Zeilen von der rechten zur linken Hand.

Man versicherte uns, vor der Besiegung Bengalens von den Mongolen und vor der Einführung der Religion dieser Sieger, hätten hier bessere und reinere Sitten geherrscht. Untugenden und Laster verschiedener Art, die man vorher nicht kannte, wären mit der mohamedanischen Religion verbreitet worden. —

Alle Hindus sind in verschiedene Klassen oder Kasten eingetheilt, und wie man uns sagte, sollen dieser Kasten mehr denn siebzig seyn. Die Kaste der Braminen ist von allen die erste und edelste, so wie die Kaste derer, welche das umgefallene Vieh und den Unrath wegzuschaffen haben, die niedrigste und verächtlichste von allen ist; die zu dieser lezten Kaste gehörigen Personen nennt man Pareassen.*)

Damit
Nahrungsmittel der Hindus, die bey einem großen Theile blos aus Vegetabilien bestehen, mögen leicht eben so viel, wie jene Religion würken; und würkten beyde auch nicht, was sie würken müssen, so könnte doch der Baum der Tapferkeit nicht bey einem Volke gedeihen, das in Kasten eingetheilt ist, wie die Hindus es sind. Falkoners Bemerkungen über den Einfluß des Himmelsstrichs u. s. w. S. 318 u. f. L.

*) Die Zahl der Kasten ist sehr verschieden angegeben. Nach dem Code of Gentoo-Laws London 1777, den wir

Damit jede dieſer Kaſten unvermiſcht mit den übrigen erhalten werde, darf keiner ſich eine Frau aus einer Kaſte nehmen, die unter der ſeinigen ſteht; geſchieht es gleichwohl, ſo wird der Uebertreter jener Ordnung aus ſeiner Kaſte in die herabgeſtoſſen, zu welcher ſeine Frau gehört. Eben dieſe Strafe widerfährt auch dem, der mit einem Mitgliede einer geringern Kaſte ſpeiſet; er fällt herab in die Kaſte deſſen, mit dem er aß. Und doch ſind dieſe beyden Vergehungen bey weitem nicht die einzigen, um deren willen man ſeiner Kaſte verluſtig erklärt werden kann, ſondern dies findet noch um wer weiß wie vieler andern Urſachen willen ſtatt. Eben deswegen ſind die Hindus auch höchſt vorſichtig und ängſtlich, um nichts zu thun, weshalb ſie aus ihrer Kaſte ausgeſtoßen werden könnten; und ein Mitglied der erſtern Kaſte wird eher alles thun und alles dulden, als ſich das mindeſte erlauben, was ihn aus ſeiner Kaſte bringen könnte.

Jede Kaſte hat ihr eigenes Handwerk oder Gewerbe, mit dem die Mitglieder derſelben ſich ernähren; und dies Gewerbe vererbt ſich vom Vater auf den Sohn. So wird der Sohn eines Braminen ein Prieſter oder Gelehrter; eines Kodi oder Landbauers Sohn wird, was ſein Vater war, und der Sohn eines Palankinträ-

wir Herrn Haſtings verdanken, giebt es vier Hauptkaſten, nämlich die Kaſte der Braminen, der Iſchetries oder Chetri oder Schatri, der Bice oder Banianen und der Suders. Mit den Unterabtheilungen aber zählt man bis auf hundert beſondere Klaſſen; die der niedrigſten Klaſſe, der Suders oder Schutter, nennt man Parier und Pareaſſen. Die erſte jener Hauptkaſten begreift die Geiſtlichen und Gelehrten, die zweite die Erbfürſten, Krieger und einige Künſtler, die dritte die Kaufleute, und die vierte die Handwerker und Landleute. L.

trägers trägt den Palankin bis an das Ende seiner Tage. Es fehlt hier also nicht an Gelegenheit, große Fortschritte auf seiner Laufbahn zu machen, ob sich gleich keiner zu einem höheren Stande erheben kann, als der ist, in welchem der Himmel ihn gebohren werden ließ.*) Auch schränken sich die Handwerker nur auf ein Handwerk, und zwar in so enge Gränzen ein, daß ein Goldschmidt nie Silber, und ein Silberschmidt nie Gold verarbeitet, und in den Arrengs, oder den von lauter Webern bewohnten Orten, verfertigt jeder Weber, sein ganzes Leben hindurch immer nur Eine Art Zeug, und kann nur durch Gewalt zur Verfertigung mehrerer verschiedenen Arten gebracht werden. Hier ist also alles getrennt, was sich trennen läßt, und vielleicht macht es diese Trennung zum Theil, daß der Hindus seine thätige Menschenliebe fast nur auf seine Bekannte und Verwandte einschränkt.**) Ich erlebte es selbst in Chinsura, daß ein Kranker auf offner Straße von Ischakalen angefallen, vergebens um Hülfe schrie; man kannte ihn nicht und deshalb rettete man ihn nicht. Am folgenden Morgen fand man seinen Leichnam zerfleischt und von den Raubthieren schon halb aufgezehrt. Zeigt sich ja einmal die Menschenliebe eines Hindus bey einem ihm Unbekannten, so bewirkt sie doch nie mehr, als daß er

*) Keine Macht reicht zu, einen Parier zum Sudder, oder Braminen zu machen. Die Geburt bestimmt allein und auf immer, was aus dem Menschen werden soll. Wie mancherley Nachtheil diese Einrichtung aber für das Ganze veranlaßt, ist jezt bekannt genug. Niekamps Auszug aus den Miff. Berichten I. 116 u. f. L.

**) Jenes vielleicht ist von mir. Was alles vermochte nicht der Geist der Gilden und der Innungen, und wo gieng dieser Geist der Trennung je weiter, als hier?. L.

er den Unglücklichen zum Ganges hinträgt, damit er dort am Ufer langsam sterbe, oder von einer wohlthätigen Welle weggeführt, in den Fluthen selbst, sein Leben schneller endige. Ein Europäer würde mit einem solchen Liebesdienst übel zufrieden seyn, der Hindus hingegen hat um deswillen weit mehr Ursach dazu, weil er glaubt, daß wer in der Fluth des Ganges stirbt, von allen Sünden gereiniget, diese Welt verläßt und zur Wohnung der Seligen eingehet.

Mit bewundernswürdiger Geschiklichkeit arbeiten die Handwerker unter den Hindus. Vorzüglich ist dies der Fall bey den Gold- und Silberschmidten; diese können alles was nur von Silber oder Gold gemacht werden kann, so künstlich nachmachen, daß es allen Glauben übersteigt. Sie arbeiten dabey so geschwind, so sauber, mit so wenigen Zurüstungen und mit so wenigen Geräthschaften, daß ein europäischer Künstler vergebens versuchen würde, es ihnen gleich zu thun. Bey dem allen sind sie arm, und gewöhnlich sind es nur kleine Jungen, welche die Arbeit verrichten. Täglich sieht man sie auf den Märkten sitzen, und auf Arbeit warten. Hat jemand ihrer nöthig, so läßt er sie rufen, und dann kommen sie gleich mit allen ihren Geräthschaften, die alle zusammen in einem kleinen Korbe Platz haben, weil sie aus mehr nicht als einem kleinen Amboß, einem Hammer, einer Kneipzange, einer Feile und einem Blasebalge bestehen. Man reicht ihnen ein Feuerbecken, giebt ihnen das Modell, wiegt ihnen das Gold oder Silber mit Rupien zu und vereinigt sich dann über den Arbeitslohn. Man bezahlt entweder Stückweis, oder giebt ein Tagelohn, in welchem letztern Fall selten mehr, als sechs oder sieben Stüber für den Tag gereicht werden. Die Arbeit verrichten sie unter freyem Himmel und zwar müssen die Füße so gut als die Hände Dienste dabey lei-
stem.

sten. Sie wissen nemlich mit den Füßen und den
Zähen alles eben so fest zu halten und eben so fertig um-
zudrehen, als die europäischen Handwerker es nur immer mit den Händen und Fingern zu thun vermögen.

Eben so verhält es sich mit allen übrigen Handwer-
kern; sie alle findet man auf dem Markte, ruft sie, wenn
man ihrer Arbeit bedarf in's Haus, und sie kommen unverzüglich mit allem, was zur Arbeit erfordert wird.
Ein Schuster verfertigt an einem einzigen Tage nicht
weniger als vier paar Schuhe für einen Thaler. Die
Schneider liefern so schöne Kleider, nach europäischer Art
verfertigt, so wohl für das weibliche als das männliche
Geschlecht, als man irgendwo in Europa zu machen im
Stande ist. Ist ein Stück vom feinsten Nesseltuch mitten durchgerissen, so wissen sie es so künstlich auszubes-
sern, daß man den Riß ganz und gar nicht gewahr wird.
Auch die Weber zeichnen sich sehr aus. Sie weben so
feines Nesseltuch, daß man ein Stück von fünf und
zwanzig und mehrern Ellen in eine gewöhnliche Tabaks-
dose packen kann, und doch ist das Handwerkszeug dieser
Weber, so wie das aller übrigen Arbeiter, so einfach
und für einen Europäer so unzureichend, daß man ihren
Arbeiten nicht anders als mit hoher Bewunderung zu-
schauen kann.*)

Die

---

*) Die Hindus übertreffen wirklich in mehreren Arbei-
ten die Europäer. Dies ist der Fall bey der Verfertigung feiner und gemahlter Katinne, des Nesseltuchs
und mehrerer anderer Waaren. Sie liefern Musseline
mit goldenen Blumen, von welchen man das Stück in
Europa mit dreyhundert Thalern bezahlt, das ist ohngefähr fünf und zwanzig Thaler für die Elle. Man gebraucht dies Zeug zu Damenkleidern und ein Hauptvor-
zug desselben ist, daß es gewaschen werden kann.

Schlecht

Die geringern unter den Hindus gehen fast ganz nackt. Häufig ist nur ein Theil ihres Körpers mit einem einzigen Stück baumwollenen Zeuge bedeckt. Dieses wird um die Hüften geschlagen und zwischen den Beinen durchgezogen. Einige wickeln auch noch ein Tuch um den Kopf, andere gehen aber mit entblößtem Haupte. Die, welche von etwas hohem Stande sind, tragen einen Rock von weissem Kattun, der bis auf die Füße herabhängt. Vor der Brust ist dieser Rock bis zu den Schultern hinauf, über einander geschlagen und unten am Leibe mit Bändern zugebunden, die aber an der rechten Seite bey den Hindus nicht zugebunden sind, um sich dadurch von den Mongolen zu unterscheiden. Strümpfe tragen sie nicht, wohl aber eine Art Schuhe, die hinten niedergetreten sind und vorn an der Spitze sich aufwärts krümmen. Der größte Theil geht mit geschornem Kopfe, und reißt an jedem andern Theile des Körpers die Haare

Schlecht ist das Handwerkszeug der Hindus, aber doch dem der Europäer ähnlich; nur bey einigen Arbeitern vermißt man den europäischen ähnliche Geräthschaften. Der Bretschneider schneidet noch immer sein Holz auf seine Art und bringt auch nur in drey Tagen zu Stande, was ein Europäer in einer Stunde verrichten könnte. Unermüdete Gebuld ersetzt zum Theil das Unvollkommene des Handwerkszeuges, und manche Waare, auf deren Verfertigung so viele Zeit hier verwandt wird, würde zu theuer seyn, wenn die Hindus sich nicht mit so sehr wenigem begnügten.

Ganz unbekannt ist den Hindus das europäische Glasmachen, und eben deswegen ist das Glas sehr theuer. Diese Unkunde erschwert denn auch die Nachforschungen in der Naturhistorie, da es dadurch kostbar wird, in Weingeist aufbewahrte Thiere nach Europa zu senden. Hennings, Zustand der Europäer in Ostindien. Kopenhagen 1784 Th. II. 541. 2. L.

se mit samt der Wurzel aus. Die Reichen tragen einen Turban, der aber auf eine andere Art, als die Turbane der Mohren gewunden ist. Auch sind kleine Ohrringe sehr häufig.

Das schöne Geschlecht trägt ein Stück Kattun, das über die Schultern geschlagen ist, eine Art Rock, und Unterhosen. Auch werden die Brüste mit einem unter den Armen durchgehenden und auf dem Rücken festgemachten kattunenen Tuche aufgebunden. Die Reichen schmücken das Haar mit goldenen Federn und tragen goldene und silberne Bänder und Ringe an den Armen, Beinen und Zähen, desgleichen in den Ohren und in den Nasenläppchen. Auch die Aermern tragen dergleichen Zierrathen, aber dann sind sie nur von einer Art Seemuscheln gemacht, die von den Maldiven kommen, C h a n c l o s heißen, und so künstlich durchgesägt werden, daß jeder Schnitt einen Ring giebt. Die Aermern gehen mit entblößtem Kopfe, und befestigen das Haar am Hinterhaupte.

Die Nahrung der H i n d u s besteht in Reis, Erdfrüchten und Milch. Der Reis vertritt die Stelle des Brodts, und ist bey weitem das wichtigste aller ihrer Nahrungsmittel. Die Milch genießen sie oft dick und sauer; dagegen aber weder Fleisch, noch Fische, noch irgend etwas, was Leben hat. Alle starken Getränke hassen sie; klares Wasser ist ihr einziger Trunk. Besoffene sieht man hier also nicht, oder doch nur höchst selten, denn blos Leute aus der allerniedrigsten Kaste laben sich zuweilen etwas zu stark, mit einem Getränke, das von verdorbenem Reis bereitet wird *).

Mit

*) Nicht alle H i n d u s enthalten sich der Fleischspeisen; die Mitglieder einiger Kasten essen Fleisch, die der anderen Kasten leben blos von Vegetabilien. Nur gewisse Thiere

Mit Hülfe eines Dollmetschers unterredete ich mich vielfältig mit den Braminen über ihre Religion; aber ich kann mich nicht rühmen, je etwas bestimmtes von ihnen heraus gebracht zu haben. Entweder wollten sie sich auf nichts einlassen, was das Wesentliche ihrer Religion betraf, oder sie waren so sehr unwissend, daß sie mir keine Aufschlüsse darüber geben konnten. Was sie darüber äufferten, war so unbegreiflich ungereimt und so voller Widersprüche, daß meine Ausbeute herzlich gering war. Gewiß ist es indeß, daß sie ein höchstes Wesen glauben, dem einige andere Gottheiten untergeordnet sind, unter welchen der Ganges, wie es scheint, für die vornehmste gehalten wird. Den Gott der Götter denken sie sich als den Urheber alles Guten, und den Zweyten der Götter, als den Urheber alles Unheils und Elends, das die Menschen trift. Beyde liegen in einem ewigen Kampfe mit einander, und schrecklich ist es, in welche Lästerungen und Verwünschungen sie gegen den bösen Gott losbrechen, zumahl wenn es donnert und blitzet, denn auch jedes Gewitter kömmt auf die Rechnung dieses bösen Gottes. Er ist gewöhnlich in Gestalt eines Drachen oder einer Schlange mit vier Pfoten abgebildet. Der gute Geist hingegen, wird in mancherley Gestalten vorgestellt, und immer sieht man den Bösen unter den Füßen des Guten.

F 2 Nicht

Thiere zu tödten, ist verbothen, und wird bald mehr, bald weniger hart geahndet; wer z. B. eine Ameise tödtet, darf nur einige Pfennige Strafe erlegen, indeß der, welcher eine Kuh tödtet, wie jemand, der einen Menschen ermordet hätte, am Leben gestraft wird. Auch giebt es unter den Hindus eine Klasse von Menschen, die ganz ungehindert das Fleischergewerbe treibt. Travels in Europe etc. l. 332. und Zimmermanns und Bruns Repositorium I. 324. L.

Nicht nur eine Fortdauer jenseits des Grabes glauben die Hindus, sondern auch, daß dort das Gute belohnt und das Böse bestraft werde; aber dieser ihr Glaube ist so mächtig in ihre Seelenwanderungslehre verflochten, daß ich mir keine recht klare Vorstellung davon zu machen wußte. Die Welt, sagen sie, wird ein Ende nehmen; alles wird in das Nichts zurücksinken und nur das höchste gute Wesen und der Ganges werden übrig bleiben. Betel käuend und auf einem Pisangblatte sitzend, werde dann der Gott der Götter von Jahrtausend zu Jahrtausend, auf dem Ganges sich umhertreiben. *)

Drey

*) Menschenliebe, Toleranz, eine Fortdauer jenseits des Grabes, und die große beglückende Lehre, „des Himmels Gnade werde durch edle und gute Handlungen sicherer, als durch alle Opfer errungen" predigt die Religion der Hindus; und kurz, rein und einfach waren die Grundlehren dieser Religion. Aber ein Labyrinth von Ceremonien trat hervor; eine Bilderlehre, voll ungereimter Götze und Ideen wurde aufgestellt; Schlauheit und Herrschsucht unterjochte die Unwissenheit und Arglosigkeit; und jene allgemeine Harmonie des Glaubens, konnte sich eben so wenig halten, als alle Unschuld der Sitten, da mit europäischer Herrschaft auch europäische Laster aller Art sich einschlichen, und so oft dem Besiegten vom Sieger nur die Wahl zwischen Erhaltung des Lebens und des Eigenthums und der Schande und dem Laster gelassen wurde. Ueber tausend und tausend Gegenstände verbreitete sich die Religion der Hindus. Was bey hundert andern Völkern der bürgerlichen Gesetzgebung, dem Geschmack der Sitten, dem Charakter in der Willkühr der Menschen überlassen blieb, wurde bey ihnen von der Hand bestimmt, die dem Altare diente. So bildete sich hier, höchst vollständig und ausgedehnt, eine Hierarchie, deren Schöpfung sicher nur das Werk mehrerer Jahrhunderte seyn konnte. Und tief im Plane des Ganzen lag es, daß man dem des Himmels Ungnade ver-

Drey ihrer Feste zeichnen sich besonders aus, nehmlich das Fest des Ganges, das Hakeufest und das Fest der Reinigung.

Der Feier des erstern hatte ich Gelegenheit in Chinsura beyzuwohnen, und ganz unglaublich war die Menge von Menschen, die zu diesem Feste sich versammelten. Es fällt in den Oktober und besteht vorzüglich darin, daß gewisse Figuren mit großen Solennitäten in den Ganges geworfen werden. Jeder Banian, der reich genug ist, die Unkosten eines solchen Festes zu bestreiten, und diese können sich auf zehntausend Rupien und wohl noch darüber belaufen, wird gewiß wenigstens einmahl in seinem Leben ein solches Fest geben. Von verschiedenen solcher, zu Chinsura gefeierten Feste, zeichnete sich eines vor allen ganz besonders aus; es kostete dem, der es gab, volle achttausend Rupien oder zwölftausend Gulden, und währte drey Tage nach einander.

Ich verfügte mich an einem dieser glänzenden Tage zu dem Banian, in dessen Hause das Fest gefeyert wurde.

In einem großen Zimmer desselben, von einer Menge brennender Lampen erleuchtet, war an dem einen Ende, ein vier Fuß hohes Gerüste, und über diesem ein auf Pfeilern ruhender Thronhimmel errichtet. Das Ganze war mit rothem Kattun bekleidet und auf den Kattun eine Menge Blumen von dünngeschlagenem Silberblech geheftet; und die Decke des Zimmers hing voll von aneinander gereiheten Kokosnüssen und andern Früchten.

verkündigte, der sein Feld unbesäet ließ, und daß man dem den Himmel verhieß, der eine gewiße Anzahl von bestimmten Blumen gepflanzt habe. Hennings a. a. O. Th. II. S. 417. u. f. u. Travels in Europe etc. I. 299. u. f. L.

Auf dem Gerüste befand sich eine halbrunde Nische, und in dieser verschiedene ungestaltete Figuren von Thon, alle reichlich bemahlt und vergoldet. Die größte und oberste dieser Figuren stellte die Göttin Dulga vor. Sie hatte zwey große und zwey kleine Arme. In der einen Hand hielt sie einen abgehauenen Menschenkopf, in der anderen eine Trinkschale, in der dritten ein länglichtes Stück Holz, und in der vierten etwas, das wie ein Buch aussah. Eine kleine menschliche Figur stand neben ihr, auf jeder Seite; und wie der Banian mir sagte, so sollten diese Figuren die Kinder der Dulga vorstellen. Zu den Füßen der Göttin sah man ein Ungeheuer mit einem Pferdeleibe und einem Drachenkopfe, das eine abscheuliche, menschliche Figur neben sich hatte, die es zu verschlingen drohete.

Auſſer der Dulga waren auch noch weibliche und männliche Figuren vorhanden, und das Glied, an dem man die letzteren erkannte, waren Priapen von einer Größe und in einer Stellung, die alle Begriffe von Ehrbarkeit ausschloß.

Der äuſſerſte Rand der Nische war in kleine viereckigte Fächer abgetheilt, und in jedem derselben hatte man irgend eine Handlung der Götter vorgestellt, aber alles war unförmlich.

Hie und da sah man auch Abbildungen von einer Gottheit, die sie unter dem Nahmen Lingam verehren. Der Dienst, welcher dieser Gottheit erwiesen wird, ist zuverläßig der schändlichste, der sich bey einer Religionssekte nur auffinden läßt. Alles bey und an dieser Nische war blendend reich mit Gold und Silber verziert. Von Zeit zu Zeit warfen sich die Gläubigen vor diesem Götzen nieder und opferten ihm Blumen, wohlriechendes Rauchwerk und Gold und Silber, sowohl gemünzt, als in kleinen gediegenen Stücken; alle diese Gaben wurden am

Ende

Ende des Festes von den Braminen, welche die Gottheit bedienen, begierig aufgesammelt.

Der Zufluß von Menschen war groß, und der Saal überall angefüllt, die Mitte allein ausgenommen; diese war für die Tänzerinnen frey, welche, drey Nächte hindurch, von dem Abend bis zur Morgenstunde, vor der Dulga tanzten, und dabey sich in mancherley nichts weniger als ehrbaren Stellungen zeigten. Während des Tanzes, zu welchem kleine Trommeln, Triangel und andere indianische Instrumente gespielt wurden, sahen die Tänzerinnen mit unverwandten Blicken nach der Nische, und Lobgesänge ertönten zu Ehren der Götter, deren Fest man feierte. Diese Musik war zwar nicht harmonisch, aber doch auch eben nicht widrig.

In der letzten Nacht dieses Festes, ward ein reichlich mit Blumen ausgeschmückter junger Büffel, auf folgende Art, feierlich geopfert.

In der Mitte des Saals, dem Gerüste gegenüber, hatte man eine große länglichte Grube gegraben, und an dem obern Ende derselben zwey Pfähle, nicht weit von einander; in den Boden geschlagen. In diese Grube stellte man den Büffel mit dem Halse zwischen die Pfähle, den Kopf gegen die Nische gerichtet, und damit er ihn nicht emporheben könne, ward ein Holz quer über den Hals an die Pfähle befestigt; alsdann zog man, so stark man nur immer konnte, am Schwanze des Thiers, um den Hals so viel möglich zu verlängern, und dann trennte ein Bramin mit einem Streiche den Kopf vom Rumpfe. Der Kopf ward nunmehr im Triumpfe zu der Göttin hingetragen. — Sieht der Büffel während den Zubereitungen fortdauernd die Nische an, ohne den Kopf und die Augen zu verdrehen, so hält man es für eine gute Vorbedeutung; das Opfer ist dann der Göttin sehr angenehm; verdrehet der Büffel aber Augen und Kopf, so hält man es für ein Merkmal großen Unglücks. Eben so ist es ein böses Zeichen, wenn der Kopf nicht auf einen Streich fällt. Dann ist jedermann traurig und im Gegentheil höchlich erfreut, wenn gleich der erste Streich gelingt. Während dieser dritten Nacht, war das jedem offenstehende Zimmer immer gedrängt voll. Alle wurden von Zeit zu Zeit reichlich mit Rosenwasser besprengt, und den Vornehmsten strich man Rosenöl an Kopf und Hände.

Der zehnte October — es war der fünfte Tag vor dem Vollmonde und der vierte Tag des Festes — war von den Braminen bestimmt, dem Ganges die Opfer darzubringen; und zwar nicht bloß in Chinsura, sondern auch für alle am Ganges liegende Oerter.

Nachmittag wurden alle Nischen aus den Häusern geholt. Man setzte sie auf Tragbahren und zwar so; daß die große, nachströhmende Menge die Figuren im Gesicht behielt. Jede der Bahren wurde von vier Männern getragen; zu beyden Seiten derselben giengen zwey Männer mit Fächern von Pfauenfedern, um die Fliegen und andere Insekten von den Figuren abzuwehren; vorauf traten zwey andere, welche Posaunen bliesen, und diesen folgten noch mehrere andere mit Trommeln und kleinen kupfernen Becken, die gegen einander geschlagen wurden. Dies zusammen genommen machte ein wildes Getöse, eine wirklich unangenehme Musik. So bald man das Ufer erreicht hatte, wurden die Nischen in Fahrzeuge gebracht, auch die Insektenverscheucher und die Musikanten begaben sich zu Schiffe; beyde setzten ihr Geschäft fort, unterdeß andere vor der Göttin tanzten und sich dabey in Stellungen zeigten, die nicht schamloser ersonnen werden konnten. Eine Menge großer und kleiner Fahrzeuge, alle reichlich mit Flaggen geschmückt und ganz mit Menschen angefüllt, schlossen fen sich dem Fahrzeuge der Göttin an. Man fuhr den Fluß auf und nieder; die Freude, die das Volk bezeigte, war grenzenlos, und alle wetteiferten mit einander durch Gebehrden aller Art ihre Freude auszudrücken. Mit Sonnenuntergang wurden endlich alle Nischen in den Fluß geworfen, und damit hatte das Fest ein Ende. Habe ich das, was der Banián mir sagte, recht verstanden, so war der letzte Akt des Festes, die Darstellung einer Vermählung, denn jährlich soll der Ganges mit der Göttin Durga sich begatten, und die, zu beyden Seiten dieser Göttin, stehenden Kinder sollen die Früchte dieser Ehe vorstellen. Mit den schamlosen Stellungen der Tänzerinnen vor dem Angesicht der Göttin wollte man nichts geringeres bewirken, als die Göttin anfeuern, der Welt, zur Besiegung des bösen Geistes, noch mehrere Kinder zu schenken.

Das Hakenfest, wie die Europäer es nennen, fällt in den April; der Feyer desselben wohnte ich selbst zwar nicht bey, was ich aber hier davon mittheile, erfuhr ich von glaubwürdigen Personen.

Die Hauptrollen bey diesem Feste spielen Menschen, die sich öffentlich auf mannigfaltige Art martern; und von denen, welche hier auftreten, hat sicher derjenige, wenn auch nicht die traurigste, doch die auffallendste Rolle, der, in der Luft schwebend, seine Marter erduldet. Zu diesem Behuf wird ein hoher Pfahl errichtet, und auf demselben ein Querholz von dreyßig Fuß lange, gelegt, das um einen eisernen, in den Pfahl geschlagenen Zapfen, gedreht werden kann. Der Dulder, zu seinem großen Werke von einem der ersten Braminen eingeweiht, erscheint, mit einem großen, zwischen die Ribben ihm in den Leib getriebenen Haken, der mit einem Tuche umwunden ist, damit er das Fleisch nicht durchreibe. Vermittelst eines kurzen Strickes wird sodann der Haken an dem einen Ende jenes Querholzes befestigt, und dieses leztere, vermittelst eines Strickes, der an das entgegengesetzte Ende angebunden ist, von dem anwesenden Volke mehreremale schnell im Kreise herumgedreht. Während der Büßende mit den Haken am Querholze hängend so im Kreise herumgeschwenkt wird, wirft er Reis und Blumen auf die Umherstehenden, die beydes eifrig auffangen und es als Reliquien aufbewahren. Hat dies einige Zeit gedauert, so wird der Haken wieder aus dem Fleische herausgezogen und alles angewendet, um die Wunde so bald als möglich zu heilen.

Andere Büßende suchen sich des Himmels Gnade dadurch zu verschaffen, daß sie eiserne Stifte oder Drathe, von der Dicke eines Fingers sich durch die Zunge stechen, sie so lange das Fest dauert, in der Zunge stecken lassen und überall mit sich herumtragen.

Eine dritte Art, sich an diesem Feste zu martern, ist noch origineller. Die, welche diese Art wählen, machen sich zwey Oefnungen; in jeder Seite eine, ziehen durch dieselben einen Strick, der fest angespannt wird, und an diesem Stricke laufen sie dann vor und rückwärts.*)

Wieder andere werfen sich auf die Erde, und lassen große schwere Wagen mit breiten Rädern, auf welchen die Bildnisse der Gottheit nebst einer Anzahl dabey befindlichen Menschen im Triumph einhergezogen werden, über sich weggehen und sich so quetschen. Doch findet man diese Art zu büßen, häufiger unter denen Hindus, welche auf der Küste von Koromandel wohnen, als in Bengalen. Alle diese Arten von Büßungen, sind

bey

---

*) Diese Art der Marter ist mir unbegreiflich, vielleicht werden in jede Seite zwey Oefnungen gemacht. L.

bey weitem nicht die einzigen, sondern nur die merkwürdigsten.

Die Hindus feiern ihre Feste nicht jährlich an denselben Tagen, sondern bald um einige Tage früher, bald um einige später, je nachdem die Braminen einen solchen Tag für glücklich oder unglücklich ausgeben. In dieser Hinsicht sind die Hindus im höchsten Grade abergläubisch; an einem Tage, den sie einmal für unglücklich halten, werden sie schlechterdings gar nichts unternehmen. Auch auf die Zahl halten sie sehr; die ungleiche Zahl gilt für unglücklich und die gleiche für glücklich. Hat ein Hindus eine große Summe Geldes zu bezahlen oder zu empfangen, so wird er immer lieber eine Rupie verlieren; als eine gleiche Zahl von Rupien geben oder nehmen.

Die Tempel der Hindus, oder die Pagoden, sind steinerne Gebäude, meist alle viereckige, nicht sehr hoch, und oben mit einer Kuppel versehen. Fenster haben diese Gebäude nicht, nur durch den Eingang fällt in das Innere einiges Licht, folglich sind sie innerhalb allemahl sehr dunkel. Ganz im Hintergrunde, also in der dunkelsten Gegend dieser Tempel, steht das Götzenbild, eine monströse Figur, die mit vielen Händen und Armen versehen ist, und in jedem derselben irgend etwas hält. Unter den vielen Götzen, die ich sah, zeichnete sich einer durch seine Scheußlichkeit ganz besonders aus. Man hatte ihm eine menschliche Gestalt und die Stellung eines Sitzenden gegeben; das Haupt war in Vergleichung mit dem Körper sehr groß, die Zunge hing zum Munde heraus bis zur Hälfte der Brust hinab, und die Augen waren aufgerissen; das Ungeheuer hatte vier Arme und vier Hände; die eine Hand war leer und die innere Fläche aufwärts gelehnt, in der zweyten hielt es ein kleines Bret,

in

in der dritten ein bloßes Schwerdt, und mit der vierten hatte es einen Menschenkopf bey den Haaren gefaßt.

Ich fand Götzen mit acht und wieder andere mit sechszehn Armen; diese hatten wohl einen menschlichen Körper, aber einen Hundskopf, und hielten gespannte Bogen und andere Kriegsgeräthschaften in den Händen. Einige waren schwarz, andere von gelblichter Farbe; einige standen ganz allein da, andere hatten ihre Frauen bey sich.

Ich kam aber auch in Pagoden, in welchen gar kein Götzenbild, sondern nur auf einem runden, reichlich mit Blumen und Sandelholz bestreuten Altare, ein einzelner, polirter, schwarzer Stein aufgerichtet stand. Diesem Steine wurde eine noch größere Ehrerbietung bewiesen, als den Götzenbildern. Die Andächtigen warfen sich vor ihm auf die Erde nieder, machten mit den Händen ihre Salammas, (oder Begrüssungen) und sagten ihre Gebete in der Stille her.

Man opfert den Göttern Blumen, Reiß, Stücke Kattun, Seide, und auch wohl Gold und Silber. Die Opfer werden bey oder vor den Götzen hingelegt, und dann von den Braminen aufbewahrt. Auch sind es die Braminen, welche die Pagoden bey Tage so wohl, als bey Nacht bewachen.

Die Braminen oder Priester, von den Hindus Bramane genannt, sind, wie ich bereits bemerkt habe, aus der ersten und edelsten Kaste. Man erkennt sie an einer kleinen dünnen Schnur mit einer kleinen Koralle, die sie beständig um den Hals und auf die Brust herabhangend, tragen. Alle aus den übrigen Kasten hegen die größte Hochachtung gegen die Braminen, sie nähern sich ihnen nie anders als mit den Zeichen der tiefsten Verehrung; wie sehr aber auch immer ein Hindus dem Bramin seine Ehrerbietung äussern mag, der Bra-
mi<!-- catchword -->

min zeigt ihm doch nur zum Gegengruß die offene Hand.

Aber auch in der ersten Kaste, in der Braminenkaste, giebt es noch verschiedene Rangordnungen. Einige der Braminen stehen in so großer Achtung und Ehre bey'm Volke, daß der gemeine Hindu das Wasser, worin jene höhere Wesen ihre Füße gewaschen haben, für hochheilig hält, und es als das größte Glück ansieht, wenn er etwas davon trinken kann. Eben diese Heiligen sind, wie die Hindus sagen, die Aufbewahrer des Wedam oder des Buchs, das ihre Religionsvorschriften enthält. Man hat Abschriften von diesem Buche mit persischen Lettern; und das zu den Abschriften gewählte Pappier soll von Würmern nicht beschädigt werden können.

Nie wird es ein Bramin versäumen, sich am frühen Morgen, mit Sonnenaufgang, in dem Ganges zu waschen. Ehe er in den Fluß geht, begrüßt er den Strohm, dann schöpft er ein wenig Wasser mit der hohlen Hand und bietet es mit vielen Verbeugungen der aufsteigenden Sonne dar; hierauf besprenge er alle Theile des Körpers, einen nach dem andern, und zuletzt die Stirne und die Brust. Verschiedene sahe ich bey diesem Bade mit kleinen Töpfen Wasser schöpfen und es dann gleich wieder ausgießen, wobey sie Gebete hermurmelten; wenn sie aber zum letztenmale den Topf vollgeschöpft hatten, stiegen sie aus dem Flusse, gossen das Wasser auf das Ufer hin und machten sich darauf mit gelbem Thon ein Zeichen an den Augen und auf die Nase, das ohngefehr die Gestalt eines Y hatte. Auch wurden wohl andere von ihnen gezeichnet, doch bekamen diese nur einen geraden Strich auf Stirn und Nase. Vom Baden hinweg begeben sie sich in die Pagoden, um zu beten

und

und die Götzenbilder mit Blumen zu schmücken und mit Sandelholz zu bestreuen.

Man versicherte mich, daß es in der Nachbarschaft von Dekka Braminen gebe, die, weit über die Dummheit und Unkunde so vieler aus ihrer Kaste erhaben, durch die Hülle ungereimter Ceremonien zum höchsten Wesen sich hinaufgeschwungen, würdige Begriffe von der Gottheit sich gebildet hätten und die mit ihrem bessern Glauben einen tugendhaften Lebenswandel vereinigten; aber selten sey es, daß sie über ihr Glaubenssystem mit Fremden sich einließen.

Auſſer jenen Geistlichen, den Braminen, ist Bengalen auch noch mit einer Art geistlicher Bettler oder Bettelmönche überschwemmt, die Fakihrs heißen. Im ganzen genommen ist dies der Abschaum der ganzen Nation.

Diese Menschen arbeiten nicht, sondern leben von Almosen, die ihnen der Aberglaube des Volks gutwillig und im Ueberfluß darreicht. Sie gehen ganz nackt, und die Schamhaftigkeit scheint ihnen nicht einmahl dem Nahmen nach bekannt zu seyn. Eine Keule oder einen dicken Stock, dessen Ende mit Lappen von baumwollenem Zeug von allerley Farben umwunden ist, tragen sie auf der Schulter. In einsamen Gegenden oder im Walde, ist es gefährlich, ihnen zu begegnen, denn sie ermorden unbedenklich jeden, der nur irgend etwas von Werth bey sich führt. Sie durchstreichen das Land in Haufen von zwey bis dreyhunderten. Ein Oberhaupt, das an ihrer Spitze steht, muß sie in ihren Orden aufnehmen, und zu demselben einweihen. Sie lassen das Haar bis auf die Hälfte des Rückens hinabhängen, und bestreuen es mit Asche; oft wälzen sie sich sogar in Aschenhaufen, wodurch sie sich ein ganz scheußliches Ansehen geben. Keiner von ihnen darf heyrathen, aber sie wissen sich auf
viehi-

viehische Art schablos zu halten. Gewöhnlich nehmen sie ihren Aufenthalt in schattenreichen Oertern, unter freyem Himmel oder in alten verfallenen Gebäuden; dort liegen sie auf dem nackten Boden und ohne irgend eine Decke.

Die ächten Fakihrs glauben, daß sie, um zu büssen, ihr ganzes Leben hindurch, sich in der einen oder andern widernatürlichen Stellung halten, oder ihren Körper auf irgend eine Art peinigen müssen. Doch ist der Grund der Peinigungen bey den mehrsten gar nicht im Himmel, sondern in eitler Ruhmbegierde zu suchen. Sie wollen sich nemlich dadurch bey dem Volke besondere Ehre und Achtung erwerben.

Ich traf mit verschiedenen dieser elenden Menschen zusammen. Einige derselben waren nicht vermögend, den einen ihrer Arme anders, als ausgestreckt in die Höhe zu halten. Viele Jahre lang hatten sie ihn so getragen und so mußten sie ihn nun bis an das Ende ihrer Tage behalten. Andere, die eine vorn übergebogene Stellung des Körpers gewählt hatten, waren so krumm geworden, daß ihr Körper fast einem umgekehrten Winkelhacken glich. Mehrere giengen einher, mit hinterwärts gebogenem Kopfe und waren unfähig, den Kopf wieder in seine natürliche Richtung zu bringen. Wieder andere sahe ich in schweren Ketten, und mit diesen Ketten hatten sie sich auf ihre ganze Lebenszeit beladen. Noch auffallender war die Marter, die ein Fakihr gewählt hatte, zu dem mich der Zufall, auf einer meiner Jagdparthien führte. Wir fanden ihn in einem kleinen Gehölze zwischen den Ueberresten eines alten Gebäudes. Er saß da ganz nakt, bey einem nur glimmenden Feuer, und war ringsum mit Aschenhaufen umgeben; sein langes und schwarzes Haar sträubte sich scheuslich empor von Asche und Schmiere starrend. Durch den Kopf seines Zeugungsgliedes hatte er einen kupfernen Ring gezogen, der ohngefehr die Dicke

cke einer Schreibfeder und neun Zoll im Umfang haben mochte; er war so durch die Substanz des Gliedes gestochen, daß die Harnröhre unverletzt geblieben war. An jenem Ringe hingen kettenartig, noch drey andere eiserne Ringe; alle viere mochten etwa zwey und ein halbes Pfund schwer seyn. Gieng unser Heilliger, so ließ er die Kette frey hinabhängen, und es schien nicht, als verursache ihm dies Unbequemlichkeit. Wir richteten verschiedene Fragen an ihn in Betreff dessen, was wir sahen, aber die Sittsamkeit verbietet mir diese Fragen, wie die Antworten hier mitzutheilen. Während wir bey ihm waren, meldete sich eine bengalische unfruchtbare Frau und bat um Erlaubniß und erhielt sie, das bekettete Glied, des Heiligen küssen zu dürfen. Sie that es in unsrer Gegenwart voll Vertrauens, dadurch fruchtbar zu werden. *)

Eine Menge Gaukler und Schlangenbeschwörer findet man gleichfalls in Bengalen.

Die Schlangenbeschwörer leben vorzüglich auf Dörfern und üben ihre Kunst für wenig Geld aus. Glaubt man, es halte sich hie oder da eine Schlange auf, es sey im Hause, oder im Freyen, so läßt man einen Schlangenbeschwörer rufen. Man führt ihn an den Ort hin, und der Beschwörer kriecht nun auf Händen und Füßen herum, riecht in alle Ecken und Löcher, und entdeckt es gleich durch den Geruch, ob eine Schlange würklich vorhanden ist oder nicht.

Hat er erforscht, wo sie steckt, so setzt er sich nieder, zieht eine kleine knöcherne Flöte hervor und spielt auf derselben, bis die Schlange aus ihrem Schlupfwinkel

---

*) Von den Fakihrs sehe man auch die Sammlung aller Reisen, B. XI. S. 276. u. f. L.

fel hervorkommt und wüthend auf ihn zuschießt. Nun läßt er die Flöte fallen, ergreift das Thier mit beyden Händen und schleudert es, ohne von ihm gebissen zu werden, mit dem Kopf so heftig gegen den Boden, daß es auf der Stelle getödtet ist.

Auch verstehen sich diese Leute auf die Kunst, den Schlangen ihr Gift zu nehmen. Sie bedienen sich zu der Operation kleiner Compressen oder Bäuschgen von Kattun; mit denselben schaffen sie das Gift aus den, zwischen den Zähnen befindlichen Blasen, in welchen es sich befindet. Die ihres Giftes beraubten Schlangen setzen sie in Körbe, streifen mit ihnen im Lande umher und lassen sie — tanzen.

Als ich mich zu Voltha befand, ließ ich einen Schlangenbeschwörer rufen, um einen solchen Tanz mit anzusehen. Er kam mit drey Körben, in welchen verschiedene Schlangen saßen; zwey derselben, — und sie gehörten zu den giftigsten, — nahm er heraus und warf sie in das Gras auf den Boden. Sogleich schossen sie blasend, mit dem halben Leibe aufgerichtet, auf einander los und umschlängelten sich, so oft, als sie gegen einander gehetzt wurden. Zuweilen schossen sie auch auf die Zuschauer los, dann aber ergriff sie der Beschwörer schnell beym Schwanze und zog sie zurück. Mehreremahle hetzte er sie auch auf sich selbst, und ließ sich von ihnen in die Brust, in die Hand und in die Stirn beissen, daß das Blut hinabfloß. Nunmehro ward eine große Schlange aus einem der Körbe gezogen, die wohl zwölf bis dreyzehn Fuß lang, und sehr schön, grün und gelb gefleckt war. Diese mußte ihn in die Brust beissen; sie biß so stark, daß sie an den Zähnen hängen blieb, und dem äussern Ansehen nach litt der Gebissene dabey ganz und gar nichts. Zuletzt kam eine kleine Schlange zum Vorschein; der Beschwörer steckte ihren Kopf in seinen Mund, das Thier faßte die Zunge seines Herrn, blieb

Stavor. Reisen.   G   an

an der Zunge hängen, und wand sich dann um des Beschwörers Hals und Arme. Ohnerachtet aus den Wunden das Blut über das Gesicht und die Brust des Kerls hinabfloß, so bemerkte man doch an ihm keine Zeichen, daß er Schmerz oder Schaden davon erlitten habe. Täglich wird den Schlangen das Gift genommen, der Biß kann also den Künstler nicht tödten; doch bemerkt man, daß diese Menschen überall Ausschlag haben und voller Blattern sitzen.

Die Gaukler in Bengalen übertreffen ihre Brüder in Europa sehr weit. Man findet unter ihnen auch Leute, die sich im Balanciren sehen lassen. Ich sah zu Woltha einen, der ein Bambusrohr von zwanzig bis fünf und zwanzig Fuß länge, gerade auf in seinem Gürtel hielt, ohne eine Hand an daßelbe zu bringen. Ein Mädchen von sieben oder acht Jahren kletterte am Rohre hinauf, legte sich mit dem Leibe auf die Spitze desselben, streckte Arme und Beine aus, gerade als schwämme sie in der Luft, und der, welcher das Rohr trug, lief mit dem Rohr und dem Mädchen hin und her, ohne auch hieben von seinen Händen Gebrauch zu machen. Erst nach einer halben Viertelstunde kletterte das Mädchen wieder herab, und verrichtete dann noch mehrere andere Kunststücke.

Ein großes Vergnügen gewähren den Mohren und Hindus die Tänze, die von Frauenzimmern aufgeführt werden. Die Tänzerinnen widmen sich ganz ihrem Berufe, und werden von Jugend auf zu demselben angeführt. Jedem Feste und jeder großen Mahlzeit würde vieles fehlen, sähe man nicht sechs bis acht dieser Tänzerinnen dabey ihre Kunst treiben.

Läßt man Tänzerinnen kommen, so bringen sie auch allemahl einige Musikanten mit, die auf kleinen kupfernen Becken, Trommeln und einem Instrumente sich hören

ren laſſen, das unſerer Violine gleicht, und mit einem kleinen Stocke geſtrichen wird; die Muſik iſt, wenigſtens nach bengaliſchem Geſchmack, nicht unangenehm, auch wird dazu geſungen, aber der Geſang erbauet eben nicht ſehr.

Die Tänzerinnen ſind auf ihre Art zierlich geſchmückt, mit goldenen oder ſilbernen Ringen an den Armen, Beinen, Fingern, Zähen und am Halſe. Auch durch das Naſenläppchen der linken Seite haben ſie goldene Ringe gezogen. Ihre Kleidung beſteht in weiten Beinkleidern, die bis auf die Ferſen hinabhängen und um die Hüften feſtgebunden ſind. Ueber die Beinkleider tragen ſie eine Kabay, die oben aus einem kleinen Leibchen beſteht, und unten einem Frauenrocke gleicht. Dieſer Anzug ſchürzt den Buſen auf und bedeckt ihn ganz und gar. Die Ermel ſchließen an den Vorderarm dicht an und ſind zugeknöpft. Sie haben durchgehends ſchwarzes Haar, welches dem Kopf hinabgeſtrichen, gebunden und mit Oel ſo lange geſchmiert wird, bis es glänzt. Noch tragen ſie einen Schleyer von weißem Neſſeltuch, mit dem ſie während des Tanzes das Geſicht von Zeit zu Zeit bedecken. Der Tanz ſelbſt beſteht in fortdauernden Drehungen und Biegungen des Körpers; wobey ſie, gerade ſo wie bey den ſpaniſchen Tänzen, bald vor, bald rückwärts gehen. Jedem, der durch ihren Tanz oder ihre Perſon bezaubert wird, dienen ſie auch noch für einen geringen Preis auf eine andere Art; der Bezauberte wirft ſich dann ohne Umſtände in die Arme ſeiner Göttin, keiner nimmt daran ein Aergerniß, und der Tanz der übrigen dauert ungeſtöhrt fort.

Dritter Abschnitt.
Fortsetzung des Vorigen.

Die Bengaler nehmen sich nur eine Frau, die Braminen ausgenommen, die sich der Weiber so viele zulegen, als sie für gut finden, oder als sie zu ernähren im Stande sind; ist aber die Frau eines Hindu unfruchtbar, und ist der Mann reich genug, noch eine zweyte zu halten; so erlauben es ihm die Braminen, wenn er vorher eine gewisse Summe erlegt und einige Allmosen ausgetheilt hat.

Die Feyerlichkeiten, welche hier zu Lande bey den Hochzeiten statt finden, sind von wenigem Belang.

Die Mädchen werden in Bengalen, wie in allen warmen Ländern, früh mannbar, hören aber auch früh auf, Kinder zu gebähren.

Die Weiber der Hindus sind ihren Männern sehr strenge subordinirt, und die Weiber von einigen Kasten sind sogar verpflichtet, wenn der Mann stirbt, diesem in jene Welt zu folgen, und, entweder mit dem Leichname des Mannes sich lebendig begraben oder verbrennen zu lassen; Schande und Schmach würde das Loos der Wittwe seyn, die sich weigerte, ihrem Manne zu folgen.

Ich selbst sah der Verbrennung einer Frau zu, die ganz in der Nähe von Chinsura an dem Ufer des Ganges vorgenommen ward. Die Leiche des verstorbenen Mannes lag auf einem Kabel oder Ruhebette, mit einem Stücke weissen Kattun bedeckt, das mit Siri- oder Betelblättern bestreuet war.

Die zum Schlachtopfer Bestimmte, saß auf dem Ruhebette zu den Füssen der Leiche, mit kreuzweis untergeschlageschlagenen Beinen, ihr Gesicht nach dem Gesicht des Verstorbenen gerichtet, das nicht bedeckt war. Der Verstorbene schien mir ein Mann von etwa funfzig Jahren gewesen zu seyn, und die Frau konnte höchstens über dreyßig seyn. Die Unglückliche hatte ein gelbes baumwollenes Gewand an, Ringe von Chancos an Armen und Händen, das Haar, das ungebunden um den Kopf herabhing, war reichlich mit pulverisirtem Sandelholz bestreuet, und in ihrer rechten Hand hielt sie einen grünen Zweig, mit dem sie die Fliegen von der Leiche scheuchte.

Um sie her saßen auf der Erde zehn bis zwölf Frauen, die ihr frischen Betel zureichten; immer hatte sie davon ein Stück im Munde, und war das Stück halb ausgekäuet, so reichte sie es einer ihrer Freundinnen; auch wurde sie wohl um ein solches halb ausgekäutes Stück von den Umstehenden angesprochen, die es als ein Heiligthum in ein Tuch wickelten und aufbewahrten.

Die mehreste Zeit saß sie da, wie in tiefes Nachdenken versenkt; aber immer doch mit einem Gesichte, das nichts weniger als Furcht verrieth. Die Frauen, ihre Verwandtinnen und Freundinnen, unterhielten sich mit ihr fortdauernd, über das Glück, das sie an ihres Mannes Hand in einer bessern Welt erwarte. Eine dieser Frauen, die hinter der Wittwe auf dem Ruhebette saß, umarmte diese mehreremahle und sprach am meisten mit ihr.

Außer diesen Frauen befanden sich auch einige Männer, theils Verwandte, theils Braminen zugegen; diese machten ein Getöse mit Trommeln und kupfernen Becken; die Weiber sangen und schrien dazu, und so lange das dauerte, war keiner vermögend, irgend ein Wort zu vernehmen.

Gegen halb eilf Uhr Morgens fing man an, den Scheiterhaufen zu errichten, und zwar nicht weiter als etwa

etwa acht Fuß von der Stelle, wo die Unglückliche sich
befand; gleichwohl sah sie dem Bau mit solcher Gleich-
gültigkeit zu, als ob das sie nicht im mindesten angehe:
Vier grüne Bambuspfäle wurden ins Viereck, volle sechs Fuß von einander in den Boden geschlagen, so
daß sie fünf Fuß hoch, über der Erde hervor ragten. Zwischen dieselben legte man eine Lage schweres Holz, das
sehr trocken war und schnell Feuer fassen konnte. Auf
das Holz kam trocknes Stroh oder Rohr, das aus dem
Holze hervorragte, und reichlich mit Ghi, einer Art alter
Butter beschmiert war. Auf das Stroh legte man wieder eine Lage Holz und dann wieder Stroh; bis der Holzstoß eine Höhe von fünf Fuß erreicht hatte. Ganz oben
auf streute man fein zerstoßnes Schiffpech. Ein weis-
ses baumwollenes Laken, das man vorher in dem Ganges gewaschen hatte, wurde noch über den Holzstoß ge-
breitet, und nun war das traurige Werk vollendet.

Jetzt benachrichtigte man die Arme, die Zeit sey
gekommen, die Feyerlichkeit zu beginnen.

Zwey von den Frauen hoben sie von dem Ruhebette und setzten sie auf die Erde hin. Andre umringten
sie, reichten ihr unaufhörlich Betel, und baten sie drin-
gend, von dem Bam oder dem obersten ihrer Götter,
vor dem sie nun bald erscheinen werde, ihnen diese oder
jene Gnade zu erflehen. Und vorzüglich bat man sie,
die schon voran gegangenen Freunde, die sie finden werde, herzlich zu grüßen.

Unterdeß wurde die Leiche mit dem Ruhebette von
vier Männern aufgenommen und nach dem Ganges
getragen. Man wusch den Leichnam, rieb ihn mit Cur-
cuma, und wusch ihn wieder ab. Dann trat einer der
Braminen hervor, nahm ein wenig thonartige Erde aus
dem Flusse, bestrich damit die Stirn des Verstorbenen

und

und wickelte weissen Kattun darum. So brachte man die Leiche nach dem Holzstoße.

Nun wurde die Frau, die alles, was geschehen war, mit angesehen hatte, von ihren Verwandtinnen nach dem Ganges geführt, um sich zu waschen. Sie wusch sich im Flusse selbst, und als sie wieder am Ufer ausstieg, zog man ihr die Kleider aus und wickelte ihr ein Stück rothen Armesin um den Leib. Darauf sezte sie sich mit untergeschlagnen Beinen nieder und nun trat einer von ihren Anverwandten heran, nahm ihr den Goldschmuck, den sie in der Nase trug, und überreichte ihn ihr; sie aber gab ihn zum ewigen Andenken der Hand zurück, die ihn ihr abgenommen hatte. Jezt gieng sie noch einmal zum Ganges, schöpfte mit den Händen Wasser aus dem heiligen Flusse, und reichte es der Sonne dar, wobey sie still für sich Gebethe hersagte. So kam der Augenblick, in dem man sie aller ihrer Zierrathen beraubte; ihre Armringe wurden zerbrochen, Hals und Arme mit Kränzen von weisen Blumen umwunden, das Haar mit fünf Kämmen aufgesteckt, und an der Stirn zeichnete man sie, wie ihr Mann gezeichnet worden war. Zulezt band man ihr ein seidnes Tuch um den Kopf, und ein zweytes Tuch, in welches die Braminen Reis gethan hatten, um den Leib.

Jezt erst nahm sie den lezten Abschied von ihren Freunden und Freundinnen, die bis dahin ihr beygestanden hatten, und zwey ihrer Anverwandtinnen führten sie darauf zum Holzstoße. Hier warf sie zuerst, und zwar auf die Seite hin, auf der der Kopf des Verstorbenen lag, Blumen und Reis auf die Umstehenden, und dann nahm sie eine Hand voll gekochten und zu Kugeln zusammengedrückten Reis und steckte sie in den Mund ihres todten Mannes; auch legte sie noch verschiedene dieser Kugeln unter den Holzstoß. Nunmehro ward sie von zwey Braminen dreymahl um den Holzstoß herumgeführt. Während des Umhergehens warf sie Reis auf die Zuschauer, die ihn eifrigst auffammelten, und beym letzten Gange setzte sie an jede der Ecken des Holzstoßes eine kleine brennende Lampe von Thon. Dies alles geschah unter unaufhörlichem Trommel= und Beckenschlagen und dem lauten Schreyen der Braminen und der Verwandten. Nachdem der Holzstoß dreymal umgangen war, bestieg sie ihn mit männlichem Muthe, legte sich zur rechten Seite dicht neben dem Leichnam und umfaßte ihn mit beyden Armen. Dann breitete man ein weißes baumwollenes Gewand über beyde aus, band die lebende und den Todten an einander mit zwey weichen Stricken, die um die Arme und um die Mitte des Leibes giengen und auf beyde wurde nun noch eine Lage Holz mit Stroh, Ghi und Pech gelegt. Nun kam der nächste Blutsverwandte, eben der, welcher den Goldschmuck zum Andenken erhalten hatte, mit einer brennenden Fackel, steckte das Stroh in Brand, und in einem Augenblick stand der ganze Holzstoß in vollen Flammen. In eben diesem Augenblick verdoppelte man das Getöse mit den Trommeln und die Zuschauer erhoben zugleich ein so durchdringendes Geschrey, daß wir kein Wehklagen gehört haben würden, wenn die Unglückliche es auch würklich erhoben hätte.

Das Unbegreiflichste bey diesem abscheulichen und unmenschlichen Auftritte war mir die Ruhe der Frau, und die Freude sowohl ihrer Verwandten als der Zuschauer! Das unglückliche Schlachtopfer, das alles zu ihrem schrecklichen Tode zubereiten sah, schien noch viel weniger gerührt zu seyn, als ich und meine Landsleute, die wir doch nur Zuschauer waren. Mit der größten Unerschrockenheit that sie jeden Schritt; ja zu mehrerenmahlen

len sah sie sogar äußerst freudig aus, nahmentlich in dem furchtbaren Augenblick, da sie den Holzstoß bestieg!

Ich befand mich auf der Seite des Scheiterhaufens, auf welcher ihre Füsse etwas aus dem Holze hervorragten und auf der wir den Wind im Rücken hatten; etwa sechs oder acht Fuß weit mochte ich entfernt von dem Holzstoße stehen; ich sah mit der größten Aufmerksamkeit auf die Füsse hin, ob nicht etwa Zuckungen zu bemerken seyn würden, aber die Füsse blieben unbeweglich bis alles in Flammen stand.

Auch die anwesenden Frauen, welche doch früh oder spät, stirbt der Mann vor ihnen, eben das Schicksal zu erwarten haben, gaben auf alle Art ihre Freude zu erkennen.

Berührt ein Europäer, auch nur durch Zufall eine Frau, die sich mit ihrem verstorbenen Mann verbrennen will, so wird sie dadurch entheiligt, und kann nicht verbrannt werden. Der aber, welcher sie berührt, zieht sich dadurch das größte Unglück zu, ist er anders nicht im Stande mit einer großen Summe Geldes sich loszukaufen. So gieng es einem holländischen Direkteur, einem Herrn Sichterman; er berührte eine solche Frau und mußte dafür fünf und zwanzig tausend Rupien erlegen.

Weigerte sich die Frau, auf die erwähnte schreckliche Art ihrem Manne in jene Welt zu folgen, so würden ihre Freunde sie als einen Schandfleck ihres Geschlechts betrachten und verstoßen; sie dürfte nicht wieder heyrathen, das Haar würde ihr abgeschnitten und eine ewig dauernde Schande würde auf ihrer Familie haften. Eben deswegen greiffen denn auch die Verwandten zu allen nur ersinnlichen Mitteln, um die Unglückliche auf den Scheiterhaufen zu bringen. Doch ist dies, wie man mir sagte, selten nöthig, da diese Weiber Muth genug besitzen,

beſitzen, ſich dem fürchterlichſten Tode freywillig in die Arme zu werfen.

Kurz vor meiner Ankunft in Bengalen ſtarb ein reicher Hindu, der Mäkler bey der holländiſch-oſtindiſchen Kompagnie geweſen war. Er hinterließ eine ſchöne Frau, noch nicht ſiebzehn Jahre alt, mit der er blos im Anfange der Ehe zuſammen gelebt, ſie aber bald nachher gegen eine Maitreſſe vertauſcht hatte. Kaum war der Mann todt, als die Verwandten erſchienen. Wie der Verſtorbene mit ſeiner Frau gelebt hatte, wußten die Verwandten recht ſehr wohl, ſie kamen daher ganz und gar nicht in der Abſicht, in welcher bey ſolchen Fällen die Verwandten ſich zu der Wittwe verfügen. Sie riethen vielmehr auf das bringenſte der jungen Frau ab, dem Manne zu folgen. Sie ſey, ſagten ſie ihr, von ihrem Manne verächtlich behandelt worden, ſie ſey würklich nicht die Frau des Verſtorbenen geweſen, und mithin ſey ſie auch nicht verpflichtet, ſich mit dem Leichnam des Verſtorbenen den Flammen zu übergeben. Aber die Frau antwortete, ſie ſey doch würklich mit ihm verheyrathet geweſen; ſie habe ihren Mann geliebt, habe ſich auf immer mit ihm verbunden geachtet, und alſo wolle ſie ihm auch in den Tod folgen. Noch an eben dem Tage beſtieg ſie mit froher Seele den Scheiterhaufen, umarmte und küßte den Todten und wurde mit dem Leichnam des geliebten, aber untreuen Gatten, gemeinſchaftlich in Aſche verwandelt. Der Holzſtoß auf dem dieſe zweyfach Unglückliche ſtarb, war von Sandelholz und koſtete nicht weniger als ſiebentauſend Gulden.

Die Weiber, welche auf dieſe Art ſich aufopfern, leben der Ueberzeugung, daß ſie jenſeits des Grabes, ihren Gatten wieder finden, und mit ihm dann alle Freuden genießen, welche den Sinnen ſchmeicheln; dieſer Glaube zerreißt bey ihnen alle Bande, die den Menſchen

schen an die Erde fesseln und erhöht den Muth des, von Natur schwachen Weibes dergestalt, daß es sich dem schrecklichsten Tode freudig Preiß giebt.

Aber nicht alle ihren Männern freywillig folgende Frauen sterben auf Scheiterhaufen. Die, welche sich nicht verbrennen lassen, lassen sich lebendig mit dem verstorbenen Gatten begraben. Geschieht das letztere, so wird eine viereckigte Grube gegraben, von sechs Fuß länge und sechs Fuß Breite. Der Leichnam des Mannes wird in dem Ganges gewaschen, so wie bey dem Verbrennen geschieht, und dann auf den Rücken in das Grab gelegt. Auch die Frau wäscht sich in dem heiligen Wasser des Ganges, springt hinab in das Grab, legt sich dicht neben dem Todten und umschließt ihn mit ihren Armen. Nun wird das Grab schleunig zugeschüttet und die hinabgeworfene Erde fest eingetreten. Während des ganzen Vorgangs wird eine lärmende Musik gemacht, und mit diesem Getöse vereinigt sich das Geschrey der Zuschauer.*)

Die

---

*) Das frühe Verheyrathen der Mädchen, die gänzliche Abgeschiedenheit der Frau von der Welt, der frohe Hinblick auf ein Leben jenseits des Grabes, das alles verspricht, was den Sinnen höchst wollüstiger Geschöpfe schmeichelt, die allmächtige Gewohnheit, und die Aussicht auf ein Leben diesseits des Grabes, das strenge Keuschheit von der Wittwe fordert, und in dem Schande und Verachtung auch beym züchtigsten Leben das Loos der Wittwe bleibt, bewürken gemeinschaftlich bey den Weibern der Hindus die unmenschlichen Aufopferungen, vor welchen den Europäer schaudert. Ist die Wittwe aber Mutter von unmündigen Kindern, so darf sie sich nicht zum Manne auf dem Scheiterhaufen legen; auch kann sie diesem Tode entgehen, wenn der Mann abwesend gestorben ist.

Nach Herrn Martones Nachrichten giebt es unter den Hindus fünf Gilden oder Stämme; (die nemlich der

Gold-

Die in Bengalen am allgemeinsten herrschende Krankheit ist der Durchlauf. Die unkräftigen Nahrungsmittel, welche die Hindus genießen, verursachen ihn.

Auch an geschwollenen Beinen leiden viele. Ich sahe eine Menge, deren Beine so dick waren, wie ein Mann im Leibe. Gewöhnlich folgt auf die Geschwulst der kalte Brand und dann der Tod. Die Aerzte der Hindus wissen diese Krankheit nicht zu behandeln, und eben so wenig verstehen sie es, ein Glied abzunehmen; daher kommt es denn auch, daß so viele dieser Unglücklichen ihr Leben auf eine sehr elende und qualvolle Art endigen.

Noch herrscht hier eine Art von Krankheit oder Fieber, das man Jounibaad nennt. Gewöhnlich werden die, welche von dieser Krankheit ergriffen werden, in Zeit von drey Tagen ein Raub des Todes, und die dem Tode entgehen, behalten als Folge der Krankheit Taubheit, Blindheit oder verfallen in eine Abzehrung; zuweilen stellt sich auch eine Lähmung am ganzen Körper ein.

Gold=Eisen=und Kupfer=Schmiede, der Zimmerleute und der Steinhauer) welche ihre Todten nicht verbrennen, sondern sie begraben; und wenn in diesen Stämmen eine Frau ihrem Manne folgen will, so endigt sie ihr Leben auf diese Art: Sie setzt sich unter keinen äußerst schweren und auf schwachen Stützen ruhenden Korb. Auf ein, von ihr gegebnes Zeichen zerschlägt man die Stützen, der Korb stürzt herab und bricht ihr das Genick. Nun beerdigt man die Frau mit dem Manne. Doch erlebte Herr Martone während seines achtzehnjährigen Aufenthalts unter den Hindus auch nicht ein einziges Beyspiel der Art, und vielleicht hat auch diese Ceremonie ganz aufgehört. An Blattern Gestorbene werden durchaus nicht verbrannt, sondern beerdigt, weil man fürchtet, die Epidemie durch den Rauch zu verbreiten. Bucquoi p. 295 u. 296. Travels in Europe I. 336 u. f. und Zimmermanns und Bruns Repositorium I. 324. L.

ein. Diese Krankheit wissen die inländischen Aerzte besser als die dortigen europäischen Chirurgen zu behandeln, denn ihre Kennzeichen sind nicht zu verkennen, und die Krankheit gehört mit zu den Landseuchen.

Auch die Pocken gehören in diese Klasse. Als ich Bengalen verließ, fingen sie eben an stark zu graßiren. Die Inoculation ist ziemlich allgemein üblich, doch pflegt man gewöhnlich die Pocken pulverisirt einzugeben; durch Einschnitte hingegen werden sie selten eingeimpft. In jedem Fall wird aber der Körper durch Abführungsmittel und durch Baden dazu vorbereitet. Am Tage nach der Operation stellt sich das Fieber ein, die Pocken brechen schnell aus und nach drey Wochen ist der Patient wieder hergestellt.

Die inländischen Aerzte sind mehrentheils Braminen; sie stehen ihrer Wissenschaft wegen in großer Achtung, und doch ist ihre Kunst, wie es mir scheint, eben nicht weit her. Die hiesigen inländischen Aerzte haben von ihren Vorfahren, die auch Aerzte waren, für allerley Arten von Krankheiten eine Menge Vorschriften ererbt, für deren Werth eine lange Erfahrung spricht; irren also die Aerzte nicht in Erkennung der Krankheit, so entsprechen die gewählten Mittel sicher ihrem Zweck. Aber gerade in der Beurtheilung der Krankheit sind diese Aerzte am schwächsten, und ganz verlohren stehen sie da, wenn Zufälle eintreten, die sie nicht erwarteten.

Von der Anatomie haben sie auch nicht die mindeste Kenntniß und sie können sie nicht haben, da ihre Religion es nicht duldet, Blut zu vergießen oder einen Leichnam zu öfnen. Fühlen sie den Puls, so geschieht es mit einer trommelnden Bewegung der Finger. Alle Krankheiten, sagen sie, werden entweder von Hitze, oder von Kälte, oder von Galle erzeugt. Fast alle Arzneyen, die sie verordnen, sind einheimische Producte; unter andern
ver-

verordnen sie auch Pulver von einer Gattung kleiner Steine, die aus Goa kommen und einen starken aromatischen Geruch haben; dies Pulver wird mit ein wenig Wasser und Zucker dem Kranken eingegeben. Den Zucker findet man überhaupt bey allen ihren Heilmitteln, und nie erscheint der Arzt, ohne Zucker bey sich zu führen. *)

Grüßen die Hindus, so berühren sie mit der rechten Hand die Stirn und beugen dabey den Kopf vorwärts. Soll es aber eine tiefe Verbeugung oder Salam seyn, so legen sie erst die rechte Hand auf die Brust, berühren dann mit eben dieser Hand die Erde, und zuletzt die Stirn.

So unterthänig diese Art zu grüßen ist, so fehlt es ihnen auch nicht an demüthigen Ausdrücken. Sprechen sie mit jemand, dessen Gunst sie bedürfen, so nennen sie sich buchstäblich seinen unterthänigen Sclaven, doch geht es in dieser Hinsicht auch hier, so wie bey uns; dies sind nur Töne, Worte ohne Bedeutung.

Mit einem Europäer oder Muhamedaner wird ein Hindu eben so wenig, wie mit einem seiner Brüder von einer andern Kaste aus einem Gefäße trinken. Trinkt ein Hindu, so setzt er das Glas oder den Krug nicht an den Mund, sondern hält ihn in einer Entfernung vom Munde empor, und läßt das Getränk in den Mund fließen, ohne die Lippen zu schließen oder Athem zu schöpfen, und durch Uebung sind sie in dieser unbequemen Art zu trinken so geschickt, daß auch nicht ein Tropfen vorbeyfällt. Stühle oder Bänke sind bey den Hindus gar nicht im Gebrauch.

Die

*) In Hinsicht auf wissenschaftliche Kultur sind die Hindus noch sehr zurück; auch beschäftigen sie sich nur mit einzelnen Theilen der Wissenschaften. L.

Die Mohren oder Mongolen, bilden die zweyte Klasse der Einwohner Bengalens. Sie sind durchaus brauner von Farbe, als die Hindus, doch findet man auch mehrere, deren Farbe weiß, oder vielmehr gelblicht ist; diese aber sind aus den höher im Norden des Landes gelegenen Gegenden gebürtig. Die mehresten, welche um Agra und Delhi wohnen, sind, wie man mich versicherte, in Vergleichung mit denen, welche die südlichen Provinzen bewohnen, weiß zu nennen.

Die Mongolen besitzen weit mehr Muth als die Hindus; ihre Sypahis oder Seapoys sind ziemlich gute Soldaten, wenn sie von europäischen Officieren angeführt werden; ein Zeugniß, das die Britten ihnen nicht nur ertheilen, sondern es auch durch die That beweisen, indem sie viele von diesen Leuten unter ihrer Armee haben.

Ihre Religion ist die muhamedanische; sie hassen also den Gößendienst der Hindus, aber was ihre Sitten betrift, so stehen sie tief unter den Hindus. Ihre Sittenlosigkeit ist überaus groß, und sowohl das weibliche als das männliche Geschlecht leben in dieser Rücksicht nicht anders als das Vieh. Einer meiner Freunde, der lange sich in Patna aufhielt, erzählte mir so gar ein Beyspiel davon, von einer Mohrin und einem Hengste, welches der Mohrin das Leben gekostet habe. Ueberhaupt glaube ich nicht, daß es irgend noch ein Land giebt, in dem die Unzucht so häufig und auf so mannigfaltige Weise getrieben wird, als in den südlichen Gegenden des hindostanischen Reichs. Nicht nur die beyden erwähnten Völker, die Hindus und die Mohren, sondern auch die Europäer wälzen sich hier in allen Lastern der Wollust. Doch würkte auch wohl das Klima hier mächtiger als sonst irgendwo.

Der

Der Arme kleidet sich auf eben die Art, wie der Reiche; nur der Werth des Gewandes macht einen Unterschied. Die Kleidung besteht in einem langen Rocke, den man Kabay nennet, und den ich schon weiter oben beschrieben habe. Um die Hüften tragen die Männer einen Gürtel, in dem auf der linken Seite eine Art Dolch steckt, dessen Benennung in der Landessprache so viel als Bauchstecher bedeutet. Ein solcher Dolch ist ohngefähr vierzehn Zoll lang, hinten breit, und vorn endigt er sich in einer scharfen Spitze, die Klinge ist von feinem Stahl, der Griff ist auf beyden Seiten mit zwey Klammern (bergsels) versehen, die, wenn die Hand den Griff gefaßt hat, um den Arm schließen. Selten wird jemand aus dem Hause gehen, ohne dies Gewehr bey sich zu führen.

Vierter Abschnitt.
Fortsetzung des Vorigen.

Bengalen wird von einem Gouverneur regiert, der den Nahmen Nabob oder Nawab führt. Ehemals ernannte der Kaiser des Hindostanschen Reichs, oder der Großmogul, diesen Gouverneur, jetzt ernennen ihn die Britten. Die Würde kam gewöhnlich vom Vater auf den Sohn, und fehlte es an einem Sohne, so folgte der nächste Blutsverwandte. Die Nabobs sollten nur Statthalter seyn, sie wurden aber zu würklich souverainen Fürsten. Sie waren blos verpflichtet, in Kriegszeiten, dem Kaiser Mannschaft und Waffen zu liefern, und nur ein bestimmter Theil der Abgaben des Landes floß

floß dem Kaiser zu; das übrige war für die Kasse des Nabobs. Gegenwärtig haben es die Britten schon dahin gebracht, daß dem Nabob blos die äusserliche Glorie eines Gouverneurs geblieben ist, und der Großmogol, wie der Nabob, erhalten von den Landeseinkünften gerade nicht mehr, als den Britten beliebt.

Jeder einzelne Distrikt hat wieder seinen besondern Gouverneur, der Fausbahr heißt, und von seiner Regierung dem Nabob Rechenschaft abzulegen schuldig ist. Der Fausbahr stellt wieder in jedem Dorfe einen Semidahr oder Zemindar an, welcher Vorsteher des Dorfs, wie des umherliegenden Landes ist, und die Händel und Streitigkeiten der Einwohner schlichtet.

Das einzige gangbare Geld in Bengalen, und selbst im ganzen hindostanischen Reiche, sind silberne und goldene Rupien; alles vom Auslande eingeführte Silber und Gold wird gestempelt, oder nach der Münze gebracht und in Rupien verwandelt; das Gepräge dieser Rupien besteht auf beyden Seiten aus persischen Buchstaben.

Von der Zeit an, da eine Rupie aus der Münze kommt bis zum Ablauf des ersten Jahres nach ihrer Ausprägung, werden sie Sicca-Rupien genennt, und haben vollen Werth. Dieser Werth verringert sich aber in der Folge, (wegen der Abnutzung des Silbers) von Jahr zu Jahr. — Was nicht eine Sicca-Rupie ist, wird im Handel und Wandel jedesmahl gewogen, und verlieret nach Maasgabe ihres verringerten Gewichts, gegen eine Sicca-Rupie, bis zwölf Procent. Nach dergleichen Sicca-Rupien, die in der Münze zu Moxudabahd ausgeprägt sind, rechnet die holländisch-ostindische Compagnie bey ihrem Einkauf und Verkauf, und diese Münzsorte ist der Maasstab, nach welchem sie bey ihrem Handel den Werth aller übrigen cur-

Stavor. Reisen. H siren-

sirenden Geldsorten bestimmt. Im Durchschnitt wiegt die Sicca-Rupie von Morud-abahb, sieben Engel und achtzehn und einen halben As. Ihr innerer Werth in holländischem Gelde ist ein Gulden vier Stüver und acht Pf. oder wie die Kompagnie rechnet, fünf und zwanzig Stüver holländisch; in indischem Gelde aber ein und dreyßig und einen halben Stüver. Die Arcat-Rupien, welche von den Britten zu Arcat, und von den Franzosen zu Pondichery geschlagen werden, sind zu dreyßig Stüver gangbar, doch hält man die letztern für ein bis drey Procent besser, als die erstern.

Die goldene Rupie, Muhr genannt, hat einen Werth von funfzehn silbernen Sicca-Rupien.

Ausser den ganzen werden auch halbe, viertel, achtel und sechszehntel Rupien geschlagen; die letzten werden Anas genannt.

Kupferne Münzen sieht man in Bengalen nicht; als Scheidemünze bedient man sich der kleinen Seehörner, eine Art Muscheln, die Kouwris, (Kaurys) genannt werden. Achtzig derselben gelten einen Poni, und sechszig bis fünf und sechszig Poni — je nachdem sie seltener oder mehr in Menge vorhanden sind — haben den Werth einer Rupie. Diese kleinen Muscheln kommen von den Maldivischen Inseln her, die Wechsler sitzen mit denselben überall auf den Märkten, um sie an geringe Leute zu verwechseln. Hunderttausend Rupien werden ein Lak, und hundert Lak, oder zehn Millionen Rupien, ein Carohl genannt. *)

Das

*) Nach Tieffenthaler machen vierzig Dam eine Rupie — ein Dam ist aber schon lange eine eingebildete Münze — hundert Lak machen einen Coror (Crore) und hundert Coror einen Arab.

Jetzt hat man auch kupferne Münzen, nehmlich den Dubbi und den Begelar Payas; zwey Dubbi machen

Das Gewicht wird in Bengalen nach Maons angegeben, von welchen man dreyerley Arten hat; alle werden wiederum eingetheilt in vierzig Ceer oder acht Pahns-Ceer. Zu Hugly und Chinsura hält die Maon-Katsa, oder diejenige Art des Maon, nach welchem die holländisch-ostindische Kompagnie rechnet, acht und sechzig Pfund amsterdammer Gewicht, die Maon-Bazaar hält sechs und siebzig, und die Maon Pakka sieben und siebzig Pfund. Zu Cossimbazar giebt es noch zwey besondere Maons, nehmlich die Maon-Ffitchur, beym Seidenhandel üblich, welche zwey und siebzig Pfund hält, und die Muts-Maon, die dreytausend und zweyhundert Sicca-Rupien schwer ist. Ein Ceer-Katsa hält $1\frac{7}{8}$ Pf, ein Ceer Bazaar $1\frac{9}{10}$ Pf., und ein Ceer-Pakka $1\frac{17}{18}$ Pfund. Fast alles, sogar Gemüß und Milch, wird nach Ceeren bestimmt, abgewogen und verkauft.

Die Längenmaaße sind Cobidos und Gessen. Der Cobido zu Chinsura beträgt einen Fuß und fünf Zoll rheinländisch, und ein Ges oder Gos, zu Chinsura hält zwey Fuß zehn Zoll rheinländisch. Die Entfernung der Oerter von einander berechnet man nach Cossen, deren ohngefähr fünf auf eine teutsche Meile gehen. Der Cobido ist ein allgemeines Maaß in dem ganzen westlichen Theil von Indien.*)

machen einen Begelar Panas, vier Stück von diesen sind gleich einem Fanam, deren man silberne und goldene hat; fünf und vierzig Fanam betragen eine Sternpagode, und drittehalb Pagoden sind einem Pfund Sterling gleich. Die gewöhnlichsten Silbermünzen sind die Rupien, deren drey und eine halbe auf eine Pagode gehen. Tieffenthaler I. 41. Polit. Journal 1792. 3 St. p. 236. und Hamilton T. II. L.

*) Außer dem was Hamilton am Ende des 2ten Bans mittheilt, sehe man Tieffenthaler I. S. 35. u. f. L.

Tag und Nacht theilt man in vier Viertel, jedes von sechs Stunden, und diese werden wieder in funfzehn Theile, jedes von 24 Minuten, eingetheilt. Statt Uhren bedienen sich die Eingebohrnen einer kleinen Schaale von Kupferblech, in welche unten ein kleines Loch gemacht ist; diese setzt man in ein Faß oder in einen grossen Topf, der mit Wasser angefüllt ist, da denn in einer abgemessenen Zeit die Schaale voll wird. Das erste Viertel des Tags beginnt des Morgens um sechs Uhr. Statt der bey uns gewöhnlichen Thurmuhren schlägt man hier, um die Stunden des Tages öffentlich anzuzeigen, mit einem kleinen hölzernen Hammer auf ein rundes und plattes Stück Eisen oder Stahl von zehn Zoll im Durchmesser, welches Gerniahl genannt wird, und einen so starken Klang hat, daß man es weit hin hören kann; erst giebt man das Viertel an, und dann wie oft die Schaale bereits voll gelaufen sey. Außer dem Oberhaupte des Orts darf niemand ein solches Gernlahl besitzen, und selbst die Oberhäupter dürfen nicht die ersten Abtheilungen des ersten Viertels nach sechs Uhr schlagend angeben; dies darf nur der Nabob allein thun. Der, welcher die Tageszeiten auf die erwähnte Art angiebt, muß aus dem Geschlechte der Braminen seyn.

Die Fahrzeuge, deren man sich hier zu Lande auf dem Ganges bedient, sind sehr leicht, von dünnen Bretern und ohne Kiel oder Innenhölzer gebaut. Die Breter werden blos, Kante gegen Kante, mit Krammen an einander befestigt und die Fugen mit Moos fest zugestopft. Die größte Weite hat der Hintertheil, der krumm aufläuft und eben über den Wasser hervorragt; vorn laufen diese Schiffe spitzig zu und erheben sich nicht sehr hoch über die Wasserfläche. Der Größe nach, sind diese Fahrzeuge sehr verschieden, aber groß und klein durchaus von einerley Bauart. Es giebt deren, die mit funfzigtausend Pfund und noch darüber beladen werden können, nen. Die Schiffe, welche die Europäer und die begüterten Inländer zum Reisen gebrauchen, werden Babjerahs genannt. Das Aeussere dieser Schiffe gleicht ganz den so eben beschriebenen, aber inwendig sind sie weit bequemer eingerichtet. Von der Mitte an bis zum Hintertheil hin sind zwey Zimmer, bey einigen auch wohl nur ein einziges, mit kleinen Fenstern auf den Seiten befindlich; in der Mitte sind diese Zimmer sechs bis sieben Fuß hoch, so daß man in denselben alles eben so gemächlich verrichten kann, wie im Hause selbst. Das hinterste Zimmer dient zum Schlafgemach; weiter nach dem Vordertheil hin steht der Mast. Man findet diese Fahrzeuge von verschiedener Länge, von fünf und zwanzig bis sechzig Fuß und drüber. Beyde Gattungen von Schiffen, sowohl die zur Fracht und zum Handel, als diese Babjerahs, die zum Reisen und zum Vergnügen dienen, werden gerudert, gewöhnlich von sechs bis zu zwanzig Mann. Eine Eigenthümlichkeit in der Bauart aller dieser Schiffe ist es auch, daß sie nur sehr flach, nemlich nur zwölf, höchstens achtzehn Zoll tief im Wasser gehen. Noch findet man eine Art Fahrzeuge, die Boullas genannt werden; diese sind sehr lang und schmal, und dienen nicht zum Waarentransporte, sondern gleichsam zu Courierreisen zu Wasser, indem sichs damit ganz ungemein schnell fahren läßt.

Will man zu Lande reisen, so läßt man sich in einem Palankin fortbringen. Dies ist ein Ruhebett, auf welchem der Reisende der Länge nach ausgestreckt liegt. Ueber dasselbe reicht, vom Kopf-nach dem Fuß-Ende hin, ein ziemlich hoch gekrümmter Bügel, an welchem Vorhänge angemacht sind, die der Reisende nach Belieben auf- und zuziehen kann. Dieser Bügel läuft hinten und vorn in eine gerade Stange aus, vermittelst welcher eine

eine Anzahl Träger, die wie bey unsern Portechaisen, mit abgemessenen Schritten gehen, und von Zeit zu Zeit von andern abgelöset werden, den Palankin auf ihren Schultern tragen.*) Zum Waarentransport bedient man sich einfacher Wagen, die von Ochsen oder Büffeln gezogen werden; aber bey weitem die mehrsten Waaren werden auf Schiffen transportirt.

Unter den Thieren Bengalens zeichnet sich der Elephant vorzüglich seiner Größe wegen aus. Zu Hugly sahe ich ihrer vier, die volle zwölf Fuß hoch waren. Jeder hatte seinen eigenen Führer, der ihn auf dem Nacken saß, und einen kurzen eisernen Haken in der Hand hielt. Nur dieses Hakens und der Stimme des Führers bedurfte es, um das große Thier ganz nach Belieben zu lenken.

Tyger halten sich in den Waldungen in Menge auf und wagen sich oft bis zu den bewohnten Orten. Zu Calcutta hatte ich Gelegenheit einige in einer Menagerie zu sehen, die von der Größe eines großen Kalbes waren. Die Vornehmen des Landes finden ein Hauptvergnügen daran, Tyger mit Elephanten und Büffeln kämpfen zu lassen. Auch Büffel giebt es in den Waldungen sehr viele; sie sind ungleich größer und wüthender als unsere Stiere; ihre Hörner sind volle fünf Fuß lang; und es ist äußerst gefährlich ihnen ohne Schießgewehr zu begegnen, aber auch durch die Flinte allein ist man nicht immer gesichert; trift man den Büffel nicht gleich auf den ersten Schuß so, daß er stürzt, so ist man verloren, es sey denn, daß man auf einen Baum klettern könnte. Bey Inseln

---

*) Eine umständlichere Beschreibung des Palankins findet man in der allgemeinen Sammlung von Reisen. 1c. Theil XII. S. 706. L.

Inseln erlegten unsere Schiffsleute verschiedene von diesen Thieren. Ich fand das Fleisch sehr wohlschmeckend. Die Weibchen lassen sich zahm machen, und dann wie unsere Kühe melken; doch hält man die Milch nicht für gesund, sie soll stark erhitzen.

Die Tschakals sind eine Art wilder Hunde, etwas größer wie ein gewöhnlicher Hühnerhund; sie haben einen dicken Kopf und eine spitzige Schnauze; ihr Haar ist braun und lang, der Schwanz ist dick und zottricht und hängt gewöhnlich gerade herab. Wenn sie nicht verfolgt werden, laufen sie eben nicht schnell. Es giebt ihrer die Menge in den Waldungen; mit Sonnenuntergang kommen sie an das Ufer des Ganges und verzehren dort das Aas, namentlich die todten Leichname, die nicht verbrannt oder begraben worden sind, und dadurch leisten sie dem Lande in der That einen großen Dienst; denn, blieben die Leichname und das Aas liegen, so müßte die Luft bald verpestet werden. Die Tschakals können heulen wie ein Mensch. Ihr eigentlicher Nahme ist Chakal und daraus haben die Holländer Jakhals gemacht.

Schlangen aller Art giebt es auf den Feldern und in alten Gebäuden in großer Menge. Es ist sehr gefährlich bey feuchtem Wetter in das Gras zu gehen, denn im Grase liegen sie so verborgen, daß man sie nicht gewahr wird. Hat man das Unglück, auf eine zu treten, so wird man ohnfehlbar gebissen, und auf den Biß kann der Tod folgen, wenn sich nicht gleich ein Schlangenbeschwörer in der Nähe befindet; bekömmt man aber die Hülfe eines solchen Mannes, so ist nach Erduldung kurzer Schmerzen das Uebel gehoben. Skorpione, Tausendfüße und sehr viele andere Insekten sind hier ebenfalls in zahlreicher Menge vorhanden.

Die lästigsten von allen sind die Fliegen, Mücken und Wanzen, von welchen man dort Tag und Nacht gequält wird. Von Raubvögeln findet man eine ganz unglaubliche Menge; unter diesen giebt es eine Art Adler, die nur von todten Körpern sich nähren, und, gleich den Tschakals, nicht wenig dazu beytragen, daß die Gestade des Ganges nicht zu Wohnsitzen der Pest werden. Auch der Raubvogel ist sehr merkwürdig, welcher die Größe eines Hühnergeyers hat, und so dreist ist, im Fluge einem Menschen ein Stück Fleisch oder Brod aus der Hand zu reissen; ich selbst sah sie mehreremahle einen solchen Raub an den Kindern des Hauses begehen, in dem ich wohnte. Auch diese Vögel gehen dem Aase nach, wie die Adler.

Von Fischen giebt es in den Flüssen Bengalens nur wenig verschiedene Arten; der Kahlkopf wird für den wohlschmeckendsten und besten von allen gehalten.

Auch Krokodille findet man, doch sind sie gewöhnlich nicht sehr groß.

Die wichtigsten Handelsproducte Bengalens sind: Seide, Kattun, Opium, Salpeter und Gummilack; Weitzen, Reis, Butter und einige andere Producte werden zwar ebenfalls ausgeführt, doch können sie nur zu den zufälligen Versendungen gerechnet werden.

Die bedeutendsten und mehrsten Seidenwinden befinden sich in der Gegend von Cossimbazar. Man gewinnet die Seide hier auf folgende Art. Beym Eintritt der zur Seidenzucht erforderlichen Jahreszeit werden die vom vorigen Jahre, auf einem Stücke weißen Kattun aufbewahrten Grains oder Eyer der Sonnenwärme ausgesetzt. So bald die Würmer aus den Eyern hervorgekommen sind, legt man sie in einem Zimmer auf ein Stück weißen Kattun, unter welchem eine Matte liegt, und füttert sie dann täglich mit frischen Blättern von einer Art Maulbeerbaum, den man hier Toet nennet und dessen Früchte nicht gegessen werden können. Man läßt das Holz dieses Baums nicht über drey oder vier Fuß hoch wachsen, damit die Blätter nicht hart werden; denn hartes Futter würde gröbere und weniger gute Seide geben.

Gegen die Zeit des Einspinnens wird eine runde Matte bereitet, die überall mit einer, zwey Zoll hohen Borte umsetzt ist, welche schraubenartig nach der Mitte sich hinwindet und anderthalb Zoll breite Gänge bildet. So bald nun der Wurm zu spinnen anfangen will, wird er von jener Matte hinweggenommen und in einem der Gänge niedergelegt; dort spinnet er sich ein. Das Abhaspeln geschieht in warmen Wasser.

Baumwolle oder Capok ist das Material, aus dem die Kattunleinwand verfertiget wird. Ohnerachtet Bengalen eine sehr große Menge Baumwolle hervorbringt, so wird für die ungeheure Zahl von Arbeitern doch noch sehr viel aus Suratte hier eingeführet. Zu einigen Sorten dieser Kattunleinwand wird zweyerley Art von Baumwolle verarbeitet.

Die Zubereitung der Baumwolle ist äußerst einfach, sie wird vermittelst einer Schnur an einem krummen, bogenähnlichen Holze ausgespannt, von ihrem Schmutze gesäubert, dann von den Töchtern und Frauen des Landes gesponnen und endlich von den Männern gewebt. Diese Webereyen sind über das ganze Land verbreitet und werden Arrengs genannt. Jeder Distrikt hat seine besondere Art von Kattun, die nur er liefert. Gemahlter Kattun, gewöhnlich Zitz genannt, wird nicht in Bengalen verfertigt, sondern vornehmlich auf der Küste von Koromandel, doch liefert auch der Distrikt von Patna etwas Zitz. Die feinste Kattunleinwand und das feinste Nesseltuch wird in der Nachbarschaft von

H 5 Del-

Dekka gewebt; woselbst auch die feinste Baumwolle gewonnen wird.

Ein sehr wichtiges Product sowohl für den einheimischen, als für den auswärtigen Handel ist das Opium. In Bengalen selbst erndtet man es nicht, sondern in dem angränzenden Bahar, aber alles Opium, das ausgeführet wird, geht auf dem Ganges durch Bengalen. Auf holländischen Schiffen werden von Bengalen nach Java, den molukkischen und nach andern Inseln des östlichen Indiens mehr als hunderttausend Pfund ausgeführt. Für die Bewohner der eben genannten Inseln ist das Opium ein unentbehrliches Bedürfniß; mit Tabaksblättern vermischt, rauchen, und unvermischt käuen sie es. Es wird auf folgende Art gewonnen.

Der Saame wird im October und zwar auf sehr gut zubereitetes Land ausgestreut. Vierzehn Tage oder drey Wochen nach der Aussaat gräbt man einige Körner auf, um zu sehen, ob der Saame bereits zu keimen angefangen und Wurzeln getrieben habe. Ist dies wirklich der Fall, so wird das Land gewässert, zu welchem Endzweck das Feld überall mit kleinen Gräben und Rinnen durchschnitten ist.

Wenn die Staube abgeblüht hat, so sieht der Pflanzer täglich nach, ob nicht die Früchte schon Reife genug haben, um die Erndte anzufangen. Um dies zu erfahren, macht man an einer der kleinsten Früchte, am frühen Morgen mit einem kleinen Messer einen nur die Haut durchdringenden Einschnitt. Findet sich dann am Abend, daß ein gummichter Saft — das wahre Opium — herausgedrungen ist, so haben alle Früchte die gehörige Reife. Männer, Frauen und Kinder verfügen sich nun zur Erndte auf das Feld; und zwar wird eine unglaublich große Menge Menschen dazu erfordert. Jede einzelne Frucht wird nun auf die zuvor beschrieschriebene Art eingeschnitten oder vielmehr nur geritzt, denn wenn dies nicht äußerst vorsichtig gemacht und das innere Häutchen nur im mindesten verletzt wird; so ist die Frucht verlohren. Sind die Einschnitte am Abend gemacht, so eilen früh am Morgen des andern Tages die Arbeiter, jeder mit einem kleinen Topfe nach dem Felde. Der herausgeflossene und geronnene Saft wird mit einer kleinen Schaale behutsam abgekratzt und in die Töpfe gesammelt; dann macht man den zweyten Einschnitt und am Abend des Tages wird der Saft wieder eingesammelt.

Sind die Früchte gut, so können drey bis vier solcher Einschnitte gemacht werden.

Der Saft, den man am Abend und Morgen sammelte, wird bey Rückkunft der Arbeiter dem Eigenthümer des Feldes überliefert, und von diesem in große Fässer geschüttet, wo er, um rein zu werden, gähren muß.

Die Opium-Erndte fällt in die Monate Januar und Februar.

Hat der Saft ausgegohren und die gehörige Dicke bekommen, so macht man Kuchen daraus. Zu Bereitung dieser Kuchen sind zuvor die abgefallenen Blüthen oder die Blätter der Blumen gesammelt worden; diese werden jetzt, jedes einzeln mit Wasser angefeuchtet und bis zu einer gewissen Dicke über einander gelegt. Auf ein solches Lager von Blättern wird sodann der Saft, drey bis vier Finger dick geschüttet und wieder mit einer Schichte Blätter zugedeckt.

Das so veredelte Produckt wird alsdann nach dem Hause des Oberhaupts gebracht; dort genau untersucht, sortirt und endlich in viereckigte, inwendig mit Leder ausgeschlagene Kasten gepackt; die Kasten werden von außen mit Goeny benehet, gewogen; das Bruttogewicht

darauf

darauf geschrieben und von Patna nach Hugly oder
Chinsura gesandt. Hier wiegt man sie abermahls;
findet es sich, daß sie nur um zwey oder drey Pfund leichter geworden sind, als sie zu Patna waren, so werden
sie für vollwichtig erkannt, denn das Opium trocknet ein
und wird folglich leichter; findet man die Kisten aber
schwerer, so ist das ein Beweiß, daß sie auf dem Wege
naß geworden sind; in diesem Falle packt man sie wieder
aus, sortirt die Waare abermahls, und sendet sie dann
erst nach Batavia. Man nimmt an, daß ein Acker
von zehn Quadratruthen fünf bis sechs Pfund Opium liefert, und die Pflanzer sollen von diesem Product ansehnlichen Vortheil haben.

Diese, vom Opium hier mitgetheilten Nachrichten
erhielt ich von einem Manne, der sich viele Jahre lang
zu Patna aufgehalten hatte. Seiner Angabe nach
werden in dem Reiche (Provinz) Bahar jährlich wohl
sechszehntausend Maons von diesem Safte eingesamm-
let, also über eine Million Pfunde, und bey weitem der
größte Theil dieser Quantität wird in dem hindostanischen Reiche und im übrigen Asien verbraucht.

Zu den wichtigen Ausfuhrproducten Bengalens,
gehört ferner der Salpeter. Auch dies Erzeugniß, ein
Salz, was das Erdreich aufwirft, und das mit Erde
vermischt ist, wird in der Provinz Bahar gewonnen.
Man sammlet diese salzhaltige Erde, bringt sie in grosse Wannen, gießt Wasser darauf und rührt die Masse
so lange, bis die Salpetertheile geschmolzen sind; nun
wird das, mit dem Salpeter vermischte Wasser abge-
lassen und in großen Pfannen gekocht, da denn der Salpeter auf dem Boden zurück bleibt, die trockenen Kry-
stalle werden hernach in Säcke geschüttet, versandt. Im
Jahr 1770 wurden auf sechs holländischen Kompagnie-
schiffen, von welchen drey nach Batavia und drey
nach

nach Holland giengen, volle zwey und eine halbe Million Pfunde sowohl nach der Hauptstadt des holländischen Indiens, als nach Europa geschickt.

Den Gummilack (Gomlack) liefert ein kleines Insekt, das sehr viel Aehnlichkeit mit der fliegenden Ameise hat. In dem östlichsten Theile Bengalens und im Reiche Pegu wird wohl das mehrste von diesem Produkt gewonnen. Um es zu erhalten, stecken die Einwohner kleine Stöcke in die Erde, die ein wenig über den Boden hervorragen. Jene kleine Insecten kommen dann in großer Menge, setzen sich auf die Stöcke und lassen eine klebrige Feuchtigkeit zurück, mit der die Stäbe wie überzogen sind. Hat die Sonne diese Feuchtigkeit getrocknet, so ist ein etwas harter Gummi daraus geworden, der, in Wasser gelegt, eine schöne hochrothe Farbe giebt, welche man zum Färben des Kattuns, besonders auf der Küste von Koromandel, anwendet. Ist der Gummi am Feuer geschmolzen und gereinigt, so macht man davon Schelllack, in platten, dünnen Stücken; und läuft dieser Lack tropfenweis ab, wenn man ihn anbrennt, so hat er die gehörige Güte.

Die Waaren, welche man mit Vortheil nach Bengalen bringen und absetzen kann, sind alle Arten von Specereyen, Pfeffer, japanisches Kupfer, Sandel- und Sappan-Holz, Zinn, Bley und noch verschiedene andere europäische Handelswaaren.

Fünfter Abschnitt.

Von den Europäern in Bengalen.

Auſſer den beyden genannten Völkern, den Hindus und den Mohren, von welchen jedes ſeine eigene Sprache und ſeine eigene Schrift hat *), verdienen die Europäer in Bengalen noch einer vorzüglichen Erwähnung.

Vier europäiſche Nationen, die Britten, Halländer, Franzoſen und Dänen nehmlich, haben, des Handels wegen in Bengalen ſich Niederlaſſungen verſchaft, und als die oſtindiſche Kompagnie zu Oſtende noch vorhanden war, hatte auch dieſe ihr Comptoir in Aſien; es lag zwey Stunden von dem holländiſchen, weiter den Ganges hinab, am öſtlichen Ufer deſſelben, zu Bankibazar. Die Mohren belagerten es eine geraume Zeit lang, und als ſie es endlich im Jahr 1738 einnahmen, mußten die Oſtender den Ganges verlaſſen.

Von den vier erwähnten europäiſchen Nationen ſind die Britten gegenwärtig die bedeutendſte. Nachdem ſie des Nabobs und des großen Moguls Heere beſiegt hatten, gerieth die Herrſchaft über den größten Theil des Landes in ihre Hände; und nun beſtimmten ſie auch den Handel der übrigen Nationen ganz nach Belieben.

Die Britten hatten freylich im öſtlichen Indien ſchon früh ein Handelsverkehr eingerichtet, doch hatten ſie, in Vergleichung mit den Holländern, nur geringe Fortſchritte

*) Die Sprache der Mohren hat viel ähnliches mit der perſiſchen Sprache, und dieſe wird am Hofe geſprochen.

schritte darin gemacht. Die Rolle, die sie hier spielten, war und blieb unbedeutend bis zu dem Zeitpunkt, da sie vom Rande des Untergangs sich schnell und mächtig empor hoben, und im Westen Indiens ein Reich schufen, das mit jenen von den Holländern in Osten errichteten wetteiferte. So weit umfassend ihren Folgen nach diese große Weltbegebenheit auch war, so ward sie doch durch einen dem Anschein nach geringen Vorfall veranlaßt, von dem wohl keiner der Theilnehmer oder der Zeugen ahndete, wohin er führen werde.

Der Nabob von Cossimbazar, oder der Unterkönig von Bengalen, sandte einen seiner Bedienten im Jahr 1755 nach dem brittischen Hauptkomptoir in Hugly, um europäische Waaren einzukaufen. Eine Kleinigkeit, die nur augenblickliches Mißvergnügen hätte erregen sollen, empörte den damaligen Gouverneur, einen übermüthigen und brutalen Menschen, dergestalt, daß er den Gesandten des Nabobs greiffen, an einen Pfahl binden, geißeln und ihn dann ohne die begehrten Waaren zurückschicken ließ.

Der Nabob fand sich, wie natürlich, durch diese Behandlung seines Gesandten aufs äußerste beleidigt. Er rückte sogleich mit einigen Truppen nach Calcutta, nahm den Ort ein, plünderte ihn und ließ alle dortigen Britten umbringen, die nicht auf Schiffen entfliehen konnten. Dieser Vorfall war es, der einen Krieg veranlaßte, den die Engländer mit dem außerordentlichsten Glücke führten. Es gelang ihnen, bis nach Delhi, der Hauptstadt und Residenz des Kaysers, vorzubringen, dort bemächtigten sie sich der Person des Kaysers, machten einen großen Theil des mächtigen großmogolischen Reichs sich zinsbar, und unterwarfen die Reiche Bengalen und Bahar ihrer Herrschaft unumschränkt.

Der

Der größte Sieg, der im Laufe dieses merkwürdigen Kriegs von den Britten erfochten wurde, war der Sieg bey Plaſſi; denn er entſchied das Schickſal dieſer Länder. Fünfhundert Europäer und ein kleines Corps Seapoys mußten hier gegen eine Armee von funfzigtauſend Mann fechten, an deren Spitze der Großweſſir des mogoliſchen Reichs Suja Daula ſtand. Es blieb den Europäern nichts übrig, als zu ſiegen oder zu ſterben; ſie fochten wie Verzweifelnde, und ſiegten. In dieſem merkwürdigen Treffen hätte General Clive das ihm anvertraute Heldencorps perſöhnlich anführen ſollen; ſtatt deſſen übertrug er das Commando dem Oberſten Coote. Er ſelbſt ſah dem Treffen, in weiter Ferne, auſſerhalb der Schußweite, von ſeinem Palankin aus, zu, und kam nicht eher zum Vorſchein, als bis ſich der Feind bereits auf der Flucht befand. Dieſe, dem Andenken Clivens eben nicht rühmliche Anekdote erzählten mir mehrere engliſche Officiere, die dem Treffen ſelbſt beygewohnt hatten.

Von den jährlichen Einkünften, welche die Britten aus dieſen reichen Ländern ziehen, laſſen ſie dem Mogul und den Nabobs nicht mehr als fünf und zwanzig Lack Rupien zu Theil werden; das übrige, mehr als noch einmahl ſo viel, behalten ſie für ſich; indeß erfordert die Unterhaltung der Miliz, die hier ſehr zahlreich iſt, den größten Theil dieſer Summe, vielleicht gar die ganze Summe. Im Jahr 1770 beſtand die Miliz aus etwa viertauſend europäiſchen Soldaten und aus fünf und dreyßig bis vierzigtauſend Mann Sipays.

Wenn die Britten ſich aber auch als die Beherrſcher des Landes benehmen, ſo ſind ſie doch klug genug, nicht öffentlich den Oberherrn zu ſpielen. Der Eingebohrne ſieht noch immer die Krone auf des Moguls Haupte; in des Moguls Nahmen wird noch jetzt wie ehemals

mals von einem Nabob regiert; aber diesen Nabob ernennen die Britten, und ohne Wissen der Britten darf
ihr Nabob nichts thun. Man hat deshalb dem Nabob einen
Mann an die Seite gesetzt, der die zweyte Stelle im Rathe zu Calcutta besitzt, und der in der Rathsversammlung des Nabobs den Vorsitz führt. So bewürkte man
es, daß alle, im Rathe des Nabobs abgefaßte Schlüsse
durchaus dem Willen des Raths zu Calcutta gemäß
seyn müssen. Der Engländer, welcher diesen wichtigen
Posten bekleidet, führt den Titel eines Oberhaupts in
dem Oberbaar, (so heißt die Rathsversammlung oder
der Staatsrath des Nabobs) und dieser Mann hat in
der That eine solche Macht in Händen, daß der Na-
bobs- oder Unterkönigs-Titel passender für ihn, wie für
den Nabob selbst wäre. Es ist nicht der Engländer der
zum Nabob kömmt; sondern der Nabob geht jeden Morgen zu ihm, um schuldigst Bericht abzustatten, was
am gestrigen Tage vorgefallen und abgehandelt worden
ist. Der Engländer empfängt den Nabob und hört seinen Rapport an, ohne sich vom Stuhle zu erheben, und
hat der Engländer Geschäfte, so muß der Nabob gedul-
dig so lange warten, bis diese Geschäfte geendigt sind,
und man Belieben trägt, ihn vorzulassen. Wahrhaftig! der Stolz dieser Unterdrückten ist unsäglich gebeugt,
jener Stolz, der ehemals keinem Europäer erlaubte, anders als in der ehrerbietigsten Stellung sich ihnen zu nähern.

Die Stelle eines solchen englischen Regierungs-
oberhaupts ist nicht nur eine der angesehensten, sondern
zugleich eine der einträglichsten; wer sie drey bis vier
Jahre verwaltet hat, ist ein schatzreicher Mann. Im
Jahr 1767 kehrte ein solcher englischer Nabob nach
Europa zurück, der während dreyer Jahre seinem Posten
so redlich vorgestanden hatte, daß er mit vollen neun

Stavor. Reisen.   J   Mil-

Millionen Gulden Bengalen verließ. Auch sagte man mir, Lord Clive habe bey seiner letzten Abreise nach England nicht weniger, als ein Carohl Rupien mitgenommen; ein Carohl Rupien aber beträgt funfzehn Millionen Gulden.

Das Joch der Dienstbarkeit, welches die Britten den Mohren auferlegt haben, wird von diesen eben nicht mit sehr großer Gedult getragen. Wären die Fesseln nur weniger stark, sie würden das Aeußerste dran wagen, sich davon zu befreyen. In Ermangelung dessen beruhet die einzige Hoffnung, die den Armen übrig bleibt, auf der Ueberzeugung, es werde den Britten unmöglich seyn, nach der gänzlichen Erschöpfung des Landes sich länger im Lande zu halten. Das Loos, welches den unglücklichen Bengaler traf, war noch härter; erst wurde er von den Mohren und dann von den Britten unterdrückt; und doch waren es einzig die Hindus, welche alle die Schätze so wohl aus Europa, als aus den benachbarten Reichen, durch die, nach allen Welttheilen gesandten, Arbeiten ihrer Hände herbeyschafften, und in die Schatzkammern des großen Moguls oder des Nabobs lieferten. Sie arbeiten für einen geringen Lohn und leben äusserst mäßig von ein wenig Reis und Erdfrüchten. Nichts, oder sehr wenig von dem, was eingeführt wird, wird wieder ausgeführt, da das rohe Material zu ihren Arbeiten im Lande selbst gewonnen wird; nur Baumwolle zieht man von Sumatra. Diese, so viel zum Flor des Landes beytragenden Menschen sollten von den Britten aufgemuntert werden, aber statt dessen hat man sie den räuberischen Händen harter Oberherren Preis gegeben, und auf alle Art sie unterdrückt. Man erlaubt sich gegen sie offenbare Gewaltthätigkeiten, und drückt sie durch Monopole; diesem Monopol ist alles unterworfen, nicht nur alle Lebensmittel, sondern

selbst

selbst der Kuhmist, der den Armen zur Feuerung dient, geht durch die Hände privilegirter Auffäufer.. Doch hat man diese empörende Behandlung nicht der englisch-ostindischen Kompagnie, sondern ihren Beamten zuzuschreiben; diese sind es, welche kein Mittel unbenutzt lassen, um Geld zusammen zu scharren; auf welche Art sie es bekommen, gilt ihnen gleich, wenn sie nur schnell reich werden können. Dergleichen Auffäuferey war vorzüglich Ursach an jener schrecklichen Hungersnoth im Frühlinge des Jahrs 1770, und man hätte deßer glauben sollen, das dadurch entstandene Elend würde die englische Regierung zu Calcutta vermocht haben, die Monopole aufzuheben; da sie aber demohnerachtet noch fortdauern, so muß man vermuthen, daß die Regierung selbst Antheil an denselben habe.

Diese eben erwähnte Regierung besteht aus einem Gouverneur, (der von der Regierung zu Mabras und Bombay ganz unabhängig ist) und nächst ihm aus zehn Rathsherren, von welchen der zweyte, der in dem Dherbaar des Nabobs den Vorsitz hat, den Versammlungen des englischen Rathes selten beywohnt. Der dritte ist der General, oder der Chef vom Militair; dieser ist vom Gouverneur unabhängig, und hat blos den Beschlüssen des gesammten Raths zu gehorchen. Der vierte Rath ist der zweyte in der speciellen Regierung von Calcutta, und so hat jedes der übrigen Mitglieder noch seine besondern Geschäfte.

Der englische Gouverneur hat bey weitem nicht so viel Macht über seine Untergebenen, als die holländischen Gouverneure oder Direkteure in ihren Gouvernements besitzen. Ueberhaupt ist bey den Engländern die Subordination bey weitem nicht so groß, als bey den Holländern; zugleich sind die englischen Bedienten sicher, daß sie bey Erledigung einer Stelle befördert werden, wofern sie nur eine gewisse Anzahl von Jahren gedient haben. Die Beförderung hängt hier nicht von der Gewogenheit des Machthabers ab, wie dies der Fall in den holländischen Besitzungen ist, wo man so häufig geschickte Männer, welche der Kompagnie viele Jahre mit Fleiß und Ruhm gedient haben, verächtlich übergeht, weil es ihnen an Freunden fehlt. —

Calcutta, Calcatta oder Coulicatta, wie die Mohren es nennen, ist der Hauptort der Britten in Bengalen; ein offner Ort, der aber wegen seiner Größe und mannigfaltigen Gebäude den Nahmen einer Stadt verdient. Calcutta liegt am östlichen Ufer des Ganges, etwa dreyzehn Stunden weiter hinab, als Chinsura, und beynahe dreyßig Stunden weit vom Ausfluß des Ganges bey Inseln. Der Fluß ist hier völlig so breit, wie vor dem holländischen Comptair, aber er ist dort viel tiefer und zu allen Jahreszeiten für große Seeschiffe befahrbar. Alle Schiffe liegen vor der Stadt, dicht am Ufer geankert; das Ufer ist hier steil, und die Ströhmung in der Mitte des Flusses beträchtlich schnell.

Der Länge nach zieht sich die Stadt volle drey Viertelstunden weit längst dem Flusse hin, und etwa anderthalb Viertelstunden vom Ufer ab landeinwärts. Es giebt sehr große und prächtige Gebäude in Calcutta, doch würde die Stadt noch mehr gefallen, wenn sie so regelmäßig als Batavia gebaut wäre.

Ohngefähr in der Mitte der Stadt ist eine sehr geräumige Ebene, mit einem großen Tank oder Wasserbehälter, der mehr als fünfhundert Ruthen Landes umfaßt. Die Regierung ließ ihn graben, um die Einwohner mit Wasser zu versorgen; das Wasser des Ganges wird, in der trocknen Jahrszeit, durch die hineintretende Meeresfluth salzig, das Wasser in jenem großen Teiche ist

hin-

hingegen füß und von sehr angenehmen Geschmack. Die Menge Quellen in diesem Behälter machen, daß das Wasser desselben fast immer gleich hoch steht. Er ist mit einer Hecke umgeben, und niemand darf sich in demselben baden, aber Wasser daraus schöpfen kann jeder so viel als ihm beliebt.

Dicht bey diesem Wasserbehälter steht ein steinernes Monument zum Andenken an jene dreyßig unglücklichen Britten — theils Männer, theils Frauen — die der Nabob nach der Einnahme von Calcutta in ein Haus sperren und tobt hungern und dursten ließ; nur eine einzige Frauensperson flehte um Erbarmen, und ward erhört. Der Barbar ließ Thüren und Fenster verrammeln, es fehlte den Eingesperrten nicht nur an Nahrungsmitteln, sondern selbst an der zum Einathmen nöthigen Luft, daher die Unglücklichen jämmerlich ersticken mußten. *)

Etwas höher hinauf kömmt man zu dem Court, oder Rathhause. Im obern Geschosse dieses Hauses findet man zwey lange Säle, die schön eingerichtet sind und zu Bällen benutzt werden; auf dem einen sieht man auch ein Gemählde vom jetzigen König von Frankreich und ein anderes von der verstorbenen Königin; beyde sind in Lebensgröße und wurden von den Britten in dem letzten Kriege bey der Eroberung von Chandernagor als eine Beute hieher gebracht.

Dicht

---

*) Im Ganzen genommen ist diese Begebenheit wahr, in den Umständen aber irrt sich der Verfasser. Die Zahl der Unglücklichen, welche im Jahr 1756 in die sogenannte schwarze Höhle gesperret wurden, belief sich auf hundert und sechs und vierzig; von welchen, als sie am andern Morgen auf Befehl des Nabobs geöfnet wurde, nur noch drey und zwanzig am Leben waren. L.

Dicht beym Rathhaus steht das Schauspielhaus, in welchem zuweilen von Liebhabern einige Vorstellungen gegeben werden.

Noch weiter hinauf gelangt man zu einer armenischen Kirche; es ist ein ansehnliches Gebäude mit einem schönen Thurme.

Zu meiner Zeit war noch keine englische Kirche vorhanden, man machte aber Anstalten, eine zu bauen, und hatte die nöthigen Baumaterialien bereits zusammen gebracht.

Auf der andern Seite der großen Ebene, an der Flußseite, steht das alte Fort, von dem man jedoch nichts mehr als die Mauren noch sieht.

Das neue Fort, Fort William genannt, von dem aus alle Resolutionen und Briefe datirt sind, liegt eine kleine Viertelstunde von der Stadt, an dem Ufer des Ganges, in einer großen Ebene. Man begann den Bau desselben im Jahr 1757, als die Britten Calcutta wieder erobert hatten. Es ist ein regelmäßiges Fünfeck, mit verschiedenen Außenwerken versehen; die untere Hälfte ist von Stein gebaut, die obere von Thon und Erde. Rund um den Hauptwall und die Außenwerke gehen Graben, die in der Mitte noch eine schmale Vertiefung von sechs bis sieben Fuß haben; das Wasser kann aus dem Ganges in den großen Graben durch Hülfe von Schleussen mit Schutzgattern bis zu einer Höhe von acht Fuß gebracht werden; jedes Außenwerk hat solcher Schleussen zwey, und diese sind so eingerichtet, daß die Graben um die anderen Außenwerke und um den Hauptwall ihr Wasser auch dann behalten, wenn der Feind sich auch einer von den Schleussen sollte bemächtigt haben.

Sechshundert Stück Kanonen würden sich füglich anbringen lassen, wenn man alle Werke besetzen wollte.

In

In dem Fort sind bombenfeste Casematten angelegt, die zehntausend Mann beherbergen können. Jedem Einwohner ist erlaubt worden, innerhalb des Forts sich bombenfeste Häuser zu erbauen; im Jahr 1770 aber hatte noch keiner von dieser Erlaubniß Gebrauch gemacht.

Alle Werke sind mit Minen und Contraminen versehen. Kein Schiff kann den Ganges hinauf- oder herabfahren, ohne sich den Kanonen des Forts auszusetzen, und von der Landseite kann kein Feind sich nähern, ohne schon in einer Entfernung von drey oder vier Stunden entdeckt zu werden.

Den Plan zu diesem Fort entwarf ein Ingenieur, Nahmens Boyer; weil er aber einiger Unannehmlichkeiten wegen die englischen Dienste verließ und in holländische trat, so gieng auf königlichem Befehl ein Ingenieur von England nach dem Ganges, um das Fort zu vollenden.

Dicht bey dem Fort fingen die Engländer den Bau einer Docke *) an; die, wenn sie vollendet ist, die einzige seyn wird, welche die Europäer in Indien haben. Ausserdem war man auch mit Errichtung zweyer Batterien beschäftigt; diese wurden zwey Stunden unterhalb Calcutta, auf jeder Seite des Flusses eine erbaut. Auch sagte man, es solle noch eine dritte Batterie auf der Landesspitze angelegt werden, welche der alte Ganges mit dem bey Hougly vorbeyfließenden Arm bildet, um durch Hülfe derselben den Fluß gleichsam mit einem Zuge nach Belieben sperren zu können.

*) Ein umschlossener Platz am Strohme, in welchem Schiffe zur Ausbesserung in Arbeit genommen werden; und zu diesem Behuf das Wasser, vermittelst Schleussen so hoch oder so niedrig als es erfordert wird, ein- und ausgelassen werden kann.

Auf diese Art ist es den Britten gelungen, sich so fest zu setzen, daß Verrätherey ausgenommen, ein europäischer Feind, ihnen wenig anhaben kann, zumahl da sie allen, den Ganges hinauf- oder herabfahrenden Schiffen, den Weg versperren können.

Sollten sie einmahl ihre Herrschaft in diesen Ländern verliehren, so kann aller Wahrscheinlichkeit nach dieser Verlust einzig durch die großen Ausgaben bewürkt werden, die eine so ansehnliche Kriegsmacht erfordert, als sie hier stets zu Gebote haben müssen, theils um die Einwohner in der Unterwürfigkeit zu erhalten, theils um Meuterenyen vorzubeugen. Dadurch aber werden sie das Land erschöpfen, besonders wenn die Bedienten der Kompagnie ihre Räubereyen fortsetzen. Die Schiffahrt der Britten von hier durch ganz Indien ist indeß sehr bedeutend, und die große Menge von Schiffen, die täglich ankommen und abfahren, geben einer sehr großen Anzahl von Menschen Beschäftigung und Nahrung. Die Menge von Schiffen, die man hier auf dem Ganges liegen sieht, deutet eine blühende, mächtige Handelsstadt an.

Seit dem unglücklichen Zuge der Holländer im Jahr 1759, ist das Ansehen derselben in diesen Ländern sehr tief gesunken. Seit diesem Zeitpunkt müssen sie mit den Britten sehr behutsam und nachgebend umgehen, um nur den zu ihren jährlichen Versendungen nach Batavia und nach dem Mutterlande nöthigen Kattun zu erhalten. Im Anfange der Regierung des holländischen Direkteurs W. im Jahr 1765 oder 1766, und noch während des Aufenthalts des Lords Clive in Bengalen schien alles einen friedsamen Handel zu versprechen. Die erwähnten beyden Herren trafen die Uebereinkunft, alle Arrengs oder Weberplätze im ganzen bengalischen Reiche aufnehmen oder zählen zu lassen, und dann jeder

Nation

Nation eine gewiſſe Anzahl von Arrengs zuzuſtellen, um aus dieſen ihre Kattune zu beziehen. Würklich wurden auch von den Britten, Holländern und Franzoſen, — von jeder Nation zwey — Kommiſſarien ernannt, die das Land durchreiſeten und die Weberplätze aufnahmen.

Aber alle dieſe ſchönen Ausſichten verſchwanden, da Lord Clive Bengalen verließ, Herr Verelſt ſein Nachfolger wurde, und der Direkteur V. mit Herrn Verelſt in eine Feindſchaft gerieth, die ſo weit gieng, daß der Direkteur von Herrn Verelſt, bey Abſtattung der jährlichen Staatsviſite zu Calcutta, auf eine ganz unſchickliche und erniedrigende Art empfangen wurde. Wan da an folgte, von beyden Seiten, eine Beleidigung der andern, und alle jene Ausſichten mußten nicht nur verſchwinden, ſondern verſchwanden auch zum alleinigen Nachtheil der Holländer.

Im Grunde hatten die Britten Urſache, gegen den holländiſchen Direkteur aufgebracht zu ſeyn; er that alles was er konnte, um ausſchließender Weiſe, den Franzoſen zu huldigen, da dieſe doch im mindeſten nicht im Stande waren, der holländiſchen Kompagnie nützlich zu werden; ſie waren ja nicht einmal vermögend, ſich ſelbſt zu helfen. Dies Benehmen gegen die Franzoſen konnten die Engländer eben ſo wenig dulden, als ſie es dulden konnten, daß Herr V. all das japaniſche Kupfer, das mit holländiſchen Schiffen kam, den Franzoſen verkaufte, und eine ganze Zeit lang den Britten auch nicht ein einziges Pfund zukommen ließ, ohngeachtet ſie mehr Geld dafür bothen, als die Franzoſen zahlten.

Daß des Herrn V. Verfahren ganz unvereinbar mit dem Intereſſe der holländiſchen Kompagnie war, ſieht man klar, wenn man weiß, daß auch bey den unbedeutendſten Uneinigkeiten der Holländer mit den Mohren jene ihre Zuflucht zu den Britten nehmen mußten; selbst während meines Aufenthalts in Bengalen war dies zwey bis dreymal der Fall.

Die Holländer gründeten ihren Handel in Bengalen schon früh; nemlich schon im vorigen Jahrhunderte, und sie blieben die erste und vornehmste europäische Nation, bis durch die letzte Revolution die Britten Beherrscher des Landes wurden, und die übrigens gut berechnete Unternehmung unter des Generals Mosel Regierung zum Nachtheil der Holländer ausfiel.

Das holländische Comptoir in Bengalen steht unter der hohen Regierung in Batavia. Diese ertheilt die, den Handel betreffenden Befehle und besetzt die erledigten Stellen, die vom Rath zu Hougly nur provisorisch besetzt werden können. Auch gelangen an dies Comptoir Briefe und Befehle direkt aus dem Mutterland und direkt wird auch wieder nach dem Mutterlande berichtet.

Die Regierung besteht aus einem Direkteur, und, außer dem Oberhaupte von Cossimbazar, aus sieben Mitgliedern, von welchen fünfe beschließende, und zwey rathgebende Stimmen haben.

Der Direkteur hat die Obergewalt über alles, was die Besitzungen und den Handel in diesem Reiche betrift, und sein Titel lautet: Edel Achtbaar Heer, Directeur van's Compagnis importanten Handel in de Rijken van Bengalen, Bahar en Orixa.

Seiner Instruktion nach ist der Direkteur verpflichtet, alle Sachen von Belang dem Rathe zur Ueberlegung vorzutragen und nach Mehrheit der Stimmen die Schlüsse abzufassen. Aber selten wird ein Beschluß gegen den Willen des Direkteurs genommen, denn alle Mitglieder des Raths sind im Betreff der Vortheile ihrer

rer Bedienur. 1 von dem Direkteur abhängig, und so verhält es sich auch auf allen übrigen holländischen Comptoiren, selbst zu Batavia.

Die Einkünfte des Direkteurs steigen zu großen Summen hinan. Die Kompagnie hat ihm ein gewißes Procent von den Waaren zugestanden, die eingeführt und verkauft werden; und außerdem hat er hundert Mittel, die großen, in seinen Händen sich befindenden Summen zu seinem Vortheil zu benutzen. Dies kann er mit desto größerer Sicherheit thun, da keiner, selbst nicht die ersten Mitglieder der Regierung, im Stande sind, nachzurechnen, was ihm nach seinem großem Aufwande jährlich als Ueberschuß bleibt. Herr Direkteur V. sagte mir, daß ihm seine Haushaltung jährlich volle fünf und dreyßigtausend Rupien koste; und das ist nur eine geringe Summe im Vergleich mit den Summen, die seine Vorfahren bedurften oder die ein englischer Gouverneur in Calcutta bedarf; dieser leztere verzehrt laut seiner eigenen Aussage, die ich von vielen Engländern bestätigen hörte, jährlich nicht weniger als hunderttausend Rupien!

Der Direkteur ist, in den der Kompagnie zugehörigen Oertern, der einzige, der auf einem Stuhle sitzend, in einem Palankin sich tragen lassen darf; nicht einmahl ein angekommener Direkteur hat dies Vorrecht, so lange sein Vorgänger die höchste Gewalt noch besitzt. Wenn der Direkteur ausgeht, muß die Wache ins Gewehr treten und die Trommel gerührt werden; vor ihm her laufen außer einigen Dienern verschiedener Art noch sechs oder acht Sjabbahrs, oder auch mehrere oder weniger, wie es ihm gerade beliebt. Reitet er, oder wird er durch ein Dorf getragen, so sind die Eingebohrnen in einigen Oertern verpflichtet, ihre Instrumente, Trommeln und Posaunen hören zu lassen. Jene Sjabbahrs sind mohrische Bediente, die theils als Bothen gebraucht, theils

theils zur Vergrößerung des Staats gehalten werden; sie führen einen langen Stab in der Hand, der über und über mit Silber beschlagen ist, und den sie immer tragen, wenn sie dem Palankin des Gouverneurs und der beyden im Range auf ihn folgenden Räthe voraufgehen; die Räthe aber dürfen nur zwey Sjabbahrs vorausgehen lassen und die Stöcke derselben dürfen nur halb mit Silber beschlagen seyn.

Die zweyte Person in der Regierung ist das Oberhaupt von Cossimbazar. Dieser hat Oberkaufmannsrang und die Direktion und Aufsicht über das dortige Comptoir, oder vielmehr über das Comptoir zu Calcapur, das nicht weit von jenem liegt. Auch steht unter ihm der Resident der Kompagnie in der Münze zu Morud-ahbad, wo unter kayserlichem Stempel Silber ausgemünzet wird; auch hat er dort einen Aufseher und andere weniger bedeutende Bediente, so wie ein Kommando Soldaten von vier und zwanzig Mann.

Die dritte Person im Rathe ist der Hauptadministrator; auch er hat Oberkaufmannsrang, und genießt eben die Auszeichnung, wie das Oberhaupt von Cossimbazar. Ist dieser letztere nicht gegenwärtig, so hat der Hauptadministrator die zweyte Stimme im Rathe, als der zweyte beym Hauptcomptoir, wo er sich denn auch immer aufhält. Alles, was den Handel und die Packhäuser betrift, gehört zu seinem Ressort, doch steht er auch in dieser Hinsicht unter dem Direkteur.

Der erste der Rathsglieder hält sich in dem De Iaan oder Kleidersaal auf; dies ist der Ort, wo die Kattune der Kompagnie in Empfang genommen, nachgesehen, sortirt und zur Absendung bereitet werden. Man unterscheidet viererley Sorten; die erste heißt Duel, die zweyte Doom, die dritte Ceer und die schlechteste Firty. Der Werth oder Preis der Stücke wird

wird im vollen Rathe in Beyseyn des Direkteurs festgesetzt. Der Posten des ersten der Rathsglieder ist einer der ergiebigsten bey der Regierung, wenn die Kompagnie viele Kattune machen läſſt; und deshalb ist demjenigen, der diesen Posten bekleidet, nicht nur noch ein zweyter zugeordnet, der Unterkaufmannsrang hat, sondern auch noch drey Buchhalter oder Assistenten, so wie einige Banianen. Die Buchhalter führen die Aufsicht beym Abladen der Güter und die Banianen, die wohl von allen die mehrste Kenntniß besitzen, sind gerade diejenigen, die das Ganze lenken und betreiben, ob dies gleich den übrigen und vorzüglich dem Rathe zugeschrieben wird.

Ihre Emolumente sind auf folgende Art regulirt; von jeder, hundert Rupien werthen Quantität Kattun, welche die Kompagnie einkauft, bekommen sie alle zusammen eine Rupie oder dreyßig Stüver; und von diesen erhält der Hauptadministrator acht Stüver, der erste in dem De laan eilf; der zweyte sechs, der erste Ablader drittehalb, der zweyte anderthalb, und der dritte einen Stüver.

Der Kapitain, oder das Haupt der Miliz, ist gleichfals Mitglied des Raths, doch besitzt er nur eine rathgebende Stimme; er hat Oberkaufmannsrang und schließt sich unmittelbar an den Hauptadministrator an. Die Einkünfte dieses Postens sind gering und reichen nicht zum Auskommen.

Der erste Packhausmeister, der zugleich Buchhalter ist, hat Kaufmannsrang und seiner Aufsicht sind die Handelsbücher, desgleichen alle Waaren anvertraut, welche auf Befehl des Hauptadministrators in die Packhäuser niedergelegt oder ausgeliefert werden.

Der

Der Fiskal, der auch zugleich Schulze im Dorfe ist, hat Kaufmannsrang, aber nur Unterkaufmannsgehalt und Kostgeld.

Als Fiskal muß er dafür sorgen, daß die Gerechtsame der Kompagnie nicht durch den Privathandel ihrer Bedienten geschmälert werden, und als Schulze entscheidet er die kleinen Händel der in holländischen Dörfern wohnenden Landeseingebohrnen. Er läßt diejenigen, welche etwas straffälliges begangen haben, entweder auspeitschen, oder belegt sie mit Geldstrafen; dies letztere geschieht am gewöhnlichsten, und eben deswegen ist der Posten eines Fiskals einer der ergiebigsten. Man erzählte mir zu Chinsura Beyspiele von unglaublichen Erpressungen, die ein solcher Fiskal verübt haben sollte. Das unbedeutendste Versehen eines reichen Banianen wird nicht selten mit zwanzig oder fünf und zwanzigtausend Rupien Strafe belegt und bis er diese richtig und baar erlegt hat, muß er besorgen, ergriffen und öffentlich ausgepeitscht zu werden. Die Einländer nennen den Fiskal Jimibaar, welches so viel als Dorfmeister oder Schulze heißt.

Die Emolumente des Fiskals bestehen vorzüglich in fünf Procent von allen Gütern, welche von Privatpersonen eingebracht werden; doch ist der Antheil an der Schiffsladung, den die Kompagnie den Officieren ihrer Schiffe zugesteht, von dieser Abgabe ausgenommen; hiernächst empfängt der Fiskal auch noch fünf Procent von allen ausgehenden Gütern. Im Durchschnitt genommen kann man annehmen, daß der Fiskal von jedem Schiffe über viertausend Rupien zieht; jährlich auch nur sechs Schiffe angenommen, die ankommen und abgehen, so macht dies doch eine Summe von vier und zwanzigtausend Rupien.

Der

Der Fiskal wird von den Eingebohrnen mehr gefürchtet, als der Direkteur selbst; — sehr begreiflich! — geht er durch ein Dorf, so wird er eben so wie jener mit Musik bewillkommt.

Auch der Equipagenmeister hat einen Sitz im Rathe, aber nur eine rathgebende Stimme; ist er ein Schiffer, so hat er Kaufmannsrang; überhaupt ist diese Stelle keine der schlechtesten.

Der Dispencier, oder Aufseher über die Packhäuser, in welchen die der Kompagnie zugehörigen Provisionen aufbewahrt werden, hat Unterkaufmannsrang und ist zugleich Faktor.

Dem Rathe hat man einen Sekretair zugeordnet, der gewöhnlich auch Kassirer ist. Der letzte Posten gewährt ihm in so fern große Vortheile, als er viel Geld unter Händen hat, und daran fehlt es ihm, wenn er mit dem Direkteur in gutem Vernehmen steht, selten. Dies Geld pflegt er dann auf kurze Frist und gegen hohe Interessen unter die Einländer auszuleihen. Der Sekretair, den ich fand, hatte Buchhaltersrang, sonst ist mit diesem Posten nur Unterkaufmannsrang verknüpft.

Außer dem Rathe, oder dem Regierungsrathe, giebt es hier auch noch einen Justizrath, dessen Präsident der Hauptadministrator ist. Dieser Justizhof kann, mit Approbation der Regierung zu Batavia, Todesurtheile sprechen; aber nur innerhalb der Factorey oder auf den Schiffen der Kompagnie dürfen diese Todesurtheile vollzogen werden. Ist ein Todesurtheil gesprochen, so müssen die Akten mit einem Manne nach Batavia gesandt werden, der wenigstens Unterkaufmannsrang hat. Die Mitglieder des Justizrathes sind Unterkaufleute; auch findet man zwey Officiere vom Militair unter denselben; aber diese Stellen sind nicht im mindesten einträglich.

Sie-

Sechster Abschnitt.
Besitzungen der Holländer in Bengalen.

Die eigenthümlichen Besitzungen der Holländer in Bengalen bestehen aus den beyden Dörfern Chinsura und Bernagor; die mohrische Regierung schenkte sie ihnen, oder ließ sie sich vielmehr von ihnen abkaufen. Auch haben die Holländer sogenannte Handelslogen, oder Faktoreyen, zu Calcapur bey Cossimbazar, zu Patna und zu Dacca, so wie eine inländische Wache zu Bellezoor. Ehemals besaßen sie auch eine Faktorey auf Malba für den Seidenhandel, aber diese ist bereits vor vielen Jahren verlassen worden.

Chinsura, in den Büchern der Kompagnie unter dem Nahmen Hugly aufgeführt, liegt an dem westlichen Ufer des Ganges, volle vierzig Stunden von dem Ausfluß desselben bey Inseln, und ohngefähr neunzig Stunden von Patna entfernt. Es ist zum Theil längst dem Strohme hin gebauet; auf der Landseite wird es von hohen Hecken eingeschlossen, und sein Umfang beträgt volle drey Viertelstunden. Es ist höchst unregelmäßig gebaut, und unter den verschiedenen Marktplätzen zeichnet sich der der Wechsler — eine lange breite Strasse — wohl am vortheilhaftesten aus.

Die besten Häuser sind von Steinen gebauet, haben platte Dächer und nur ein Stockwerk, von aussen sind sie mit Kalk beworfen, daher der Ort, im ganzen genommen, ein gutes Ansehen hat.

Beym Bauen nimmt man der weißen Ameisen wegen, so wenig Holz, als möglich; die Ameisen würden das Holz in wenigen Jahren zerfressen. Man findet diese zerstöhrenden Thiere hier in Menge; sie können die En-

ben,

den, oder Köpfe der Balken, welche auf den Mauern liegen, so durchfressen, daß sie, ohne daß man am Aeussern des Balkens das mindeste bemerkt, plötzlich herabstürzen. Die Mittel, die man zu Abwendung dieses Uebels bisher anwandte, waren alle vergebens.

Gläserne Fenster kennt man hier nicht; statt derselben bedient man sich von Schilf *) geflochtener Vorhänge, die in Rahmen gespannet sind; bey der großen Hitze, die hier acht bis neun Monate des Jahres herrscht, kann man das Glas sehr wohl entbehren. Wenn im December und Januar die Nordwinde am stärksten wehen und des Morgens und Abends Kälte herbeyführen, so verschließt man alle nach Norden gehenden Fenster und Thüren, und öfnet dagegen die nach Süden hingelegenen. Die Zimmer sind geräumig, luftig und auswärts mit Gallerien versehen, welche an der Südseite auf Pfeilern ruhen. Die Platte der Dächer und der Boden in den Zimmern, wird von klein gestoßnen Steinen, die man Z u r k. l nennet, verfertigt; man vermischt jene klein gestampften Steine mit Kalkwasser und schlechtem Syrup, und in kurzer Zeit werden sie so hart, als machten sie nur einen einzigen Stein aus. Die platten Dächer besteigt man nach Sonnenuntergang, um die Abendluft zu genießen: auch bringt man zuweilen mit Gesellschaftern einen Theil der Nacht auf denselben hin.

Die Häuser, oder vielmehr die Hütten der armen Bengaler sind meist von Stroh und Lehm; ihr Licht erhalten sie durch die Thür.

Chinsura prangt mit einer schönen Kirche und einem schönen Thurm; jene baute der Direkteur Sichtermann, diesen Herr Wernet, aber es fehlt an einem

*) Binbrottingen.

Stavor. Reisen. K

nem Prediger; ein Küster versieht den Gottesdienst; es liest des Sonntags Morgens eine Predigt vor. Sind Kinder zu taufen, so nimmt man seine Zuflucht zu dem englischen Geistlichen in Calcutta, und der läßt sich denn seine Mühe reichlich bezahlen.

Nicht weit von der Kirche hat Herr Sichterman ein schönes Gebäude aufgeführt, dem er den Nahmen Welgelegen (Wohlgelegen oder Bellevüe) gab. Es liegt dicht am Ganges. Ueber das Wasser hin ragt eine Gallerie hervor, mit zwey Reihen von Pfeilern versehen; auf diesen Pfeilern ruht ein plattes Dach, oder eine Plattform, von welcher herab man ganz Chinsura vor sich siehet; auf der einen Seite reicht der Blick noch über Chanbernagor hinaus und auf der andern noch weiter, als Bandel. Die bey dem Gebäude liegenden Gärten sind durchgehends mit schattenreichen Bäumen bepflanzt.

Die Loge der Kompagnie, welche den Nahmen des Forts Gustav führt, ist auf einer geräumigen Ebene gebauet, etwa dreyßig bis fünf und dreyßig Ruthen vom Flusse. Sie bildet ein länglichtes Viereck. Die längsten Seiten — die nördliche und die südliche — sind über vierzig Ruthen lang, und die kürzeste etwa halb so lang. Das Fort hat drey Thore, eines am Flusse, das zweyte auf der Landseite gegen Norden, das dritte auf der Südseite. Der, über dem Landthore befindlichen Inschrift zufolge, ward dies Fort im Jahr 1656 gebauet. Die Mauern sind von Stein, etwa funfzehn Fuß hoch, aber so sehr verfallen, daß man die auf derselben liegenden Kanonen nicht mehr abfeuern darf. Innerhalb derselben stehen die Packhäuser und die Wohnung des Direkteurs, vielleicht das schönste aller dortigen Häuser.

Um die ankommenden Schiffe begrüßen zu können, hat man eine Batterie von ein und zwanzig Kanonen aufgeführt.

Eine starke Viertelstunde von Chinsura, nach der Seite von Chandernagor hin, wurde unter der Regierung des Herrn Vernet ein großes und schönes Haus gebauet, das man zum Versammlungsort für die Freymaurer bestimmte. Während meines Aufenthalts in Bengalen wurde es vollendet und eingeweihet; man beschloß diese Feyerlichkeit mit einem schönen Feuerwerke und Ball, zu dem die vornehmsten englischen und französischen Herren und Damen eingeladen worden waren. Bey der Einweihung trugen die Damen, deren Männer zu der Brüderschaft gehörten, die Ordenszeichen an einem blauen oder rothen Bande an der linken Brust. Die Damen wissen sich viel damit, diese Zeichen zu tragen, und mächtig plagen die Weiber die Männer, die nicht zum Orden gehören, um sie zum Eintritt zu bewegen. Nicht weniger als dreyßigtausend Rupien kostete der Bau dieses Hauses, dem man den Nahmen Concordia gab, und jene große Summe brachten die Mitglieder der Factorey zu Hugly aus eigenen Mitteln auf.

Hugly, das seinen Nahmen Chinsura leihen mußte, ist ein kleines mohrisches Fort, das eine halbe Stunde höher am Flusse hinauf liegt. Es befindet sich in schlechtem Vertheidigungszustande, und im Innern desselben trift man nichts Sehenswerthes, als die Wohnung des Fausdaar und die Ställe seiner Elephanten an.

Das Comptoir der Kompagnie zu Patna in Bahar dient zum Einkauf des Salpeters und Opiums. Das dortige Oberhaupt, das Kaufmannsrang, und noch einen Unterkaufmann zum Gehülfen hat, kann dem hug-
lischen

lischen Rathe beywohnen, wenn er sich zu Chinsura befindet. Dieser Posten wird nächst der Direkteursstelle, für den einträglichsten gehalten.

Das Comptoir zu Dacca war ehemals fast von gar keiner Bedeutung, aber seit drey Jahren hat man dort wieder angefangen, Kattune fabriciren zu lassen.

Bernagor ist ein Dorf, das der Kompagnie gehört, weshalb dort, wie zu Chinsura, die holländische Flagge weht; aber außer einem Vicefiskal hält die Kompagnie dort keine Bediente. Es liegt am östlichen Ufer des Ganges, zehn oder eilf Stunden unterhalb Chinsura. Hier verfertigt man die gröbsten Sorten von blauen Schnupftüchern. Nicht weit vom Flusse steht ein Haus, das der Kompagnie gehört. Es wird aber nicht bewohnt, sondern dient blos für die Bedienten der Kompagnie zum Absteigequartier; nächstdem ist es auch, wegen einer Menge in demselben sich aufhaltender gutwilliger Mädgen, sehr berüchtigt. Diese Dirnen entrichten dem Fiskal zu Chinsura einen monatlichen Tribut, wogegen sie dieser ihr liederliches Gewerbe im Hause der Kompagnie ganz ungehindert treiben läßt.

Die holländische Besatzung in Bengalen, die nicht über hundert und funfzig Mann stark ist, wird von einem Hauptmann, zwey Lieutenants und einem Fähnrich kommandirt.

Siebenter Abschnitt.
Schluß.

Die Europäer in Bengalen führen ein sehr gemächliches Leben. Die Männer, die fast alle im Dienst der Kompagnie stehen, verwenden nur einen Theil des Morgens auf ihre Amtsgeschäfte, und jeder, der nur etwas Vermögen besitzt, hält sich zum Schreiber, einen Schwarzen, der dafür zwanzig oder fünf und zwanzig Rupien monatlich erhält. Diese Schwarzen sind Abkömmlingen von Portuglesen, mit inländischen Weibern gezeugt; sie verlohren die Farbe der Väter, und bekamen dafür die Farbe der Mütter; nur bey der Religion der Väter blieben sie. Diese Leute schreiben eine gute Hand, und kopiren das Holländische sehr genau, ohne ein Wort davon zu verstehen. Ueberhaupt verrichten sie vieles von dem, was die Europäer hier zu verrichten haben; denn im Grunde geschieht von den letztern nur äusserst wenig. Ist jenes dem Dienste gewidmete Stündchen vorüber; so weiß der Europäer von keiner Arbeit mehr; sondern theilt die ganze übrige Zeit, zwischen Vergnügen und Schlaf, wofern zu diesem letztern die Hitze nicht zu übermäßig groß ist.

Ausser den schwarzen Schreibern findet man bey den mehresten noch einen oder zwey Banianen, die alle Ausgaben und alles was einkömmt, zu Buche bringen, und durch deren Hände auch sowohl beym Einkauf, wie beym Verkauf, alle Geldzahlungen gehen. Ein solcher Banian dient ohne bestimmten Lohn, aber er weiß genau, wie viel von jeder Rupie, die durch seine Hände geht, für ihn abfallen muß, oder er versteht sich, wie man es hier nennet, auf das Costumabo. Endlich findet man auch noch mohrische Diener, welche die Haushaltungsgeschäfgeschäfte besorgen helfen; dergleichen sind die Piotis, die dem Palankin voraufgehen, oder die, wenn der Herr zu Fuß ausgeht, den Schirm tragen, u. s. w.

Jedes Haus hat seinen Thürhüter, der vom Morgen bis zum Abend an der Thür sitzt und sonst nichts zu thun, als auf die Ein- und Ausgehenden acht zu geben hat; ferner einen oder zwey Züge Berras, oder Palankinträger, jeder Zug von sechs Kerln; und dann noch eine große Menge Sklaven und Sklavinnen.

Diese Lebensart führt zu sehr großen Ausgaben. Die Unbedeutendsten bedürfen fünf oder sechstausend Rupien, und bey einer solchen Summe muß doch noch Oekonomie herrschen. Die mehrsten verzehren noch einmahl so viel, wenn gleich ihre eigentlichen Einkünfte nur die Hälfte jener Summe gewähren. Zu diesem Geldaufwande trägt die ausserordentliche Prachtliebe der Frauen vieles bey; doch muß man auch die hohen Preise der Bedürfnisse in Anschlag bringen, die aus Europa kommen. Will der Mann Ruhe und Friede im House haben, so darf es unter andern auch an einem Ueberfluß von Juwelen, kostbaren Kleidern und Silbergeräthe nicht fehlen, und trotz allen diesen Forderungen an die Männer übernehmen die Weiber gleichwohl auch nicht eine häusliche Arbeit; sie lassen alles durch Diener und Sklaven verrichten.

Die Frau eines Europäers steht gewöhnlich um acht oder neun Uhr auf. Der Vormittag wird mit Besuchen bey einer Freundin hingebracht; oder Madam sitzen ganz ruhig mit übereinandergeschlagenen Armen auf dem Kanape statüenmäßig da. Um halb zwey speist man zu Mittag; der Nachmittagsschlaf währt bis halb fünf oder fünf Uhr; nun wird Toilette gemacht, und der Abend nebst einem Theile der Nacht wird in Gesellschaft oder auf einem Balle hingebracht. Die Tanzgesellschaften werden

den vorzüglich während der kalten Jahrszeit häufig angestellt.

Die Kleidung beyder Geschlechter ist gewöhnlich die englische. Das schöne Geschlecht geht der Hitze wegen, mit entblößtem Busen, und gewährt dadurch eben nicht den züchtigsten Anblick. Gegen Fremde sind die hiesigen Damen sehr freundlich, gütig und zuvorkommend; auf eine Zeitlang ist man in der That sehr wohl bey ihnen aufgehoben. Man trift artige Partien, man geht aufs Land, man macht Fahrten auf dem Ganges, oder verkürzt sich die Zeit auf andere Art, aber der damit verbundene Aufwand ist dagegen auch sehr beträchtlich.

Ehemals war der Handel in Bengalen äusserst vortheilhaft für die holländische Kompagnie, allein seit einigen Jahren hat er merklich abgenommen; die seitdem höher gestiegene Macht der Britten in Asien ist sicher die Hauptursache dieser Abnahme, aber anderer Seits ist es eben so sicher, daß Mangel an Rechtschaffenheit unter den Dienern der Kompagnie auch nicht wenig dazu beygetragen hat, den Gewinn von diesem Handel zu vermindern.

Die Waaren, welche von Batavia eingeführt werden, und die von keiner anderen Nation hingeführt werden können, sind Gewürze und japanisches Stangenkupfer. Das Kupfer gewährt den größten Gewinn, weil es durchaus nicht entbehrt werden kann. Gleichwohl betragen die Vortheile vom Verkauf der erwähnten und aller übrigen Waaren, noch nicht die Hälfte der Summe, welche die Ausgaben dieses Comptoirs erfordert; die Ausgaben betragen nemlich volle sechs Tonnen Goldes, der Werth der Anker und Taue, welche die Schiffe auf dem Ganges einbüßen, beträgt allein jährlich dreyßigtausend Gulden.

Das Schiff, das jährlich von Amsterdam direkt nach Bengalen geht, bringt Eisen, Tücher und andere europäische Waaren, die ziemlich guten Abgang haben; besonders ansehnlichen Gewinn aber zieht die Gesellschaft von dem Barren-Silber, das sie einführen und zu Rupien ausmünzen läßt.

Das Kapital, welches die Kompagnie hier jährlich zu ihrem Handel bedarf, soll zwischen vierzig bis funfzig Tonnen Goldes betragen; der größte Theil desselben ist für die Retourladungen nach dem Mutterlande und das übrige für Batavia. Im Jahr 1768 stiegen die Waarenversendungen nach Holland, zu den Einkaufspreißen gerechnet, auf 2,649,510 Gulden und 17 Stüver; sie bestanden in Kattunen, in Seide und Salpeter, welcher letztere zum Ballast der Schiffe diente.

Nach Batavia schickt man mit zwey oder auch wohl mehreren Schiffen Kattune, Opium und Salpeter. Der Salpeter wird zum Theil von Batavia auf den Retourschiffen nach Holland gesandt, und den Rest verbraucht man zu Batavia in den Pulvermühlen.

Von den Gütern, welche von Hugly den Ganges hinauf- oder hinabgehen, bezahlt die Kompagnie gewisse Zölle an den Nabob; und nächst diesem müssen der mohrischen Regierung auch noch Geschenke entrichtet werden; diese letztern mögen etwa zehntausend Gulden betragen. Jene Zölle waren es eben, welche man nicht bezahlt hatte, und worüber dann während meiner Anwesenheit die oben erzählten Unruhen ausbrachen.

Der Handel der Franzosen in Bengalen ist seit dem letzten Kriege tief gesunken. Ihr Hauptort, Chandernagor, so wie das Fort, wurden in diesem Kriege von den Britten gänzlich verwüstet; und in dem Frieden wurde festgesetzt, daß weder das zerstörte Fort wieder aufgeführet, noch irgend ein anders erbauet werden sollte.

Es wurde sogar ausgemacht, die Franzosen sollten ihre Flagge nicht wie die übrigen Nationen, auf ihren Comptoiren an einer hohen Stange, sondern an einem niedrigen Bambus wehen lassen. Und bis dato ist auf die pünktlichste Erfüllung aller dieser Punkte mit Nachdruck gehalten worden. Ein merkwürdiges Beyspiel dieser Strenge gaben uns die Britten noch vor einiger Zeit.

Der französische Gouverneur, Herr Chevalier, hatte nemlich rund um Chandernagor einen tiefen Graben ziehen lassen; hie und da hatte der Graben hervortretende Spitzen und die Erde, die man ausgrub, war nach der innern Seite hin aufgeworfen worden, so daß es fast wie ein Wall, oder wie eine Brustwehr aussah. Herr Chevalier erklärte, diese Arbeit sey in keiner andern Absicht unternommen, als um Chandernagor trocken zu erhalten und das Wasser von der umherliegenden Gegend durch einen Graben in den Fluß zu leiten. Der englische Rath zu Calcutta aber sah den Graben aus einem ganz andern Gesichtspunkt an, ließ das Werk durch einen Ingenieur in der Stille untersuchen, und dieser berichtete, daß man von Seiten der Franzosen etwas ganz anderes, als die Ableitung des Wassers dabey im Sinne habe. Nun erklärte man dem französischen Gouverneur, „er mögte mit der Arbeit nicht weiter fortfahren, und das, was bereits vollendet sey, müsse wieder zugeworfen werden; habe er nur das Wasser ableiten wollen, so sey es unnöthig gewesen, so tief zu graben, es bedürfe dazu keiner hervortretenden Spitzen, und eben so wenig der aufgeworfenen Erde, die Brustwehren gleiche; weigere man sich, das Werk wieder zu planiren, so werde man von Seiten der englischen Regierung für die Zerstörung zu sorgen, nicht verfehlen." Würklich erschien der erwähnte Ingenieur mit achthundert Seapoys, der Graben wurde zugeworfen und alles wie zuvor wieder eben gemacht.

So sehr dies Verfahren dem französischen Gouverneur auch schmerzen mußte, so blieb ihm doch nichts übrig, als nachzugeben, weil er zu schwach war, Gewalt mit Gewalt zu vertreiben. . Auch dürfen die Franzosen nur eine kleine bestimmte Anzahl Kanonen haben, nemlich nicht mehrere, als zum Gruß oder Gegengruß erfordert werden; sollten sie es versuchen, mehrere aufzupflanzen; so würden die Britten sie ihnen wegholen.

Chanbernagor liegt am westlichen Ufer des Ganges, unterm 22sten Grade und 51 Minuten nördlicher Breite, eine kleine Stunde unterhalb Chinsura. Es zieht sich eine starke Viertelstunde und ganz in gerader Linie am Ganges hinab, doch giebt es hinter dieser Linie noch zwey lange und verschiedene Querstraßen mit guten Gebäuden versehen. Die Trümmer des Forts oder des Kastels, das die Britten zerstöhrt haben, liegen am nördlichen Ende des Orts und zeugen noch von der ehemaligen Stärke desselben, dennoch war das Fort nicht stark genug, dem heftigen Feuer der englischen Kriegsschiffe zu widerstehen, die es schnell und ganz und gar in Ruinen verwandelten.

Eine starke Stunde unter Chanbernagor hat der gegenwärtige französische Gouverneur ein schönes Haus an dem Gestade des Ganges aufführen lassen und neben dem Hause befindet sich ein Garten, in dem man eine bezaubernde Aussicht auf den Fluß hat.

Außer Chanbernagor haben die Franzosen noch Faktoreyen zu Cossimbazar, zu Dacca, Malda, Patna und in noch einigen andern Oertern; aber ihr Handel läßt sich im mindesten nicht mit dem Handel der Holländer und Britten vergleichen. Sie lassen ihre Schiffe den Ganges hinauf, bis nach Chanbernagor gehen, und hier hat der Fluß noch hinreichende Tiefe.

Das

Das Hauptcomptoir der Dänen ist zu Seram‑
pur, das am westlichen Ufer des Ganges, auf der Hälf‑
te des Weges von Chinsura nach Calcutta, liegt.
Der Ort ist unbedeutend; er besteht nur aus wenigen
Häusern und aus einem kleinen bengalischen Dorfe. Un‑
ter allen hieher handelnden europäischen Nationen, ma‑
chen die Dänen die wenigsten Geschäfte, denn jährlich kom‑
men aus Dännemark nicht mehr als ein oder zwey Schiffe
hier an. Dennoch wißen die Vorsteher ihres hiesigen
Handels gut für sich zu sorgen. Als ich mich in Benga‑
len befand, gieng der damahlige dänische Gouverneur oder
Direkteur, mit einem Vermögen von drey Lak Rupien,
oder viermalhundert und funfzigtausend Gulden nach sei‑
nem Vaterlande zurück!

Endlich halten sich auch noch Perser, Armenier und
verschiedene andere Morgenländer des Handels wegen in
Bengalen auf und machen ganz vortheilhafte Geschäfte.

Und in der That, dies Land ist in sehr vielen Hin‑
sichten ganz dazu geschaffen, einen ausgebreiteten Han‑
del zu treiben. Welche ungeheure Schätze ströhmten
nicht von Bengalen nach Europa! und welche unsägliche
Vortheile könnte nicht ein Land den Europäern gewähren,
das so fruchtbar ist, und dem die umherliegenden Völ‑
ker so viele Waaren von einer Gattung zuführen, die in
allen übrigen Ländern so häufig gefordert und verbraucht
werden, mit einem Wort, Waaren, die durch Gewohn‑
heit und durch Luxus nunmehro zu Bedürfnißen geworden
sind.

Es bedarf indeß nur eines geringen Grades von
Aufmerksamkeit, um überall, wo dieser Fall eintritt,
wahrzunehmen, daß nichts die Kraft des Geistes, den
Muth, ja selbst die Gesundheit und die Bevölkerung
so sehr lähmt und schwächt, als Kränkungen, Unge‑
rechtigkeit und Räubereyen, oder mit einem Wort, als
Tyran‑

Tyranney. Bey einer sclavischen Beherrschung wird der Mensch physisch und moralisch schlechter. Um wie viel klüger, verständiger und vernünftiger würde das Volk seyn, wenn man es, statt es zu unterdrücken, auf alle Art aufmunterte und ihm Gelegenheit verschafte, seine Geschicklichkeit und seine Kenntnisse sowohl im Landbau, als in den Werkstätten zu vermehren. Oder heißt das etwa den Fleiß anspornen, wenn man dem Arbeiter einen Lohn giebt, der kaum zum Ankauf seiner nothwendigsten Bedürfnisse hinreicht; und bey dem das Leben alles wünschenswerthe verliehrt? Heißt das den Fleis beleben, wenn die arbeitende Klasse des Volks aller Schmach, aller Verachtung und allen Mishandlungen ihrer stolzen und übermüthigen Beherrscher Preis gegeben wird?

Und was sind es denn nun für Vortheile, die der hieher handelnde Europäer aus diesen Ländern, und von dem Schweiß und dem Blute ihrer unglücklichen Bewohner einärndtet? Keine andere, als die je länger, desto mehr überhandnehmende Verschlimmerung der Sitten! Die großen Einkünfte, welche aus einer Hand in die andere gehen, und nach und nach unvermerkt vermindert werden, nehmen in den Schatzkammern der Aktionäre nur einen äußerst kleinen Raum ein!

Drittes Buch.
Von der Insel Java.

Erster Abschnitt.
Javas Lage, Grenzen und Eintheilung.

Die Insel Java gehört zu den größten Inseln des östlichen Indiens. Sie liegt zwischen dem 6ten und 9ten Grad südlicher Breite und zwischen dem 120sten und 130sten Grad der Länge; ihre Länge beträgt also gegen hundert und fünf und sechzig Meilen.*)

Im Süden und Westen bespühlt die grosse Südsee die Gestade dieser Insel; im Nordwesten derselben liegt die Insel Sumatra, im Norden Borneo, im Nordosten Celebes und im Osten das Eiland Bály, das durch eine enge Straße, die eben diesen Nahmen führt, von Java geschieden ist.

Derjenige Arm der See, welcher Java von Sumatra trennt, ist unter dem Nahmen der Straße von Sunda bekannt; die Länge dieser Straße beträgt auf der

---

*) Die Angaben über die Lage der Insel sind sehr verschieden. Die Länge der Insel ist zu 200 und 180 und in einigen Gegenden nur auf 40 Meilen, so wie die Breite auf 30 bis 40 angegeben. Voyage to the East Indies London 1762. Raynal I. 281. und Batavia I. 38. Hupfer in seiner Beknopt. Besch. giebt die Länge auf 140 und die Breite auf 20 bis 30 Meilen an. L.

der Seite Sumatras vom Anfang der Fläche gerechnet bis zum Vorkenshök, funfzehn deutsche, und auf der Seite von Java, von der ersten Spitze bis an die Spitze von Bantam, volle zwanzig Meilen.

Vornan in dieser Straße liegt die Prinzeninsel, ohngefehr anderthalb Meilen von der javaschen, und volle sechs Meilen von der sumatraschen Küste entfernt. Die Insel ist nicht groß, sie hat nur vier Meilen im Umfange und ist flach, aber doch, vermittelst zweyer Hügel, von welchen der eine auf dem östlichen Ende und der andere mehr südwärts liegt, in ziemlicher Entfernung wahrzunehmen; besonders früh zeigt sich der östliche Hügel, der denn auch deswegen von den Seefahrern der hohe Hügel genannt wird.

Auf der Südwestseite läuft vom Prinzeneilande ein Felsenryf, der Karte zufolge, wohl anderthalb Meilen weit in die See; für dieses Ryf müssen sich die Schiffer, welche die sogenannte behouden Passage wählen, wohl in acht nehmen. Sonst ist die Insel, ihrer ewig grünen Bäume wegen, im Vorüberfahren sehr anmuthig anzusehen, auch ist sie von Javanern bewohnt, die sich vom Fischfange ernähren.

Weil dies Eiland in der Mündung der Straße liegt, so werden dadurch zwey Ein- oder Ausfahrten formirt. Den Weg zwischen der Prinzeninsel und Java nennt man die behouden Passage, und diesen wählen gewöhnlich die ankommenden Schiffe, welche während der südöstlichen Mousson in die Straße fahren wollen; man nimmt diesen Weg, um dicht an der Küste Javas bald Ankergrund zu bekommen, und um nicht Gefahr zu laufen, von den Ströhmungen, die um diese Zeit besonders heftig sind, wieder in See getrieben zu werden. Die andere Passage, von den Seeleuten das große Loch genannt, wird auch wohl gewählt, wenn man in der

Süd-

Südost-Mousson in der Straße einlaufen will, aber diese Fahrt ist mit unsäglicher Mühe verbunden, weil man unabläßig gegen südöstliche Winde und Ströhmungen kämpfen muß. Es ist gar nichts seltenes, daß ein Schiff zur Zurücklegung einer Strecke fünf bis sechs Wochen bedarf, die zur Zeit der West-Mousson, füglich in zweymal vier und zwanzig Stunden zurückgelegt wird.

Fährt man auf diesem Wege in die Straße, so seegelt man, auf der Seite von Sumatra, dicht an der flachen, niedrigen und mit grünen Bäumen bedeckten Landspitze hin, jenseits welcher das himmelhohe Gebürge von Sumatra gemach emporsteigt; etwas weiter vorwärts zeigt sich das Kayserseiland, das einen hohen, spitz zulaufenden Berg bildet; und noch ferner hin erblickt man die Eilande Kraketouw, Slijbjee und Poele Bicle oder Yzer Eiland, alle in lachendes Grün gekleidet und mit hohen Gebürgen versehen. Nicht minder schön ist auch der Anblick auf der andern Seite, nach dem Gestade von Java hin; die Aussicht gewinnt, je weiter man kömmt; die Waldungen von Kokusbäumen und die Reisfelder im Hintergrunde verkündigen, so bald man sich dem Gestade Java's nähert, die Fruchtbarkeit der Insel, deren Boden sie zieren, und was an der Seite Sumatras fehlt, trift man hier, nemlich guten Ankergrund.

Zwölf oder dreyzehn Meilen von der Prinzeninsel liegt, gerade da, wo die Straße am engsten ist, dem Warkenshök auf Sumatra gegenüber, und mitten in dem Fahrwasser, ein Eiland, das sehr richtig Dwars in de Weg (quer über den Weg) genannt wird. Es ist klein und niedrig, von Ryfen umgeben, und wie alle Eilande in diesen Meeren, dicht mit Bäumen besetzt, aber so viel ich weiß, unbewohnt.

Dieser Insel gegenüber hat man den Busen von Anjer; dort ankern gewöhnlich die aus der Straße sahfahrenden Schiffe, um noch einmahl Waſſer einzunehmen; dies liefert ein kleiner Fluß, der vom Gebürge herabkömmt und hier bey einem kleinen Kokusgebüſche ins Meer fällt. Eben daſelbſt liegt ein javaniſches Dorf, das zum Gebiet des Königs von Bantam gehört; einige Reiſebeſchreiber rechnen dies Dorf zu den großen Städten von Java, da es doch von allem, was zu einer Stadt gehört, nicht das mindeſte an ſich hat.

Die holländiſch-oſtindiſche Kompagnie eignet ſich über die Straße Sunda die völlige Oberherrſchaft zu, und dieſe wird auch von allen fremden Mächten anerkannt; die Kompagnie fordert daher den Gruß und hält ſich für berechtigt, dieſe Paſſage allen fremden Schiffen zu verſchließen; doch macht ſie keinen Gebrauch von dieſem Rechte. Sie leitet ihre Oberherrſchaft aus dem Grunde her, daß die Länder auf beyden Seiten der Straße der Kompagnie zinsbar ſind.

Von Anjer bis an die Spitze von Bantam ſieht man durchgehends hohes Gebürge mit einem gegen die See niedriger herablaufenden Vorlande. Hat man jene Spitze, die den nördlichſten Theil der Inſel ausmacht, umfahren, ſo kommt man auf dem Meerbuſen zu, an deſſen innerſten Bucht die Stadt Bantam liegt.

Von der Spitze von Pontangh, die den bantamiſchen Meerbuſen auf der Oſtſeite, wie jene auf der Weſtſeite einſchließt, iſt die Küſte überall ſehr niedrig, landeinwärts aber erheben ſich hohe Gebürge, unter welchen ſich der blaue Berg durch ſeine Höhe auszeichnet; dieſer Berg ſoll ehemals ein Vulcan geweſen ſeyn; ohnerachtet er tief im Lande, auf der Südſeite liegt, ſo ſieht man ihn doch ſchon vor Bantam.*)

Von

*) Sieben Meilen hinter Batavia erhebt ſich das blaue Gebürge; es beginnt in Oſten, im Cheriboſchen, geht vermittelſt der Gebürge Gede und Salak im Süden fort.

Von hier bis zu der Rhede von Batavia genießt der Seefahrer die herrlichsten Prospekte; eine Menge kleiner, mit ewigem Grün prangender Eilande liegen vor ihm im Meer da, wie hingesäet. Ueberall trift man guten Ankergrund, und wenn es auch viele Klippen hier giebt, die zehn bis achtzehn Fuß tief unter Wasser liegen, und den Schiffen sehr gefährlich werden können, so ist doch von Seiten der Regierung alles geschehen, um Unglücksfällen vorzubeugen; es sind nemlich zur Warnung, Tonnen ausgelegt und Pfäle aufgerichtet.

Die Rhede von Batavia gilt mit Recht eine der besten in der bekannten Welt, sowohl in Hinsicht auf den Anker-

fort, und endigt sich mit dem bantamschen Pfefferberg. Der Gebé und Salak sind sehr hoch und machen die Scheidung der Flüsse, so daß der Tjitaron, Tjiliou und Sidoni vordwärts durch die Bay von Batavia, und südwärts, der Tjimanderie durch die Bay der Mynkoops-Berge in die See sich ergießen. Hell ist dies Gebürge fast nur nach starken Regengüssen. Der Gebé zieht sich nach Norden und Süden; der südliche Zweig ist das Kendangsche Gebürge und der nördliche der Megmedon.

In den Gebürgen von Java giebt es auch feuerspeyende Berge; zu diesen gehört der Megmedon; er raucht gewöhnlich und zuweilen wirft er auch Asche aus. Im Jahr 1761 fiel in einer Nacht drey Finger hoch Asche. Java hat mehrere sehr starke Erdbeben gehabt. Das am 4. Jan. 1699 erfolgte, war so heftig, daß der Tjiliou in einigen Gegenden einen ganz anderen Lauf erhielt, und selten geht ein Frühjahr ohne leichte Erderschütterungen vorüber. Eines der stärksten Erdbeben in den neuern Zeiten war das Erdbeben am 22. Jan. 1780. Batavia I. 113. u. 114. u. Verhandel. d. Bat. Gen. I. 20. 21. II. 58. u. III. p. 428. sq.

Valentyn giebt die Entfernung Batavias vom blauen Gebürge unrichtig auf zwölf bis vierzehn Meilen an. Valentyn T. V. p. 229. L.

Stavor. Reisen. L

Ankergrund, als auch auf die Sicherheit, und die Menge der Schiffe, die dort liegen können. Obgleich diese Rhede von Nordwesten bis Ostnordost und Osten hin offen liegt, so ist das Wasser doch immer ruhig und spiegelglatt, weil die vielen Eilande, womit die Bay auf jener Seite umgeben ist, die Wogen der See abhalten. *)

Die ganze Insel ist gegenwärtig in fünf Herrschaften vertheilt, welche der Kompagnie ganz oder zum Theil unterworfen sind. **)

Die erste dieser Herrschaften, von Westen an gerechnet, ist das Königreich Bantam. Dies Reich hat seinen eigenen König, der über Leben und Tod seiner Unterthanen unumschränkt gebietet, aber doch der Kompagnie zinsbar ist; als Tribut muß er jährlich hundert Bhaar oder 37500 Pfund Pfeffer liefern, und ist noch überdem verpflichtet, keinen Pfeffer und kein anderes Produkt, das in seinen Staaten gewonnen wird, an fremde Nationen zu verkaufen ***); sondern alles der Kom-

*) Die Bay von Batavia ist würklich eine der besten. In allen Jahreszeiten können die Schiffe sicher in derselben ankern, indem sie von siebzehn bis achtzehn kleinen Eilanden gedeckt ist. Im Jahr 1713 tobte zwar ein so heftiger Sturm, daß beynahe alle Schiffe von ihren Ankern trieben, und ein Schiff umschlug; aber dieser Sturm war der einzige, den man in einem Jahrhunderte erlebt hatte. Vom Tangerang an, bis an die Spitze Carawang berechnet Valentyn die Länge der Bay auf sechs Meilen, und ihre Tiefe beträgt nach seiner Angabe zwey Meilen; gegen tausend Schiffe können in derselben vor Anker liegen. Valentyn L. 7. u. 230. Batavia I. 113. u. Verhand. I. 42. L.

**) Einen beträchtlichen Theil der Insel besitzen die Holländer unmittelbar, und die Fürsten der Insel stehen unter ihrer Oberherrschaft. L.

***) Bantam ist nur ein kleines, mit mehr nicht als 50000 Einwohnern bevölkertes Reich. Für jedes Pfund
Pfeffer

Kompagnie für beſtimmte Preiſe zu liefern. Dieſe Verbindlichkeit erſtreckt ſich auch auf ſeine ſogenannten eroberten Länder. *) Nicht einmahl ſeinen Nachfolger darf der König wählen, ſondern die Kompagnie wählt ihn aus der Familie des Königs. Noch ohnlängſt im Jahr 1767, fand eine ſolche Ernennung ſtatt, und man ſagte es dem ernannten Kronkandidaten ganz ausdrücklich, er habe die nun ihn einſt erwartende Krone lediglich der Kompagnie zu verdanken; man verſehe ſich daher zu ihm, daß er ſich bey allen vorkommenden Gelegenheiten redlich und dankbar gegen ſeine Wohlthäter bezeigen, und ihren Befehlen ſchuldigen Gehorſam leiſten werde. **)

L 2 Das

Pfeffer werden zwey und ein halber Stüver bezahlt, und gegen drey Millionen Pfund werden jährlich geliefert. Die Nordſeite dieſes Landes ſoll zwey und zwanzig Meilen lang ſeyn. Valentyn I. Batavia I. 3. u. Huyſer p. 131. u. f. L.

*) Die eroberten Länder liegen auf der Inſel Borneo und Sumatra, und beyde liefern vielen Pfeffer.

**) Die Rede, welche Herr van Offenberg, Rath von Indien, bey der Ernennung des künftigen Thronfolgers im Jahr 1767 hielt, iſt würklich ſehr merkwürdig. Sie lautet nach Herrn St. Ueberſetzung — ſie wurde in malayſcher Sprache gehalten — folgendermaaßen. „De Heer Gouverneur Generaal en de Weledele Heeren Raaden v. Nederlands Indie goedgevonden, en verſtaan hebbende om my te benoemen tot Commiſſaris Plenipotentiaris aan het Bantamſche Hof, ten einde, op verzoek van den Koning, deszelfs oudſten zoon, Pangorang (oder Prinz) Guſti, aan en voor te ſtellen tot Kroonprins en opvolger van het Bantamſche Ryk: en daar thans dit aangenaame tijdſtip gekomen is, ſoo ſtelle ik Commiſſaris, uit naam en van wegens de Generaale Nederlandſche Maatſchappy bovengemelden Pangorang aan, onder den Titel van Abdul Moſagir

Mocha-

Das zweyte Reich auf der Insel ist Jaccatra; auf der Westseite stößt es an Bantam, und im Osten an das Reich Cheribon *). Jaccatra hatte ehemahls seine eigenen Könige; der letzte dieser Könige wurde von den Truppen der Kompagnie im Jahr 1619 besiegt, und sein Reich für eine holländische Besitzung erklärt, daher alle jaccatrasche Javaner jetzt gebohrne Unterthanen der Kompagnie sind. Vor dieser Revolution war Jaccatra die Hauptstadt dieses Reichs, jetzt ist es Batavia, das dicht neben den Trümmern von Jaccatra erbauet wurde.

Das dritte Reich heißt Cheribon oder t'Sjeribon; jetzt wird es von drey Fürsten regiert, von welchen
jeder

Mochamed Ali Joudeen, tot Pangorang Ratoe of Kroonprins en Kroons opvolger van het gansche Ryk van Bantam.

De Commissaris verwacht, dat genoemde Pangorang Ratoe, deze aanzienlyke verheffing steeds zal aanmerken als eene byzondere gunst en weldaad, die de Edele Compagnie op dit oogenblik aan hem bewyst, van hem aan te neemen tot een Kleinzoon van de Ned. Oost. Maatschappy: mitsgaders dat hy voor daan, by alle gelegenheden, en ten allen tyden zich oprecht en dankbaar gedragen zal, door een loffelyk bestaan en wandel, gehoorzamende de bevelen van de Edel Compagnie en van zynen Heer Vader, geduurende zyn gansche leven."

Der König, der Vater des Prinzen, alle Großen des Reichs und viele Bediente der Kompagnie, die von Java gekommen waren, wohnten dieser Feyerlichkeit bey.

*) Jacatra oder Jaccatra hat im N. und S. das Meer. Ost- und Westwärts dehnt es sich sechzehn, und Nord- und Südwärts dreyßig teutsche Meilen weit aus. Die Volksmenge soll über 230,000 Seelen betragen. Verhandel. d. B. G. I. 19. L.

jeder in seinem Distrikt als Souverain, unabhängig von der Kompagnie herrscht; doch sind auch diese Herren gleich dem Könige von Bantam, verpflichtet, alle Producte ihres Landes der Kompagnie zu liefern, keine fremde Nation in ihren Häfen aufzunehmen, weshalb auch die Kompagnie in allen an der See gelegenen Orten dieses Reiches Besatzungen hält. Würklich würden diese Fürsten nicht nur dem Nahmen, sondern auch der That nach, souveraine Herren seyn, wenn nicht die Lage ihrer Länder zwischen Jaccatra und dem von der Kompagnie abhängigen Reiche des Susuhunams, oder des Kaysers von Java, sie zwünge, ganz so zu handeln, als die Kompagnie es haben will; geschieht dies nicht, so wird der Widerspenstige abgesetzt und die Regierung einem andern übertragen. Ein Beyspiel dieser Art erlebte man im Jahr 1769; damahls ward nehmlich einer dieser Prinzen, weil er nicht gut mit seinen Unterthanen umgieng, auf Befehl des hohen Indischen Raths arretirt, nach dem Fort Victoria auf der Insel Ambon gebracht, und sein Land einem andern Prinzen gegeben; indeß mußte dieser sich anheischig machen, seinem Vorgänger eine gewisse Summe Geldes zu seinem Unterhalte auszuzahlen. *)

Das

*) Dies Land, deren Beherrscher sich 1680 den Holländern unterwarfen, ist seiner Fruchtbarkeit wegen sehr wichtig für die Kompagnie. Es liefert viele der Waaren, welche in Asien consumirt werden, und in den Handel mit Europa kommen. Es liefert wenigstens jährlich 1000 Lasten Reis und eine Million Pfund Zucker, den Reis das Pfund für einen und einen halben, den Zucker für zwey Stüver. Europa erhält von demselben sicher 30000 Pfund baumwollen Garn (das Pfund zu vierzehn Stüver) 10,000 Pfund Indigo (zu einen Gl. zehn St.) und 1,200,000 Pf. Kaffee, (zu zwey St. zwey Pf.) doch wurde von dem letzten Artickel im Jahr 1778 nur eine Mil-

Das vierte Reich ist das Reich des Susuhunams, oder Kaysers von Java, welches auch oft nach
der Residenz Susuhunam mataram genannt wird.
Dieses Reich begrif ehemals den größten Theil der Insel Java, auch das Reich Cheribon gehörte dazu,
und damahls war das Kayserthum ein sehr mächtiger
Staat; aber seitdem die Holländer auf Java sich niederließen, verlohr es nach und nach viel von seinem
Glanze. Indeß blieb es ungetheilt, bis, um die Mitte
des jetzigen Jahrhunderts, der Kayser, durch die Em-
pörung eines Manko Boeni, oder eines Prinzen von
seiner Familie, so in's Gedränge kam, daß er sein Reich
der Kompagnie übergab; die Hälfte desselben gab ihm
die Kompagnie, als Lehen zurück, und versprach dabey
den Kayser zu schützen, und keinem die Krone zu ertheil-
len, der nicht von seiner Familie wäre.

Die andre Hälfte des Reichs wurde dann, gleichfalls als Lehen, dem erwähnten Manko Boeni gegeben; man legte ihm den Sultanstitel bey, und versicherte ihn nicht nur dabey zu schützen, sondern man versprach
ihm auch, daß nur seine Nachkommen ihm auf dem
Throne folgen sollten. Die Besitzungen dieses Sultans
machen das fünfte Reich auf der Insel Java aus. *)

Man

Million Pf. von der Kompagnie verkauft. Ueberdem
reichen die Revenüen des Landes nicht nur, die Ausgaben
zu bestreiten, sondern diese werden von jenen um die Hälfte übertroffen. Huyser p. 129. u. f. und Staat der
Generale Nederl. Compagnie, Amsterdam
1792. T. I. p. 195. 6. L.

*) Javas Ostküste, die Provinz Samarang, das Reich
Mataram und das Reich des Kaisers von Java, sind
die verschiedenen Nahmen, die man diesem Lande giebt,
zu dem auch die Insel Madura gezogen wird. Ein
Land von 1450 Quadratmeilen. Jetzt besteht es ohne
Madu-

Man könnte noch ein sechstes Reich aufführen, das zwar nicht einen Theil der Insel ausmacht, aber auch nicht fern von derselben liegt, nehmlich das Eiland und Fürstenthum Mabura, welches ein schmaler Arm des Meers

Mabura aus drey Theilen, nehmlich aus dem Küstenlande, das Eigenthum der Holländer ist, aus dem Reiche des Susuhunang, oder des Kaysers von Java, und aus dem Reiche des Sultans oder Königs. Es grenzt das Ganze mit Cheribon zusammen und erstreckt sich bis an die östliche oder äusserste Grenze Javas.

Das Land liefert mehrere sehr schätzbare Handelsproducte, und unter andern auch Holz. In dem darin belegenen Seeort, Rembang, hat die Kompagnie ein Schiffswerft anlegen lassen, auf welchem alle Jahre ein Schiff von hundert Fuß und zwey bis drey kleinere Fahrzeuge gebauet werden.

Die Stadt Samarang, drey und funfzig Meilen von Batavia entfernt, ist eigentlich nur ein offener Ort, der aber eine Meile im Umkreis hat, und von 20,000 Familien bewohnt wird. Die Stadt Tagal an der Cheribonschen Grenze ist auch sehr bedeutend; dort zählt man 8000 Familien. Jawana hat 40,000 Einwohner. Und überhaupt ist dies Reich sehr bevölkert, vorzüglich im Innern; man trift Gegenden so voller Dörfer, daß diese kaum eine halbe Stunde weit von einander liegen, und daß man auf einem Striche von vier bis fünf Meilen in die Runde über funfzig Dörfer zählen kann, die von 10,000 Familien bewohnt werden. Dörfer, deren jedes 2000 Seelen zählt, sind nicht selten, und auch das Gebürge Ongaran hat wohl achtzig Dörfer. Dieser Grad der Bevölkerung macht es begreiflich, wie dies Reich so lange her ein Kriegsschauplatz seyn konnte, wie noch das gerettet werden konnte, was man rettete, und wie sehr gegründet die Freude der Holländer war, als sie im Jahr 1788 in Ruhe und Friede den erledigten Thron von Samarang ganz ihren Wünschen gemäß wieder besetzt hatten. Raynal I. 279. Batavia L 18. Hupfer 125 u. f. und Nederl. Jaarboek. T. XXIV. p. 575. u. 576. u. 803 — 806. *L.*

Meers von Java scheidet. Ein Fürst, den man Prinz nennet, beherrscht diese Insel; auch er ist Lehnsträger, und der Kompagnie unterworfen, die auch seinen Nachfolger ernennet.

Alle diese Fürsten sind verbunden, die sämtlichen Produkte ihrer Länder einzig der Kompagnie zu überlassen, und keiner derselben darf Traktaten mit fremden Mächten schließen. Die Kompagnie hält mit Strenge auf die Beobachtung jener Verpflichtungen, und bey der Menge von Orten, die sie längst der ganzen Nordküste mit Mannschaft besetzt hat, müssen die Lehnsträger wohl ihr Wort halten.

Vereinigten sich die Fürsten gegen die Holländer, so würden sicher diese sehr schlimm fahren; aber gegen eine solche Vereinigung sind sie durch die Erbitterung und den Neid gesichert, der unter jenen Fürsten herrscht, und den die Holländer, wo nicht anfachen, doch auch im mindesten nicht zu mildern bemüht sind. Unter der Hand suchen sie ihn vielmehr zu unterhalten, und bey dieser Politik sind sie sicher, daß irgend ein Plan, den einer oder der andere dieser Herren, gegen die Kompagnie etwa schmieden möchte, nicht unentdeckt und unverrathen bleibt.

Eben dieser Politik war es gemäß, daß Java in zwey Staaten getheilt wurde; stand das Ganze unter einem Herrn, so war dieser für die Kompagnie allzumächtig; ward es aber, so wie jetzt der Fall ist, unter zwey sich gegenseitig unversöhnlich hassende Fürsten getheilt, so konnten beyde leicht in der Unterwürfigkeit erhalten werden. *)

Zwey-

*) Schon jetzt betragen die Ausgaben zur Unterhaltung des Landes in der Unterwürfigkeit sehr große Summen. In Samarang steigt die Zahl des holländischen Militairs auf 1365 Köpfe. L.

Zwenter Abschnitt.
Javas natürliche Beschaffenheit.

Java liegt südwärts vom Aequator in einem Erdstrich, der nach der Meinung der Alten, einer schrecklichen, alles versengenden Hitze wegen, unbewohnt seyn und bleiben müsse. Die Erfahrung späterer Jahrhunderte lehrte aber, daß die dort gelegenen Länder im mindesten nicht denen in einem minder heißen Clima vorhandenen nachstehen, sondern eine eben so große Zahl Menschen zu ernähren im Stande sind, als die besten Länder in der gemäsigten Zone; sobald nur der Boden gehörig bearbeitet ist.

In der That pflegt man noch ziemlich allgemein dafür zu halten, daß die Hitze hier unerträglich seyn müsse, weil diese Länder zweymal im Jahre die Sonne gerade über sich haben, und die Sonnenstrahlen fast immer senkrecht empfangen. Allerdings würde die Hitze nicht auszustehen seyn, wenn sie nicht durch erfrischende Land- und Seewinde, die hier abwechselnd das ganze Jahr hindurch wehen, um vieles gemäßigt würde. Hiezu kommt noch, daß hier die Sonne das ganze Jahr hindurch, bis auf wenige Minuten Unterschied, immer um sechs Uhr auf und um sechs Uhr wieder untergeht. Die Nächte sind also lang und kühlen die Luft so sehr ab, daß zwey Stunden vor Sonnenaufgang es mehr kalt, als warm ist, wenigstens finden alle diejenigen es kalt, die sich hier einige Zeit aufgehalten haben.

Vom Julius bis November stand der Fahrenheitische Thermometer, bey der größten Tageshitze zwischen 84 und 90 Grad; nur an einem einzigen Tage stieg es bis auf 92 Grad, und bey der größten Kälte in der Morgenstunde fiel es selten unter 76 Grad. Dies sind die Angaben meines Thermometers in Batavia, wo er in freyer Luft im Schatten hing. Selbst der Barometer zeigt wenig oder gar keine Veränderung. Nach den Beobachtungen des Predigers Mohr, der ihn täglich observirte, steht er das ganze Jahr hindurch auf 29 Zoll 10 Linien. *)

Die Wärme nimmt sehr ab, wenn man sich dem Gebürge nähert, das auf der Südseite der Insel liegt. Viele glaubwürdige Leute versicherten mich, daß auf dem Landsitze Bultenzorg, am Fuße des blauen Gebürges, volle sechzehn Stunden südwärts von Batavia, die Kälte des Morgens so groß sey, daß man nicht nur warmer Kleider bedürfe, sondern auch kaum in Wintertracht ausdauern könne.

Die erwähnten Land- und Seewinde wehen durchaus alle Tage. Der Seewind erhebt sich Vormittags um eilf oder zwölf Uhr; während der Ost-Mousson kommt er aus Ostnordost und Norden, und in der West-Mousson weht er aus Nordwesten. Er wird immer stärker bis zum Abend hin, dann nimmt er allmählig wieder ab und legt sich ganz um acht oder neun Uhr. Der Landwind erhebt sich um Mitternacht, oder kurz vor Mitternacht, und legt sich eine oder zwey Stunden nach Sonnen-

*) Auch nach den neuern Beobachtungen findet sich der angegebene Stand des Barometers. Nach eben diesen Beobachtungen glaubte man behaupten zu können, daß der Fahr. Thermometer in Batavia auf 70 bis 74 Grad des Nachts, und am Mittag auf 84 Grad gewöhnlich zu stehen pflegt; in den obern Gegenden steht aber derselbe zuweilen des Morgens auf 59 Grad und des Nachmittags auf 92. Mehrere Beobachtungen der Art finden sich in den Verhand. d. Bat. Genotsch. I. 43. sq. II. p. 65. sq. und in den Verh. der Haarlemm. G. L. p. 32. und 73r. II. 431. sq. VI. p. 9. sq. L.

nenaufgang; dann pflegt gewöhnlich Stille einzutreten und diese dauert bis zu der gewöhnlichen Stunde der Seewind wieder zu wehen beginnt.

Das Jahr wird hier in zwey Perioden eingetheilt, in die Ost-Mousson nehmlich, oder in die trockne Zeit, und in die West-Mousson, oder die Regenzeit. Das Wort Mousson kömmt von dem malayischen Wort Moussim, das so viel als Jahrszeit bedeutet. *)

Die Ost- oder gute Mousson fängt mit dem April und May an und schließt sich mit Ausgang Septembers oder im Anfang des Octobers. Während derselben wehen die Winde, vier oder fünf Meilen vom Gestade und das ganze indische Meer hindurch südwärts von der Linie, aus Südost oder Ostsüdosten; auch drehen sie sich wohl nach Südsüdosten; dann hat man angenehmes trocknes Wetter mit heiterm Himmel.

Der West-Mousson, oder die schlechte Jahrszeit tritt gewöhnlich mit Ausgang Novembers oder mit dem December ein. Der periodische Westwind wird immer stärker, weht zuweilen äußerst heftig und bringt anhaltende Platzregen mit. Dies ist die ungesunde Jahrszeit, in der die größte Sterblichkeit herrscht.**) Jener Westwind

---

*) Man sehe Valentyn Beschr. v. Oost. Indie VII. p. 136.

**) Java hat ein gesundes Klima und die Hitze ist selbst nicht in Batavia während der heißen Jahrszeit so unerträglich, als häufig genug geglaubt wird. Von neun Uhr Morgens bis fünf Uhr Nachmittags, hat man, so lange jene Periode dauert, in der Hauptstadt des östlichen Indiens der Holländer, allerdings große Hitze, aber so erstickend, so beängstigend, wie in Holland, ist diese Hitze doch nicht, und gleich nach fünf Uhr wird es so gemäßigt, als man nur wünschen kann. Die langen, die Luft so glücklich kühlenden Nächte sind oft so kalt, daß
sie,

wind hält bis zum Ausgang des Februars oder bis zum Anfang des März an, und dann wird er und bleibt unveränderlich bis zum April, in welchem Monate die Ostwinde wieder anfangen. Eben deswegen werden jene Monate, so wie der Oktober und ein Theil des Novembers, Kentermonate genannt, und diese Kenterzeiten hält man in Batavia für die allerungesundesten im ganzen Jahre.*)

Merkwürdig ist es, daß, wenn die Westwinde bis zum neunten oder zehnten Grad südwärts der Linie hin wehen, zu eben der Zeit der entgegengesetzte Wind bis zum

sie, vorzüglich bey dem starken Thau, leicht der Gesundheit nachtheilig werden können: Nur durch seine verpestete Luft ist Batavia zum Wohnsitz des Todes geworden, ehemals wurde es zu den gesundesten Städten des östlichen Indiens gezählt. Der größere Theil der nach Batavia kommenden Europäer stirbt, wenn auch nicht im ersten Monat, doch im ersten oder zweyten Jahre; und Cook, der Hoffnung hatte, von seiner ersten Reise fast alle seine Gefährten zurückzubringen, hätte er Batavia vermieden, verlohr hier den vierten Theil seiner Leute. Batavias Gräben, die ehemals voll Wasser waren, haben ihr Wasser verlohren, trocknen nun oft ganz aus, und die stinkenden, daraus aufsteigenden Dünste verpesten die sonst so gesunde Luft gänzlich. Die Monathe, in welchen die größte Sterblichkeit herrscht, werden verschieden angegeben, und Batavias Mortalitätslisten sind bey weitem nicht befriedigend gnug, um die wahre Angabe heraus zu finden. Valentyn V. 230. Verh. d. B. G. I. 43. Briefe aus Ostindien Basel 1786. den vier und dreyßigsten Brief. Cooks dritte Entdeckungsreise L S. 37. Blighs Voyage to the Southsea London 1792. p. 258. und 259. und Allgem. Litt. Magaz. 1794. N. VII. p. 619. L.

*) Kentermonate von Kentern. umdrehen, umwenden, verändern.

zum neunten oder zehnten Grad nordwärts der Linie herrscht, bergestalt, daß wenn man hier Westwinde hat, im Süden der Linie Ostwinde wehen.

Seit einigen Jahren hat man auch zu Batavia bemerkt, daß der Anfang der Moussons sehr unregelmäßig geworden ist, so, daß man auf den Anfang und das Ende derselben nicht mehr mit der bisherigen Sicherheit rechnen könne; die Ursach dieser Veränderung aber hat man bis jetzt noch nicht ausfindig gemacht.

Donnerwetter sind zu Batavia sehr häufig, und Wetterleuchten hat man, besonders gegen das Ende der Mousson, alle Abende; gewöhnlich ziehen indeß die Gewitter vorüber, ohne zu schaden.

Flüsse, die von Fahrzeugen mittlerer Größe befahren werden könnten, hat die Insel Java nicht, aber wohl viele kleine, die vom Gebürge nordwärts hinabströmen, und längst der Nordküste in das Meer sich ergießen. Gewöhnlich sind sie an den Mündungen so versandet und verschlemmt, daß bey niedrigem Wasser auch selbst kleine Fahrzeuge nicht einlaufen können.

Auf der Bank vor Batavia steigt und fällt das Wasser sechs Fuß, und zur Fluthzeit, die sich hier alle vier und zwanzig Stunden einmal einfindet, steigt es noch höher.

Die Producte Javas sind beträchtlich und für die Kompagnie von sehr großem Werthe; vorzüglich seit dreyßig Jahren, da man sich auf den Bau der Kaffeebohnen und anderer Producte legte.*)

Der

---

*) Java hat einen sehr glücklichen, fruchtbaren Boden, und diese Insel litt nie von einer Hungersnoth, wie Bengalen und mehrere andere Länder Asiens. Was man wohl zu besorgen hat, ist, daß vorzüglich durch eine unzeitige Dürre, die Getreideerndte nicht ganz erwünscht ausfällt.

In

Der Hauptartikel ist der Pfeffer, der meistens in dem westlichen Theile der Insel, nemlich im Königreich Bantam, gewonnen wird. Aus Bantam und Lampon zieht die Kompagnie über sechs Millionen Pfunde, und diesen Pfeffer hält man für den besten des östlichen Indiens; der palembangsche, von dem die Kompagnie gleichfalls jährlich eine ansehnliche Menge erhält, ist bey weitem nicht von gleichem Werth, und so verhält es sich auch mit dem Pfeffer, welchen Borneo liefert. Für jedes hundert und fünf und zwanzig Pfund Pfeffer werden dem Könige von Bantam sechs Reichsthaler oder vierzehn Gulden und acht Stüver gezahlt. Der weiße Pfeffer ist nicht, wie häufig geglaubt wird, die Frucht einer andern vom schwarzen Pfeffer verschiedenen Pflanze, sondern man legt den schwarzen Pfeffer, noch ehe er völlig trocken ist, in Kalk, beraubt ihn des äussersten Bastes und so wird aus schwarzem, weisser Pfeffer.

Der Reis ist das zweyte Product. Er wird in großer Menge, besonders in dem Reiche Java und am häufigsten auf niedrigem feuchtem Boden gebaut. Sind nach der Aussaat, die jungen Pflanzen bis drey Hände breit aufgeschossen, so werden sie in Büscheln von sechs und mehreren Pflanzen zusammen, reihenweise verpflanzt; dann verstopft man, gerade in der Regenzeit, die kleinen Bäche, so, daß sie austreten und die Reisfelder überströhmen, und so bleibt das Wasser stehen, bis die Halmen die gehörige Stär-

In dem Falle aber hat man, bey der Menge von Baumfeld- und Erdfrüchten nicht nur keine Hungersnoth zu befürchten, sondern noch immer gesunde sowohl, als angenehme Nahrungsmittel in hinreichender Fülle. Das ganze Jahr hindurch sind Gemüse und Früchte in großer Menge und für ein geringes Geld selbst in Batavia zu haben. Verh. d. B. G. II. 186. und 187. III. 280. und Batavia III. 1, 2. L.

Stärke haben, dann erst giebt man den Bächen wieder Abfluß und läßt das Land von der Sonne trocknen. Zur Zeit der Erndte haben die Reisfelder viele Aehnlichkeit mit unsern Weizen- und Gerstenfeldern; ihr gleichförmiges Gelb thut dem Auge sehr wohl.

Man schneidet den Reis nicht mit Sicheln, wie bey uns das Korn, sondern mit kleinen Messern, einen Fuß unter der Aehre, und zwar einzeln, Halm vor Halm ab. Dann bindet man ihn in Büschel, von welchen jeder zehnte dem Schnitter gehört. Die Reiskörner sitzen nicht so in den Aehren, wie der Weizen und die Gerste; sondern wie der Hafer. Er wird nicht gedroschen; sondern, um ihn von den Hülsen zu reinigen, in großen ausgehöhlten, hölzernen Blöcken, gestampft; und je länger man ihn stampft, desto weißer wird er im Kochen.

Java bringt den Reis in solcher Menge hervor, daß man die Insel deshalb den Kornboden Ostindiens zu nennen pflegt. Dagegen wächst, Celebes ausgenommen, auf den sämmtlichen übrigen Inseln, wenig oder gar kein Reis. Im Jahr 1767 bedurfte Batavia, Ceylon und Banta, nur um sich auf ein Jahr zu versorgen, nicht weniger, als siebenhundert Last oder ein und zwanzig Millionen Pfunde Reis. *)

Auch

---

*) Der Reis ist auch hier Hauptnahrungsmittel für den Menschen, wie für die Hausthiere. Aus den Reismühlen der Chineser in den batavischen Ommelanden kommen jährlich wenigstens sechstausend Lasten, und die Ostküste Java's ist es, welche wegen der Menge Reis, Salz und so vieler andern Producte, die sie liefert, den Nahmen der Kornkammer verdient; sie liefert wenigstens zwey Drittel aller der Producte, welche in diese Vorrathskammer der Kompagnie für das östliche Indien kommen. Batavia III. 19. u. Verhand. d. Bat. Genot. T. III p. 280. sq. u. 503. sq. L.

— 176 —

Auch Zucker wird in großer Menge geerndtet und nach Batavia gesandt; im Jahr 1768 wurden in Jaccatra allein über dreyzehn Millionen Pfund gewonnen. Große Quantitäten von diesem Zucker giengen nach dem westlichen Indien, nehmlich nach Suratte und Malabar, desgleichen nach Europa. Die mehresten Zuckermühlen besitzen die Chineser. *)

Das

*) Der Zucker kann als ein Hauptproduct sowohl von Jaccatra als von der ganzen Insel aufgestellt werden. Im Jahr 1778 wurden in Holland von den verschiedenen Kammern zwey Millionen Pfund Jaccatra- Zucker zu vier Stüber verkauft; zwey und einen halben Stüber kostete das Pfund im Einkauf. Und die ganze Insel soll gegen acht Millionen Pfunde liefern. Die Hälfte davon, nehmlich vier Millionen, werden von der Kompagnie allein nach Japan geschickt, und durch Particuliers mögen noch drey bis vier Millionen ausgeführt werden. Ohne den Zuckerbau hätte die ganze Kolonie den Wohlstand nicht behaupten können, der ihr immer noch blieb, und so ist es mehr als zwiefach zu bedauern, daß so manche Zuckermühle schon wegen Holzmangel eingieng, und ihrer noch mehrere werden eingehen müssen. In den Ommelanden von Batavia, oder in dem Bezirk eine Stunde Gehens vom Strande und von da bis zum Fuß des Gebürges hin, zählte man vor etwa einem Jahrzehnd fünf und funfzig Mühlen; ihrer achtzig hatte man im Jahr 1750, und schon im Jahr 1710 fand man in den höhern Gegenden hundert und ein und dreyßig solcher Mühlen.

Auf gutem Boden liefern 10,000 Zuckerrohre, oder eine Lara, 120 Töpfe oder 7500 Pfund Zucker; nur achtzig Töpfe erhielt man in der ersten Zeit, als man anfing dies Product zu bauen. Hat man den Boden zehn bis zwölf Jahr gebraucht, so erfordert er wieder viele Arbeit.

Geht eine Mühle sieben Monate im Jahr, so hält man dies für ein gutes Jahr, und dann liefert die Mühle 235250 Pfund. In Surinam bekömmt man um

die

Das vierte wichtige Product dieser Insel ist Kaffee. Dieser wird aber nur in den Reichen Jaccatra und Cheribon gebauet. Der erste Kaffeebaum kam im Jahr 1722 oder 1723 nach Java, unter der Regierung des Gouverneurs Zwaarderkroon. Dieser Herr ermunterte die Javanen zum Bau des Kaffee, und schon 1768 konnte das Reich Jaccatra der Kompagnie 4,465,500 Pfund liefern. Für jeden Picol, oder 125 Pfund, werden acht Gulden und acht Stüver bezahlt. *)

Das baumwollene Garn ist ebenfalls ein wichtiger Handelsartickel für die Kompagnie. In dem gebürgigen Theil der Insel wird die Baumwollenstaude im Ueberfluß gebauet, und die Javaner spinnen aus der Wolle das Garn. Im Jahr 1768 lieferte zwar Jaccatra nur 133 Picols oder 16225 Pf., welches 1875 Pf. weniger ist, als es der ihm aufgelegten Schatzung gemäß liefern muß; allein an diesem Ausfall war die ausserordentliche Dürre dieses Jahres Schuld, die der Baumwollenstaude sehr schädlich ist. **)

Auch das Salz und der Indigo verdienen hier noch genannt zu werden. Das Salz wird von Rembang nach Batavia gebracht und gewährt der Kompagnie einen vortheilhaften Handel nach der Westküste von Sumatra.

die Hälfte mehr, aber der asiatische Zucker ist besser, als der amerikanische. Huyser p. 6. 7. und Verh. d. B. G. I. 238. u. f. L.

*) Im Jahr 1778 verkaufte man in Holland zwey Mill. Pfund Jaccaira-Kaffee zu eilf Stüv. das Pfund; zwey und einen halben St. kostete es im Einkauf. Huyser p. 6. L.

**) Im Jahr 1778 verkaufte man für 20,000 Gulden Jaccatraisch baumwollen Garn. Huys. l. c. L.

matra. Den Bau des Indigo sucht man namentlich in Jaccatra immer mehr auszubreiten. Im Jahr 1768 lieferte dies Reich nur 2875 Pfund, doch sind die Einwohner auf weit mehr, nemlich auf 6125 Pfund geschätzt, und fast aller Indigo, der gewonnen wird, geht nach Europa. *)

Auch vieles und schweres Holz wird von der Nordküste von Java nach Batavia geführt; es macht zwar keinen Handelszweig für die Kompagnie aus, ist aber doch als Schiffs- und Bauholz von großem Nutzen.

Aus dem gesagten erhellet zur Genüge, von welchem großen Werthe die Insel Java für die Holländer ist, sie liefert ihnen höchst schätzbare Handelswaaren und versorgt mit Nahrungsmitteln den größten Theil ihrer asiatischen Besitzungen. **)

An

---

*) Sowohl in der Nähe von Batavia als in den höhern Gegenden legen sich die Chineser stark auf den Indigobau. Aber die Kultur des Indigo und die ganze Behandlung ist noch voller Mängel, und bey weitem nicht das, was sie seyn könnte. Die ganze hiesige Erndte reicht nicht für die eigenen Bedürfnisse der Holländer zu und auch die holländischen Besitzungen in Amerika ersetzen das Fehlende lange noch nicht. Aller Indigo, den die Kompagnie von 1775 bis 1785 in Java erhielt und in das Mutterland sandte, betrug nur 131,411 Pfund. Dies ist aber in Vergleichnug mit der aus Sankt Domingo kommenden, nur eine geringe Quantität und für die Menge holländischer Fabriken, welche dieses Product bedürfen, viel zu wenig. Nach Huyser verkaufte die Kompagnie im Jahr 1778 nur für tausend Gulden Indigo. Huyser l. c. und Verh. d. B. G. T III. p. 465. sq. L.

**) Den Werth, den Java für die Holländer hat, erhielt es gutentheils durch den Ackerbau, dessen Emporhebung schon früh einer der Hauptzwecke der Regierung war. Würklich ist der Ackerbau schon weit auf dieser Insel gediehen, wenn gleich er noch nicht alles das ist,

was

An Fruchtbäumen fehlt es der Insel auch nicht. Sie besitzt den Kokos- und den Suribaum, (Borassus flabellifer) der den Palmwein giebt; den Orange- und Apfelsinenbaum, von denen man zwey Sorten, große und kleine hat, den Tamarinden- und den Pompelmusbaum, (Tamarindus indica, und Citrus decumanus) dessen Früchte so wohlschmeckend, erfrischend und heilsam sind. Sie besitzt den Duriuns (durio zibethinus) und den Mangabaum, (mangifera indica) die Manga- Tanges und mehrere andere schätzbare Bäume und Früchte. Die Frucht des Duriuns ist in einer harten Schaale eingeschlossen, von der Größe eines Mannskopfs, und wohl noch größer; ihr Geruch ist widrig, aber dieses Geruchs ungeachtet, zieht man sie allen Früchten vor, sobald man sie nur einmal gekostet hat; sie ist dabey äußerst stärkend und nahrhaft, und eben deswegen wird sie von den Chinesern sehr geschätzt; die Früchte des Suursakbaums sind von ähnlicher Art, aber sie haben den widrigen Geruch nicht. Die Früchte des Mangabaums genießt man frisch und macht sie auch ein; eingelegt werden sie überall hin versandt. Die Manga- Tanges hält man für die wohlschmeckendste Frucht in ganz Indien; sie hat die Größe eines Apfels, gleicht einem Granatapfel, ist aber viel röther und dicker, und von dem angenehmsten, erfrischendsten Saft. Der Baum, der sie trägt, hat die Größe eines Pflaumenbaums. Mich versicherten mehrere, daß sie durch häufigen Genuß dieser Frucht vom langwie-

rigen

was er bey der Fruchtbarkeit des Bodens seyn könnte. Ein Theil der Landbauer arbeitet für die Gewinnung von Handelsproducten und ein anderer für die häusliche Konsumtion. Jenes thun vornemlich die Chineser, dieses die Javaner, Verhand. d. B. G. I. 184. u. f. u. 238. und II. 422. und Batavia III. 22. L.

eigen Durchlauf geheilt worden wären; gewöhnlich aber glaubt man gerade das Gegentheil. Die Schaale hat eine stark zusammenziehende Kraft, und würde als schöner, dunkelrother Färbestof gebraucht werden können. Auch der Citronenbaum, die Katappes (Terminalia Catappa) und die Ananas verdienen hier noch einer Erwähnung. Die Katappes, die weit wohlschmeckender, als die wälschen Nüsse sind, wachsen auf hohen Bäumen, und, Ananas giebt es in solcher Menge, daß man sie zu Batavia wenig achtet; sie gelten gewöhnlich das Stück einen Stüver und oft noch weniger.

Die Eingebohrnen des Landes werden gewöhnlich Javaner genannt; dieser Nahme ist allen gemeinschaftlich, in welchem Reiche der Insel sie auch leben; nur die Bewohner von Madura führen den Nahmen ihres Eilandes.

Die Javaner sind von gewöhnlicher Größe, meistens wohlgebildet und von brauner Farbe. Sie haben eine breite Stirn, eine oben etwas platte, vorn aber ein wenig gekrümmte Nase und schwarzes Haar, das vom Kokosöl glänzt, womit sie es reichlich versorgen. Faulheit, Trotz und Feigheit sind die allgemeinen Hauptzüge ihres Charakters. Trotzig sind sie gegen Geringere und kriechend gegen Höhere, so wie gegen alle, von welchen sie etwas zu erwarten haben. Ihr vornehmstes Gewehr besteht in einem Kriß (oder Dolch), den sie immer bey sich führen, und der von der Größe eines kleinen Waidmessers, (Hirschfängers) ist. Der Griff ist nach dem Vermögen des Besitzers mehr oder minder kostbar. Die Klinge ist von hartem Stahl, nicht wie unsere Degenklingen gerade, sondern von geschlängelter Form, und macht also große weite Wunden, oft ist sie vergiftet, und dann ist die Wunde allemahl tödtlich.

Die

Die Kleibung des großen Haufens besteht bey den Männern blos in einem Stück Kattun, das um die Mitte des Leibes geschlagen, zwischen den Beinen durchgezogen und hinten festgemacht wird; dazu tragen sie eine kleine Mütze auf dem Kopfe, alle übrige Theile des Körpers aber bleiben unbedeckt. Die Reichern hingegen tragen nach morgenländischer Art, einen weiten Rock von geblumten Kattun oder anderm Zeuge, und auch wohl statt der Mütze einen Turban. Den Kopf ausgenommen, lassen sie nirgends am ganzen Leibe Haare wachsen, sondern reissen sie samt der Wurzel aus.

Die Kleidung des schönen Geschlechts ist nicht viel besser. Sie besteht blos in einem baumwollenen Gewande, das man Saron nennt. Man schlägt es um den Leib, es bedeckt eben den Busen, unter dem es befestigt wird, und hängt über das Knie, zuweilen reicht es auch bis auf die Knöchel herab; die Schultern und ein Theil des Rückens bleiben entblößt. Das Haupthaar, das man sehr lang wachsen läßt, wird am Hinterkopfe wie eine Scheibe aufgewunden, und nach eines jeden Vermögen mit Nadeln von Holz, Caret *), Gold oder Silber befestigt. Einen solchen Wulst nennet man einen Condé; auch die Damen zu Batavia tragen ihn, und oft wird er auch mit allerley Blumen geziert.

Die Kinder, Knaben sowohl als Mädgen, gehen ganz nackt, bis sie acht oder neun Jahr alt geworden sind; im zwölften oder dreyzehnten Jahr werden sie mannbar.

Ist ein Javaner vermögend genug, sich der Weiber mehrere zu nehmen, so begnügt er sich nicht an einer und hält sich noch Beyschläferinnen dazu, selten aber ist es, daß ein gemeiner Mann mehr als eine Frau hat.

---

*) Eine Art Schildkröten.

Die hiesigen Schönen, deren Gesichtsbildung weit vortheilhafter als die der Männer ist, sind im allgemeinen höchst verliebte Geschöpfe. Die Weissen werden von ihnen vorzüglich geschätzt; aber sie verstehen es auch, den treulosen Europäer, dem sie ihre Arme ofnen, in einen Zustand zu versetzen, in dem er unfähig ist, eine abermahlige Untreue zu begehen. Diese Kunst mag dem Leser auffallen, aber höchst glaubwürdige Männer in Batavia mußten mir eine Menge Beyspiele von der glücklichsten Ausübung derselben zu berichten.

Die Wohnungen der Javaner haben mehr Aehnlichkeit mit Hütten als mit Häusern; sie sind nemlich von gespaltenem Bambusrohr geflochten, dann mit Lehm beworfen und mit Attap oder Kokosblättern gedeckt. Der Eingang ist niedrig, Thür und Fenster fehlen, und gewöhnlich besteht das Haus nur aus einem einzigen Zimmer, in welchem Mann, Frau und Kinder, und nicht selten auch eine Menge Hühner *) ihr Wesen treiben. Wer ein Haus errichten will, sucht sich dazu einen schattenreichen Ort, oder er pflanzt Bäume umher. Nur in den Häusern der Vermögenden findet man etwas mehr Bequemlichkeit, doch haben auch diese, im Ganzen genommen, immer nur ein ärmliches Ansehen.

Ihre vornehmste Nahrung besteht aus gekochtem Reis, und aus Fischen; ihr Trunk ist klares Wasser, doch verschmähen sie einen Schluck Arack ganz und gar nicht. Fast immer käuen sie Betel oder Pinang, und auch wohl eine Art Tabak, der hier wächst und deshalb javanischer Tabak heißt; sie rauchen diesen auch aus Pfeifen von Rohr, und vermischen ihn mit Opium. Letzteres geschieht zur Erweckung der Lebensgeister; allein bey anhal-

---

*) Auf die Hühnerzucht legen sie sich stark.

haltendem Genuß bringt es eine ganz entgegengesetzte Würkung hervor, und erschlafft und betäubt vielmehr, als daß es beleben sollte. Ich sah dergleichen Opiumschlucker, die wie Statüen, mit aufgesperrten Augen sprachlos da saßen.

Stühle und Tische gebraucht man hier nicht; man sitzt mit kreuzweis untergeschlagenen Beinen auf dem bloßen Boden, oder auf ausgebreiteten Decken. Löffel, Gabel und Messer bedarf man eben so wenig; Hände und Finger vertreten die Stelle derselben.

Die Javaner haben ein musikalisches Instrument, das sie Gomgom nennen; es besteht aus hohlen, eisernen Becken von verschiedener Größe und verschiedenen Tönen, die mit einem kleinen eisernen, oder hölzernen Stabe geschlagen werden, und gar nicht unangenehm klingen.

Beyde Geschlechter baden sich ungemein gern in Flüssen, besonders in den Morgenstunden; auch finden Alte und Junge großes Vergnügen an Hahnengefechten. Auch der ärmste würde eher alles verkaufen, als einen von den großen Streithähnen, die sie einzig zu den Kämpfen halten, und von welchen sie noch dazu eine Abgabe an die Kompagnie entrichten müßen. Jährlich wird diese Abgabe, die man zu den Domänen von Jaccatra zählt, und auch nur in diesem Reiche hebt, zu Batavia verpachtet. Im Jahr 1770 betrug der Pacht monatlich vierhundert und zwanzig Gulden.

Auf das Ballspiel verstehen sie sich meisterlich. Sie schlagen den Ball behende und fertig mit dem Fuß, dem Knie und dem Ellenbogen, wohin sie ihn haben wollen, und so schlagen sie ihn, einer dem andern lange zu, ohne ihn auf die Erde fallen zu laßen. Gewöhnlich ist der Ball von der Größe eines Mannskopfs, hohl und von Rohr geflochten.

Grüß-

Grüsset ein Javaner den andern, so bringt er die Hand an den Kopf.

Die muhamedanische Religion herrscht auf der Insel überall; doch behauptet man, daß tief landeinwärts, über das Gebürge hinaus auf der Südseite, noch Abkömmlinge der alten Gözendiener vorhanden seyn sollen. In allen Gegenden haben die Anhänger des Propheten Moscheen erbauet. Die Moschee bey Cheribon ist sehr berühmt, ich habe sie aber nicht gesehen. Auch auf die Begräbnißpläze ihrer Heiligen halten sie viel, und würden keine auf oder bey diesen Plätzen begangene Unsittlichkeit ungeahndet lassen. Sowohl Weiber als Männer beschäftigen sich mit der Ausübung der Arzneykunst. Sie kennen die Würkungen mehrerer einheimischer Pflanzen und verrichten mit denselben Kuren, über die man erstaunen muß. Auch schätzen viele von den in Batavia wohnenden Europäern, die einheimischen Aerzte höher, als die studierten Herren, die aus Holland herüberkommen. Von dem innern Bau des Körpers wissen jene aber gar nichts, und bey jeder Krankheit besteht eins ihrer Mittel darin, daß sie alle Theile des Körpers anhaltend reiben. Dies geschieht mit zwey Fingern der rechten Hand, welche durch die linke niedergedrückt wird. Man reibt von oben nach unten hin, und ehe dies geschieht, wird der kranke Theil mit fein geriebenem Holz und Wasser, oder mit Oel bestrichen.

Zu Bearbeitung des Ackers gebraucht man statt der Pferde, Büffel. Pferde hat man genug, aber sie sind sehr klein. Die Büffel sind sehr große Thiere, noch größer und schwerer, als unsere größten Ochsen. Sie haben große Ohren und Hörner, die gerade voraus stehen und einwärts sich krümmen. Statt eines Zaums regiert man diese schwerfälligen Thiere vermittelst eines Strickes, der durch ein Loch geht, welches in die Scheidewand

wand der Nasenhöhlen gemacht ist. Gewöhnlich sind die Büffel von aschgrauer Farbe und haben besonders kleine Augen; sie sind so sehr daran gewöhnt, dreymal des Tages in's Wasser geführt zu werden, um sich abzukühlen, daß man nicht im Stande ist, sie an die Arbeit zu bringen, wenn sie nicht gehörig gebadet worden sind. Die Büffelkuh giebt Milch, aber die Europäer schätzen sie wenig, weil sie erhitzet.

Dritter Abschnitt.
Batavia.

Batavia, die Königin der Städte des östlichen Indiens, sowohl in Hinsicht auf ihre Schönheit, als in Hinsicht auf ihren großen Handel, liegt dicht am Gestade des Meers, an einer fruchtbaren Ebene im Königreiche Jaccatra und an einem Flusse gleiches Namens, der sie durchströhmt und in zwey Theile scheidet. Vor sich im Norden, hat sie das Meer, hinter sich im Süden eine Landstrecke, die sehr allmählich und kaum bemerkbar zu dem hohen Gebürge sich erhebt, das funfzehn bis sechszehn Meilen weit von dem nördlichen Gestade liegt, und dessen höchster Berg unter dem Nahmen des blauen Berges bekannt ist.

Die Form der Stadt ist ein länglichtes Viereck; die nördliche, so wie die östliche Seite desselben, sind die kürzesten.

Der Jaccatrafluß durchströhmt die Stadt vom Süden nach Norden. Drey Brücken sind über denselben gebauet, eine im obern, eine zwepte im untern Theile der Stadt und die dritte ohngefehr in der Mitte, nicht weit vom Kastel. Dicht bey dieser letztern liegt eine große viereckigte Redoute mit einigen Stücken Geschütz versehen, welche den Fluß der Länge nach bestreichen können.

Die Breite des Flusses innerhalb der Stadt mag zehen oder zwölf Ruthen betragen. Dem Kastel und dem Equipagenwerft außer der Stadt vorbey ströhmt der Jaccatra dem Meere zu. Auf beyden Seiten laufen Dämme von Pfahl- und Mauerwerk hin, die, von dem Stadtgraben an gerechnet, ohngefehr zweyhundert und dreyßig Ruthen lang seyn können. Der östliche Damm wurde vor einigen Jahren größtentheils verneuert und die Kosten dieses Baues beliefen sich an Holz- und Pfahlwerk auf 36,218, und an Mauerwerk auf 36,320 Reichsthaler. *) In der That eine große Summe, wenn man erwägt, daß das Holzwerk der Kompagnie wenig kostet, weil die Insel Holz im Ueberfluß besitzt. **)

Zwischen diesen Dämmen werden auf der Westseite die Schiffe der Freyleute oder der Privatkaufleute aufgelegt und ausgebeßert, dahingegen längst der Ostseite für die ein- und ausgehenden Fahrzeuge, welche die Ladungen der Schiffe von und nach der Stadt bringen, stets freye Passage bleibt.

Am äußersten Ende des östlichen Damms ist ein Haus vorhanden, in welchem die Pferde stehen, die die kleinen Fahrzeuge und Chaluppen in den Fluß und aus dem Flusse ziehen.

Jenem Hause gegenüber liegt ein Hornwerk, gewöhnlich das Wasserkastel genannt. Es ward unter der

Regie-

*) Den Reichsthaler zu 48 Stüver gerechnet.

**) Dies ist, wie aus dem weiter vorhergehenden erhellet, unrichtig; an Brennholz fehlt es einigen Gegenden recht sehr. L.

Regierung des Gouverneurs von Imhof erbauet und kostete ungeheuer große Summen, weil das Wasser so außerordentlich tief war, daß man erst eine Anzahl Schiffe und Fahrzeuge versenken mußte, ehe man einen dauerhaften Grund legen konnte. Ueber dem Wasser ist dies Werk von einer Art Korallenfelsen gebaut; es hat nur einen Zugang, einige Baraken für die Besatzung und ist mit schweren Kanonen versehen. Leider ist es aber jetzt sehr baufällig, die Mauern sind schon auf verschiedenen Seiten gesunken.

Seiner Lage nach soll es die Rhede beschützen und nöthigenfalls die Einfahrt in den Fluß verhindern, allein in beyden Hinsichten, ist es jetzt von keinem Nutzen mehr. Der Ankerplatz der Schiffe ist nemlich dadurch, daß die vor dem Flusse liegende Bank sich vergrößert hat, bereits so weit von dem Kastel entfernt, daß, ließen die Schiffe sich auch erreichen, ihnen doch in so großer Entfernung nur wenig geschadet werden könnte; und was die Verhinderung der Einfahrt in den Fluß betrifft, so hat schon jene immer größer werdende Bank tief gehenden oder großen Fahrzeugen auch ohne Zuthun des Kastels, den Zugang von selbst versperret; überdem würde auch ein Feind, der eine Landung beabsichtigte, nie diesen Weg, sondern gewiß lieber den festen Seestrand wählen, den man über Ansjol hinaus findet.

Die erwähnte Bank liegt queer vor dem Flusse und zieht sich weit nach Westen und nur ein wenig nach Osten hin; die Champongs, Tanjepours und andere schwer beladene Fahrzeuge müssen deshalb einen Umweg nehmen, um längst dem östlichen Damme einlaufen zu können. Täglich wird die Bank nach der Seite der Rhede größer, wodurch der Ankerplatz der Schiffe sich immer weiter von der Stadt entfernt. Im Westen hat diese Bank einige trockene Stellen.

Gera-

Gerade vor der Mündung des Flusses, von der die Bank etwa fünf und dreyßig oder vierzig Ruthen entfernt ist, hat man bey niedrigem Wasser nur anderthalb Fuß Tiefe, also nicht einmal so viel als gewöhnliche Schiffsboote erfordern. Und wehet der Wind scharf aus der See, so ist das Wasser auf der Bank äußerst unruhig; selten ist es, daß man das Ende einer bösen Mousson erlebt, ohne von Fahrzeugen zu hören, die auf der Bank verunglückten.

Diese Bank ist ursprünglich durch ein starkes Erdbeben entstanden, von welchem Java zu Ende des vorigen Jahrhunderts erschüttert ward; merklich vergrößert aber hat sie sich erst seit dem Jahre 1730, und wenn es so fortgeht, so ist zu befürchten, daß der Fluß bereinst ganz und gar unbrauchbar werden dürfte.

Das Kastel von Batavia macht den nördlichsten Theil der Stadt aus. Es ist ein Viereck mit vier ganzen Bollwerken, welche überall, nur auf der Südseite nicht, durch hohe Courtinen verbunden sind. Die Mauern, wie die Bollwerke, sind von Korallenfelsen und etwa zwanzig Fuß hoch. Rings umher geht ein Graben, über welchen, auf der Südseite, eine Zugbrücke führt. Innerhalb des Kastels befinden sich die Packhäuser, ein großer freyer Platz, das Gouvernementshaus, und ein schönes, unter Imhofs Regierung erbautes Thor mit einem achteckigten Thurm, in welchem ein schlagendes Uhrwerk, das einzige in ganz Batavia, befindlich ist. Die Packhäuser, so wie alle zum Aufbewahren bestimmte Oerter sind zum Ausladen sehr bequem angelegt, indem die Hinterseiten alle nach dem Flusse hingehen. Der große freye Platz, zu dem man von der Stadt durch das erwähnte Thor gelangt, ist mit starken Tamarindenbäumen bepflanzt, die einen sehr angenehmen Schatten gewähren; im Westen dieses Platzes steht das Artilleriehaus,

Haus, und auf dem Platze selbst eine große Anzahl, sowohl eiserner als metallener Kanonen von verschiedenem Caliber, nebst einer Menge Kugeln. Das Gouvernement, ein Gebäude, das viele und bequeme Zimmer enthält, wird gegenwärtig nicht bewohnt, aber in einem großen Saale dieses Hauses versammelt sich der Rath von Indien wöchentlich zweymal. Dieser Saal ist mit den Gemählden aller Gouverneure geziert, die hier seit Errichtung der Kompagnie regiert haben.

Die Stadt selbst ist umgeben von sehr breiten Graben, von einer Mauer von Korallenfelsen und überdem noch von zwey und zwanzig, sämtlich mit Geschütz versehenen Bollwerken; jene Graben erhalten ihr Wasser von dem Flusse und haben selten Mangel daran. *) Die Stadt hat fünf Thore, eins auf der Ostseite, zwey auf der Südseite, eins auf der Westseite und eins im Norden, westwärts vom Flusse.

Dicht bey dem letzten, dem Kastel gegenüber, liegt das Equipagenwerft, und von diesem gelangt man zu den Packhäusern, in welchen sich die Schiffsbedürfnisse befinden, desgleichen zu den Arbeitsplätzen der Zimmerleute, der Böttcher, Seiler, Schmiede und der übrigen, zum Schiffsbau erforderlichen Handwerker; eben hier stehen auch die Häuser der Kommandeurs und Equipagenmeister, die ehemals verpflichtet waren, hier zu wohnen, seit einigen Jahren aber die Erlaubniß haben, sich in andern, angenehmern Gegenden der Stadt aufzuhalten.

In dem südöstlichen Theile der Stadt ist das Ambachtsquartier, in welchem alle zum Bauen erforderlichen

---

*) Dies ist nun leider der Fall nicht mehr, und daher wurde Batavia zu einem alles verschlingenden Grabe; indeß mag immer auch veränderte Lebensart die Sterblichkeit vergrößert haben. L.

lichen Handwerker und Arbeiter der Kompagnie wohnen. Zimmerleute, Schmiede, Glenglaser, Kupferschmiede, Maurer und mehrere andere, arbeiten hier täglich, jeder unter der Aufsicht seines Meisters, und jeder dieser Meister steht wieder unter dem Hoofd, der Fabriek heißt und gewöhnlich Kaufmannsrang hat.

Außer einer großen Anzahl Europäer, die hier arbeiten, findet man auch noch gegen tausend Sklaven, die zu dem Quartier gehören. Diese Einrichtung verursacht der Kompagnie unglaublich große Kosten, und den größten Nutzen davon ziehen einzelne Regierungsglieder.

Drey reformirte Kirchen, in welchen in holländischer, portugiesischer und malayscher Sprache der Gottesdienst gehalten wird, stehen in der Stadt und noch eine außerhalb der Stadt, welche man die äußere portugiesische Kirche nennt. Herr von Imhof ließ noch eine lutherische Kirche, nicht weit vom Kastel, erbauen.

Die Häuser zu Batavia sind durchaus sehr leicht von gebrannten Steinen aufgeführt; an der Außenseite fast durchgehends mit Kalk beworfen und mit Schiebefenstern nach englischer Art versehen; einige wenige haben statt Glasfenster nur geflochtene Rahmen. Die innere Einrichtung ist in dem einen Hause, wie in dem andern und wahrlich einfach genug.

Die bedeutendsten Meubeln bestehen aus einigen Lehnstühlen, zwey bis drey Kanapees und vielen Spiegeln; diese letztern lieben die Europäer in Asien sehr. Die Zimmer in dem obern Stockwerk haben weniger Meubeln; überhaupt aber macht man sich hier nicht so viel, wie in Holland aus Putzimmern, sondern alles dient hier zum täglichen Gebrauch. Aber nur wenige Häuser giebt es, hinter welchen sich Gärten befinden.

Dies

Dies alles gilt nur von den Häusern der Europäer, diese machen aber auch den größten Theil aus. Die wenigen Chineser, die gegenwärtig in der Stadt wohnen, haben nur schlechte Häuser, die inwendig sehr unregelmäßig sind; die mehresten wohnen in der südlichen und westlichen Vorstadt, die man das chinesische Campon nennt. Vor dem Aufstande im Jahr 1740 hatten sie ihr Quartier in dem besten Theile der Stadt, westwärts von dem großen Flusse; als aber alle ihre Häuser bis auf den Grund abgebrannt wurden, machte man den Platz, wo sie gestanden hatten, zu einem Markte, auf dem jetzt täglich allerley Lebensmittel verkauft werden.

Die Häuser werden hier nicht auf Jahre, sondern nur auf Monate vermiethet, und die monatliche Miethe steigt von fünf bis vierzig Reichsthaler; ein gutes Haus, das eine angenehme Lage hat, kann man für zwanzig bis fünf und zwanzig Reichsthaler monatlich haben. Die Hälfte einer monatlichen Miethe muß von jedem Hause jährlich als Abgabe entrichtet werden, und dies Geld wird zur Reinigung der Graben, und zur Unterhaltung des Rathhauses, sowie anderer, der Stadt gehörigen öffentlichen Gebäude verwendet. Doch muß der Stadtmagistrat die Erlaubniß zu Hebung dieser Abgaben jedesmal bey der hohen Regierung nachsuchen, die dann selten verweigert wird.

Seit einigen Jahren hat man in Batavia auch eine Bank errichtet und sie mit der Leihkasse vereinigt. Die Direktion und die Geschäfte derselben besorgen ein Chef, der gewöhnlich ein Rath von Indien und Direkteur der Bank ist, zwey Kommissäre, ein Kassirer und ein Buchhalter. Die bey der Bank deponirten Gelder werden mit fünf Procent verinteressirt, und die Obligationen sind vom Direkteur und den Kommissaren unterterschrieben. Das Kapital der Bank wird zwischen zwey und drey Millionen Reichsthaler angegeben.

Die Vorstädte von Batavia sind sehr groß und schön, und werden von einer Menge Menschen, sowohl Europäern als Asiaten bewohnt. Besonders volkreich ist das Chinesische Quartier; es gleicht ganz einer Stadt, aber die Häuser sind nur gering und schlecht. Man findet in demselben Laden an Laden, voll von allerley Arten von Gütern, welche die Chineser theils selbst verfertigen, theils aus China erhalten, oder von den aus Europa kommenden aufkaufen. Die Zahl der in und außer der Stadt wohnenden Chineser läßt sich nicht mit Sicherheit angeben; sie muß aber sehr groß seyn, da die Kompagnie von ihnen ein Kopfgeld hebt, das jährlich über vierzigtausend Reichsthaler beträgt. *)

Je-

*) Nach den neuesten Beobachtungen soll Batavia unter dem 6ten Grad, 10 Minuten und 33 Secunden südlicher Breite und unter dem 122sten Grade, 47 Minuten und 33 Secunden östlicher Länge, von Teneriffa an gerechnet, gelegen seyn.

Valentyn gab die Zahl der Häuser im Jahr 1723 folgendermaßen an: a) in der Stadt 678 große holländische Häuser, 564 kleinere holländische Häuser, 997 chinesische Petakken und 203 holländische Häuser von Chinesern bewohnt, also zusammen 2442, und b) außer der Stadt 12 Arakbrauereyen, 216 große holländische Häuser, 850 kleinere und 1240 chinesische, zusammen 2318. Nach Herrn Huyser hat Batavia nur 3500 Häuser und nach den Verhand. d. B. G. zählte man im Jahr 1779 in der Stadt 678 große und 1315 kleinere Häuser, in den Vorstädten aber fanden sich 5220 Häuser.

Man hat Sterbelisten von Batavia, und die Wykmeesteren haben jährlich ein Verzeichniß der Einwohner der Stadt und der Vorstädte einzuliefern, aber eine befriedigende Angabe der Volksmenge von Batavia fehlt doch

Jeder Chinese, der Gewerbe treibt, muß monatlich einen halben Dukaton Kopfgeld erlegen; Frauen, Kinder, und alle, die keinen Handel treiben, sind von dieser Abgabe ausgenommen. Alle Chineser stehen unter einem Chef von ihrer eigenen Nation, der Capitein Chinees genannt wird, in der Stadt wohnt und sechs Lieutenants, die in verschiedene Viertel vertheilt sind, unter sich hat. Am ersten oder zweyten Tage jedes Monats wird vor der Thür dieses Chefs eine Fahne aufgepflanzt, und dann müssen alle Chineser zu ihm kommen und ihr Kopfgeld erlegen.

Gleich unsern Juden sind sie auf den Handel erpicht; es sey im grossen oder im kleinen, und eben die Gewinnsucht, die den Juden treibt, treibt auch den Chineser; dreymahl rennet er die Stadt durch, wenn er auch nur einen einzigen Stüver dabey zu gewinnen die Aussicht hat; und wer mit ihnen handelt, muß die größte Vorsichtigkeit anwenden, wenn er nicht betrogen werden will. Noch stärker vielleicht, als ihre Gewinnsucht ist ihr Hang zur Wollust; man beschuldigt sie, daß sie sich in dieser Rücksicht sogar an ihren Hausthieren, namentlich an den Schweinen, vergreifen sollen.

Sie sind nicht groß von Statur, sondern mehr klein und untersetzt, und der Farbe nach nicht so braun, als die Javanen. Den Kopf scheeren sie sich, nur mitten auf

doch noch. Wären die Sterbelisten auch ganz befriedigend, welcher Multiplikator könnte dann hier genommen werden? Die Wohnungen der Chineser sind gedrängt voll, und zehen Seelen auf jedes Haus scheint nicht übertrieben. 129000 sollte die Zahl der Einwohner Batavias im Jahr 1779 seyn, und darunter sollten sich 22000 Chineser befinden. Valentyn V. 234. Huyser 5 u. 16. Verh. d. B. G. I. 42. 61. III. 425. u. Batavia L. 134 u. 135. L.

auf dem Scheitel laſſen ſie einen Schopf Haare ſtehen, das zuſammen gebunden und in einen Zopf geflochten den Rücken hinabhängt. Ihre Kleidung beſteht in einem langen Rocke, von Nanking oder dünnem Seidenzeug, und mit weiten Ermeln verſehen; unter dieſem tragen ſie noch einen andern, langen, ſelbſt die Füſſe bedeckenden Rock.

Jedes Haus hat einen eigenen Ort für das Gemählde eines ihrer Joosjes oder Abgötter; vor demſelben brennen Tag und Nacht hindurch Lampen und Weihrauch, der zu kleinen dünnen Kerzen verarbeitet iſt. Ein ſolcher Hausgötze iſt allgemein als ein alter Mann dargeſtellt, mit einer viereckigten Mütze auf dem Haupte, und ihm zur Seite erblickt man ſeine Ehehälfte.

Eine Stunde von Batavia, in der Nähe des Forts Ansjol haben die Chineſer einen Tempel, in einem kleinen Hain von Erlenbäumen, am Ufer eines ſanft dahin flieſſenden kleinen Fluſſes. Der Tempel iſt ohngefähr zwanzig Fuß lang und zwölf bis dreyzehn breit. Man kommt erſt durch eine Hecke auf eine kleine Ebene, dann in eine Gallerie und hinter dieſer ſteht das Heiligthum, in deſſen Mitte ſich ein großer Altar erhebt, auf dem Tag und Nacht eine Menge rother Wachslichter brennen. Hier ſieht man einen ſtark vergoldeten Löwen, und hinter dem Altar ſteht in einer Niſche die zwey Fuß hohe Figur eines alten Mannes mit ſeiner Frau, beyde mit Kronen auf den Häuptern; dieſer Götze iſt ein höheres Weſen, böſer Art, daher ſie ihn unabläßig bitten daß er ihnen kein Leid zufüge. Die, welche vor ſeinem Altar ihre Andacht verrichten, werfen ſich auf die Erde nieder, und ſtoßen, zum Zeichen ihrer Ehrerbietung, den Kopf mehrmahlen gegen die Erde. Wenn ſie etwas wichtiges unternehmen wollen, pflegen ſie ihn auch wohl um Rath zu fragen, und dies geſchieht vermittelſt zweyer

läng-

länglichten kleinen Hölzer, die auf der einen Seite platt und auf der andern rund sind. Sie halten die Hölzer mit der platten Seite gegen einander, lassen sie dann auf die Erde fallen, und ihr Gebeth ist erhört oder nicht erhört, mit andern Worten, das Unternehmen wird gelingen oder mißlingen, je nachdem die runde Seite unten oder oben zu liegen kommt. Verkündigt der Wurf einen glücklichen Erfolg, so wird dem Joosje ein Wachslicht geopfert und dieses wird von dem Priester oder Bonzen, der zu diesem Tempel gehört, sogleich gegen baares Geld verkauft.

Ich sah in diesem Tempel einen Chineser, der diese Hölzer wohl zwanzigmahl fallen ließ, ehe sie ihm guten Erfolg verkündigten; mißvergnügt schüttelte er jedesmahl mit dem Kopfe, warf sich von neuem auf die Erde nieder, und stieß mit dem Kopfe gegen den Boden, bis endlich erfolgte, was er wünschte; froh zündete er nun auf Joosjes Altar ein dickes Wachslicht an.

Ausser diesem Tempel haben die Chineser noch verschiedene andere; die Regierung duldet sie, sie duldet es auch, daß der Götzendienst in denselben verrichtet wird, aber hartnäckig hat sie sich der Ausübung des katholischen Gottesdienstes widersetzt.

Auf ihre Gräber verwenden die Chineser viel. Diese Gräber sind theils unter, theils über der Erde gebaut, oben sind sie gewölbt; der Eingang, einer Thür ähnlich, ist mit einem großen Steine geschlossen, auf welchem Innschriften in chinesischer Sprache eingegraben sind. Man findet diese Gräber in Menge eine halbe Stunde weit von Batavia, am Wege nach Jaccatra hin.

Von Zeit zu Zeit besuchet der Chineser die Gräber seiner Vorfahren und Freunde. Bey einem solchen Besuch wird das Grab mit mancherley wohlriechenden Blumen

men bestreut, und beym Abschiede vor dem Eingange einige kleine Stücke Seidenzeug oder Kattun, als ein Opfer zurückgelassen; zuweilen setzen sie auch gekochten Reis und andere Lebensmittel beym Grabe nieder, und diese werden denn des Nachts sehr bald weggeholt.

Die Ommelanden von Batavia sind sehr angenehm, und meist überall von kleinen Flüssen und Bächen durchschnitten; vermittelst welcher, zu seiner Zeit, die Reisfelder unter Wasser gesetzt werden.

Fünf Wege gehen von der Stadt landeinwärts, und diese alle sind mit hohen und schattenreichen Bäumen bepflanzt. Einer derselben, der im Osten der Stadt nach Ansjol und dann weiter nach der See führt, hat auf beyden Seiten Gärten, die aber fast alle sehr in Verfall gerathen waren. Nicht weit vom Strande, da wo der Weg sich endigt, liegt eine Austerbank und bey derselben steht ein Haus, das von den Europäern der Austern wegen fleißig besucht wird.

Der zweyte Weg, den man Mangoboa nennt, geht etwas südlicher und tiefer in das Land. Der dritte Weg führt nach dem kleinen Fort Jaccatra, nach welchem er auch benannt wird. Dies ist der angenehmste von allen, denn zu beyden Seiten desselben liegen herrliche Gärten, welche, nebst dem dahinter vorbeyfließenden Jaccatra-Strohm, die herrlichste Aussicht gewähren. Der vierte Weg heißt der Molenvlietsche, er geht nach Tanabang, wo alle Sonnabend ein grosser Markt von Lebensmitteln aller Art gehalten wird, die aus den höheren Gegenden des Landes gebracht werden. Der fünfte Weg geht durch das chinesische Campon nach dem Fort Ankee.

Keine dieser Landstraßen ist gepflastert; selbst Batavia hat keine gepflasterten Gassen; aber der Boden besteht aus einem harten Thon, und wird sehr gleich und

eben

eben gehalten. In der Stadt findet man nur an den Häusern hin, für die Fußgänger, einen Weg von Steinen, der drey bis vier Fuß breit ist.

Vierter Abschnitt.
Regierungsform zu Batavia.

Die höchste Regierung von Batavia und zugleich von allen Besitzungen der holländisch-ostindischen Kompagnie in Asien führt der Rath von Indien, dessen Chef der Generalgouverneur ist; man nennt dies Collegium gewöhnlich die hohe Regierung.

Als ich zu Batavia war, bestand diese hohe Regierung nächst dem Generalgouverneur, aus fünf würklichen Räthen, den Gouverneur am Vorgebürge der guten Hoffnung mit dazu gezählt, aus neun ausserordentlichen Räthen und aus zwey Sekretairen.

Von den ausserordentlichen Räthen residirten fünfe als Gouverneure auf den Comptoiren von Javas Nordostküste, zu Koromandel, Ambon, Ceylon und Makkasser.

Dieser Rath entscheidet durchaus alle Sachen, blos die Justizsachen ausgenommen; indeß kann man doch in Civilsachen von dem Rathe von Indien eine Revision des Urtheils begehren, das der Justizrath gesprochen hat.

Von dieser hohen Regierung werden alle Aemter und Stellen vergeben, die Gouverneursstellen selbst nicht ausgenommen; doch müssen alle in dieser Hinsicht getroffenen Verfügungen von der Versammlung der Siebzehner in Holland approbirt werden.

Die Macht des General-Gouverneurs ist unbestimmt genug, ist er gleich verpflichtet, gewiße Sachen zur Kenntniß und Erwägung des Raths zu bringen, so besitzt er doch in so weit eine willführliche Gewalt, weil unter den Mitgliedern des Raths wenige, oder vielmehr nicht ein einziger vorhanden ist, der nicht in einem oder andern Fall der Gunst des Gouverneurs bedürfte. Unmittelbar bedarf man sie, wenn man für seine Familie Beförderungen sucht, aber auch ohne dies braucht man ihrer, weil in deren Ermangelung der Chef leicht einen Vorwand zum Druck aller Art auffinden und benutzen kann; ja man muß gar besorgen, daß der Chef den, der ihm mißfällig wird, ganz und gar nach Europa zurückschickt. Dies letztere Loos traf würklich im Jahr 1740 die Herren von Imhof, de Haaze und von Schinnen. Gegen einen solchen Chef müssen vollends die Unterbediente die tiefste Unterthänigkeit beweisen, weil ihr Glück und Unglück unbedingt von seiner Willführ abhängt. Man muß auch in der That Augenzeuge gewesen seyn, wenn man sich einen Begriff von der sklavischen Unterwerfung machen will, welche jene Unterbediente gegen des Gouverneurs Befehle beweisen. Unbegreiflich ist es, wie freye Holländer zu solcher Sklaverey hinabsinken konnten!

Seine Hochedelheit — dies ist der Name und Titel, den man dem Gouverneur in Schriften und in der mündlichen Unterredung giebt — hielten sich gewöhnlich auf ihrem Landsitze Weltevreden auf, und dieses prächtige und schöne Landgut liegt etwa fünf Viertelstunden weit von Batavia. Dort gab er Montags und Donnerstags, am Dienstage und Freytage aber auf einem andern Landsitze der am Jaccatraschen Wege liegt, öffentliche Audienz; an den übrigen Tagen aber spricht er Niemand, es sey denn, daß Sachen von der äußersten Wichtigkeit vorfallen, die durchaus keinen Auf-

Aufschub leiden. Keiner verfügt sich zum Gouverneur, der ihm nicht etwas bekannt zu machen, oder ihn um etwas zu ersuchen hat. Der würde sehr ungnädig aufgenommen werden, der sich anmelden ließe, blos um dem Gouverneur aufzuwarten, oder sich nach seinem Befinden zu erkundigen. Von sechs Uhr bis acht Uhr früh hat man das Glück, den Chef zu sprechen und jeder, der auf dies Glück harret, muß auf der Ebene vor dem Hause, unter freyem Himmel warten, bis er von der Leibgarde in's Haus gerufen wird.

Fährt der Gouverneur aus, so begleitet ihn immer ein Detaschement von der Leibwache zu Pferde; mit einem Officier und zwey blasenden Trompetern voraus. Begegnet Jemand in einer Kutsche dem Gouverneur in seinem Wagen, so muß er aussteigen und warten bis Seine Hochedelheit vorüber gefahren ist.

Zu Weltevreden hatte immer eine Kompagnie Dragoner die Wache, und um Befehle und Botschaften zu überbringen, wurde auch eine Anzahl Hellebardierer gehalten. Diese folgen dem Gouverneur überall, und haben den Rang nach dem jüngsten Fähnbrich; sie tragen kurze rothe tuchene Röcke, reich mit Gold besetzt.

Kömmt der Gouverneur in die Kirche, so stehen alle auf, sowohl Damen als Herren; selbst die Räthe von Indien erheben sich; und keiner setzt sich eher wieder nieder, als bis der Gouverneur sich gesetzt hat.

Die Gemahlin des Gouverneurs erhält die nemlichen Beweise der Ehrerbietung, und gleich ihm wird sie, wenn sie ausfährt, von einem Theile der Leibwache begleitet.

Der Generalgouverneur, den ich hier fand, Herr Peter Albert van der Parra, von Colombo, dem holländischen Hauptort auf der Insel Ceylon, gebürtig, war ein Mann, der alle Pracht haßte, und sich in dieser

Hin-

Hinsicht sehr von vielen seiner Vorfahren unterschied; er lebte höchst mäßig, trank gewöhnlich Wasser, selten Wein oder Bier, und war dabey den ganzen Tag über beschäftigt.

Auf den Gouverneur folgt im Range der Generaldirekteur, welches der älteste Rath von Indien ist; diesem ist die Direktion des gesammten Handels durch ganz Indien und nach Europa, so wie alles, was mit dem Handel in Verbindung steht, anvertraut. Wenn der Direkteur die gehörige Geschicklichkeit zu seinem Posten besitzt; so giebt sich der Gouverneur mit Handelssachen gar nicht ab.

Auf den Direkteur folgen die ordentlichen und außerordentlichen Räthe von Indien. Ihr Beruf ist, den Versammlungen beyzuwohnen, die der Gouverneur anstellt; gewöhnlich sind auch fast alle zu Batavia sich befindenden Räthe Präsidenten von Kollegien; und außerdem hat auch jeder derselben die Aufsicht über ein auswärtiges Comptoir; selbst der Gouverneur hat einige Comptoire und nur der Direkteur ist von dieser Bürde befreit geblieben, weil er ohnehin schon der Geschäfte genug hat. Doch diesen letzten Posten lassen die mehresten durch andere wahrnehmen, gewöhnlich durch einen Bedienten niederen Rangs; und so werden denn auch die besten Einrichtungen vereitelt.

Kömmt ein Rath von Indien oder die Frau eines solchen Raths in die Kirche, so stehen alle anwesende Mannspersonen, gerade wie bey der Erscheinung des Gouverneurs auf, und nur das schöne Geschlecht bleibt sitzen. Begegnet man einem Rathe im Wagen, so muß man halten und warten, bis der Herr vorübergefahren ist; auch muß man im Wagen aufstehen und grüßen. Fährt ein Rath aus, so laufen immer zwey Sklaven mit
Stö-

Stücken voraus; jeder andere darf nur **Einen** Sklaven vorausgehen lassen.

Es sind immer zwey Regierungssekretaire da; diese führen das Protocoll und bringen es nach geendigter Versammlung zum Gouverneur; dieser verfügt dann darauf, von welchen Sachen ein Beschluß abzufassen sey. Die Resolutionen werden von dem ersten Sekretair abgefaßt und dem Gouverneur zur Durchsicht vorgelegt, dieser macht die ihm beliebigen Veränderungen und dann werden sie in der nächsten Versammlung vorgelesen und gebilligt.

Das jährliche Traktement dieser Herren besteht in tausend Reichsthalern oder zwey tausend vierhundert Gulden, in sechshundert Reichsthalern Hausmiethe, siebenhundert Reichsthalern Papiergeld, dreyhundert Reichsthalern Kostgeld und in einer guten Provision Lebensmittel aus den Packhäusern der Kompagnie; alles zusammen mag viertausend Reichsthaler oder neuntausend sechshundert Gulden betragen. Ausserdem genießt der erste Sekretair noch sogenannte Diplomgelder, und diese Gelder sind ansehnlich, wenn viele Gouverneure, Direkteure und Kommandeure angestellt werden, denn diese müssen ihre Patente ziemlich hoch einlösen, manche wohl mit tausend Reichsthalern. Bey alle dem können diese Herren nichts zurücklegen, weil alles, was sie einnehmen, nach der einmal hier eingeführten Lebensweise, auch wieder in ihrer Haushaltung draufgeht; deswegen wird ihnen dann gemeiniglich, nach drey- oder vierjähriger Amtsverwaltung ein Gouvernement oder eine Direkteursstelle auf einem auswärtigen Comptoire ertheilt. In die Stelle des Sekretairs rückt dann gewöhnlich der Geheimschreiber des Gouverneurs. In der Canzley der hohen Regierung, die in dem Kastel, neben dem Gouvernement befindlich ist, arbeiten täglich sechs und dreyßig bis vierzig Schreiber.

Die Justiz über die Bediente der Kompagnie wird von dem Justizrathe verwaltet. Der Instruktion nach ist dieser Rath gänzlich unabhängig von dem Rathe von Indien, aber auch die Mitglieder dieses Raths haben Bedürfnisse, und so entfernen sie sich denn nicht gern weit von der Quelle aus der hier alles Heil ströhmt, das heißt, auch sie bequemen sich nach dem Willen des Oberherrschers.

Der Justizrath besteht aus einem Präsidenten, der im Range auf den jüngsten Rath von Indien folgt, aus acht ordentlichen Mitgliedern und aus zwey Zugeordneten, die aus den Bedienten der Kompagnie genommen sind. Ihre Tractamente und Emolumente betragen, wie man mir berichtete, nicht über zwey und zwanzig hundert Reichsthaler, und mit dieser Summe reichen sie nicht wohl, wenn sie Familie haben. Sie müssen zehen Jahre lang, als Justizräthe gedient haben, ehe sie um eine andere Bedienung sich bewerben können.

Bey diesem Rathe sind zwey Fiskale angestellt, der eine heißt Advokatfiskal, und dieser muß auf alle Bediente der Kompagnie ein wachsames Auge haben; der andere, der den Titel Wasserfiskal hat, führt alle Anklagen, welche die Schiffahrt betreffen. Diese Stelle war ehemals eine der einträglichsten Bedienungen in ganz Indien; sie ist es noch, aber nicht mehr so ergiebig; der Privathandel ist gegenwärtig bey weitem nicht mehr so vortheilhaft, und gerade dieser Handel machte bey diesem Posten ehemals die Hauptsache aus.

Ausser dem Justizrathe besitzt Batavia noch ein besonderes Gericht, vor das die Bürger und die freyen Leute, die nicht im Dienste der Kompagnie stehen, gehören. Dies Gericht heißt das Kollegium der Schöffen; es besteht aus acht Mitgliedern, nebst einem Präsidenten, der ein Rath von Indien ist.

Bey

Bey diesem Kollegio ist ein Baillieum (Baillif) angestellt, der die Angelegenheiten der Stadt zu besorgen hat, und ein Drossaart der Batavische Ommelanden; die Bedienungen beyder sind sehr einträglich und werden blos Lieblingen zu Theil.

Die Strafen, auf die hier erkannt wird, sind ausserordentlich hart, vorzüglich in Rücksicht der Morgenländer, und das Spießen ist wohl die schrecklichste. Ich sah diese Strafe im Jahr 1769 an einem makassarischen Sklaven, der seinen Herrn ermordet hatte, auf folgende Art ausüben.

Man legte den Unglücklichen auf den Bauch nieder; vier Männer faßten und hielten ihn; dann machte der Scharfrichter unten am Rückgrab, in der Gegend des sogenannten heiligen Beines, einen Einschnitt, und stach in diesem den Spieß hinein. Der Spieß war sechs Fuß lang, glatt, scharf und von Eisen; er wurde zwischen dem Rückgrab und der Haut durchgetrieben; der Scharfrichter hielt und lenkte den Spieß, während zwey Männer ihn mit Gewalt hindurch trieben, bis er oben am Halse zwischen den Schultern heraus kam. Nun wurde das untere Ende des Spießes in einen Pfahl hineingestoßen und befestigt, und dann der Pfahl aufgerichtet und in die Erde gegraben. Am obern Theile des Pfahls, etwa zehn Fuß über der Erde, war eine kleine Bank angebracht, und auf dieser ruhete der Körper.

Unglaublich war die Gefühllosigkeit dieses Unglücklichen; nur zweymahl brach er während dieser gräßlichen Operation in ein Jammergeschrey aus; da nehmlich, als man den Spieß in dem Pfahl befestigte, und da, wie der Pfahl aufgerichtet wurde. In dem schrecklichsten Zustande, am Spieße hangend, blieb er bis der Tod seine Leiden endigte, und dieser befreiete ihn am folgenden Tage Nachmittags um drey Uhr; es fiel ein Platzregen
ein,

ein, der eine Stunde anhielt, und eine halbe Stunde darauf starb er.

Man hat zu Batavia Beyspiele erlebt, daß solche Unglückliche acht und mehrere Tage lebend am Spieße steckten, ohngeachtet sie auch nicht die mindeste Nahrung erhielten. Nahrungsmittel können ihnen nicht gereicht werden, da eine Wache in der Nähe dieß durchaus verhindern muß. Mir sagte ein Chirurgus zu Batavia, daß bey der hier eingeführten Methode des Spießens kein edler Theil verletzt werde, dessen Verletzung an und für sich tödtlich sey. Eben dadurch wird diese Strafe um desto schrecklicher; fällt aber Regen ein, so entsteht der kalte Brand, der schnell um sich greift, und dann erfolgt der Tod unmittelbar.

Der Sklave, den ich diese Todesstrafe erdulden sah, jammerte immer über unleidlichen Durst, und dieser muß bey einer solchen Marter nothwendig eintreten; denn den Tag über ist der Unglückliche der brennendsten Sonnenhitze und der Menge stechender Insecten ausgesetzt. Drey Stunden vor seinem Tode gieng ich noch einmahl zu ihm hin; ich fand ihn im Gespräch mit den Umherstehenden; er erzählte, wie er seinen braven Herrn ermordet hätte, und wie sehr er sein Verbrechen verabscheue. Er erzählte dies mit vieler Ruhe, brach aber mit einemmahle in ein wildes Geschrey über Durst aus; endlich brüllte er gar vor Verzweiflung und vor Schmerz, aber niemand durfte ihm einen Labetrunk darreichen.

So unmenschlich diese Strafe auch ist, so sind doch viele der Meinung, daß sie hier zu Lande nicht abgeschafft werden könne, weil man täglich mit einer Nation zu schaffen hat, die nicht nur verrätherisch ist, sondern auch durch keinen moralischen Grundsatz von den gröbsten Missethaten abgehalten wird. Besonders werden von den Sklaven, die von Celebes oder Makasser kommen,

men, und noch mehr von den Bokanesen die greulichsten Mordthaten begangen, auch gehören zu dieser Nation die mehrsten Amok Spuwers. Dies heißt in der Sprache jener Nation soviel als todtschlagen und jene Leute werden Amok Spuwers genannt, weil sie diese Worte häufig ausstoßen, wenn sie durch allzuvieles Opium, oder durch andere Mittel, zu einer künstlichen Raserey gebracht, in den Straßen von Batavia auf und nieder rennen. In einem solchen selbst erregten Paroxismus ermorden sie denn mit Messern und andern Werkzeugen alles, was ihnen in den Wurf kömmt, ohne Rücksicht auf Geschlecht, auf Rang und auf Alter; und sie morden fort bis man sie erschießt, oder sich ihrer bemächtigt. In dieser Art von Raserey rennen sie auf die Gewehre los, die man ihnen entgegen hält und ermorden oft noch ihre Gegner, auch wenn sie selbst schon tödtlich verwundet sind.

Um sich ihrer zu bemächtigen, bedient man sich eines Stocks zehn bis zwölf Fuß lang, an dessen Ende zwey Hölzer von drey Fuß länge und inwendig mit scharfen eisernen Nägeln beschlagen, gabelartig befestigt sind. Dies hält man den Amok Spuwer vor; seine Tollheit treibt ihn hinein und so fängt man ihn. Ist er tödtlich verwundet, so wird er ohne weitern Proceß, in Gegenwart von zwey oder drey Justizräthen, sogleich gerädert. Verschiedenemal erlebte ich dies schreckliche Schauspiel während meines Aufenthalts in Batavia und meistentheils wurden Verbrechen dieser Art am Abend begangen.

Die Waisenkammer zu Batavia ist zugleich auch Waisenkammer des ganzen östlichen Indiens der Holländer. Zwar hat jedes einzelne Comptoir auch seine eigene Waisenkammer, aber diese müssen von ihrer Administration die Waisenkammer in Batavia, unterrichten

richten und die Gelder der gestorbenen Waisen, oder berer, die sich von ihrem Geburtsorte entfernt haben, nach Batavia senden.

Dies Kollegium besteht aus einem Präsidenten, der Rath von Indien ist, und aus sechs Waisenmeistern, die der Rath von Indien anstellet; auch hat dies Kollegium einen Sekretair und einen beeidigten Schreiber. Das Kapital, welches die Waisenkammer im Jahr 1766 zu verwalten hatte, belief sich auf zwey Millionen und dreyhundert drey und neunzigtausend fünfhundert und sechs und sechzig Gulden.

Unter der Regierung des Gouverneurs von Imhof bildete sich zu Batavia auch eine Gesellschaft zum Opiumhandel. Der Fond derselben wurde durch Aktien, jede von zweytausend Reichsthalern zusammengebracht; doch ist bis jetzt noch nicht mehr als die Hälfte des angesetzten Werthes auf jede Aktie gezahlt worden, die andere Hälfte kann aber gefordert werden. Die Dividende ist nicht immer gleich, aber jedesmahl sehr ansehnlich. Die Aktien können wohl mit beträchtlichem Aufgelde verkauft werden, die mehrsten befinden sich aber in den Händen der Räthe von Indien.

Die Führung dieses Handels besorgt ein Direkteur, der zugleich Rath von Indien ist; auch hat die Gesellschaft zwey dirigirende Hauptinteressenten, nebst einem Kassirer und einem Buchhalter.

Jede Kiste Opium kostet der ostindischen Kompagnie zweyhundert und funfzig und zuweilen auch dreyhundert Reichsthaler; sie erhält aber dafür von der Gesellschaft fünfhundert Reichsthaler, dagegen ist die Kompagnie verbunden, ihr Opium an Niemand anders als an diese Gesellschaft zu verkaufen, und diese letztere gewinnt bey diesem Handel nicht wenig, denn ihr wird jede Kiste mit acht bis neunhundert Reichsthalern und wohl-

wohl noch drüber bezahlt. So ansehnlich dieser Gewinn auch ist, so würde er doch noch beträchtlicher seyn, wenn die Bedienten der Kompagnie, besonders die Schiffsleute und Frembe, aller Verbote ohnerachtet, diesen Handel nicht ebenfalls trieben. Den Bedienten der Kompagnie ist er bey Todesstrafe, und jeder fremben Nation ist die Einfuhr von Opium nach irgend einem Orte des holländischen Gebiets in Ostindien, bey Strafe der Konfiskation des Schiffs und der Waare untersagt; aber alles dies kann die Contravention nicht hindern, weil der Gewinn von diesem Handel so sehr groß ist. An strenger Visitation der Schiffe, die auf dem Ganges ankommen, läßt es zwar die Kompagnie, zu Entdeckung der Contrebande, keinesweges fehlen; allein selten wird etwas ausfindig gemacht, weil die zu besorgenden Folgen einer Entdeckung zur größten Vorsichtigkeit führen. Auch leidet die Gesellschaft noch sehr durch den Schleichhandel, den die Engländer auf den östlichen Eilanden und über Malakka, insgeheim treiben.

Wenn auf der Rhede von Batavia Schiffe von solchen Orten her ankommen, von wo sie verbotene Waaren mitbringen könnten, so werden am folgenden Tage zween Herren aus dem Justizrathe, nebst dem Wasserfiskal, und dem Kapitaingeweldiger zur Visitation abgesandt; die würkliche Visitation nimmt aber nur der letztere vor, und stattet dann dem Fiskal und den Räthen Bericht ab.

Im Jahr 1762 wurde zu Batavia ein Chef der Seemacht angestellt. Diesen Posten bekleidete Herr Houtingh, Viceadmiral von Holland beym Norderquartier. Er hat den Rang eines Raths von Indien, folgt aber erst auf den jüngsten der Räthe von Indien; auch hat er eben die Vorrechte, die ein Rath hat, wird Edeler Herr genannt und kann der Versammlung der hohen Regierung beywohnen. Doch ist ihm nur erlaubt, in Seesachen sein Gutachten zu ertheilen.

Das Hauptgeschäft dieses Mannes besteht in der Aufsicht über den Schiffsbau; er muß die Journale untersuchen lassen; er hat die Zeilagie Ordres *) und die Ordonanzen in Betreff des Ablieferns der Equipagegüter an die Schiffe zu unterschreiben, und endlich alles, was die Seefahrt betrift, in gehöriger Ordnung zu erhalten.

Auf ihn folgt der Kommandeur oder Oberequipagemeister; diesem sind alle Verfügungen über die Equipagegüter anvertrauet; auch führt er beym Einladen und Ausladen, desgleichen über die Bemannung und die Verproviantirung der Schiffe die Aufsicht. Diese Stelle war ehemals eine der vortheilhaftesten und zugleich lästigsten; die Vortheile aber verminderten sich sehr, seitdem ein Chef der Seemacht angestellt wurde, und nur das Beschwerliche blieb. Zum Gehülfen ist dem Kommandeur ein Vicekommandeur und Unterequipagenmeister zugegeben worden; dieser hat Kapitainsrang, besorgt das Ein- und Ausladen der Schiffe und verwaltet das Amt des Kommandeurs ganz, wenn dieser leztere krank oder abwesend ist.

Diesen drey Beamten ist von der Kompagnie erlaubt worden, einige Lasten Waaren — nur keine verbotene — den nach Indien gehenden Schiffen mitzugeben, und die Größe dieser Lasten soll sich nach der Größe der Schiffe richten.

Nun folgen die Scheeps hoo Iben, die gegenwärtig, da die Kompagnie keine Kapitaine oder Kapitainlieutenants mehr hat, aus Schiffern und Ober- und Untersteuer-

---

*) Zeilandje, alles was zum Seegelwerk eines Schiffes gehört.

steuerleuten bestehen. Die Erstern haben Kaufmannsrang.

Die Landmiliz steht unter einem Chef, der ehemals
den Titel Kapitainmajor führte und nun Brigadier heißt.
Er folgt im Range auf den Chef der Seemacht. Unter
ihm stehen zwey Oberstlieutnants, von welchen einer zu
Batavia, der andere zu Ceylon die Miliz kommandirt, und dann noch sechs Majors, von welchen einer zu
Ceylon, einer auf der Küste Malabar, einer auf
dem Vorgebürge der guten Hoffnung und zwey
zu Batavia ihren Standort haben; einer der Letztern ist
zugleich auch Chef der Artillerie.

Das Dragonercorps zu Batavia dient zur Leibwache für den Gouverneur. Die Infanterie besteht aus
zwey Bataillons, die in und außer Batavia in Gar-
nison liegen.

Außer diesen regulären Truppen hat man zwey
Kompagnien Pennisten errichtet, die aus Kaufleuten,
Unterkaufleuten, Buchhaltern und Assistenten bestehen.
Die eine dieser Kompagnien heißt die Kompagnie der
Pennisten des Kastels, die andere die Kompagnie der
Stadtpennisten. An der Spitze der Erstern steht der erste Sekretair der hohen Regierung, und die zweyte führt
einer von den Oberkaufleuten des Kastels an. Einmal
im Jahr verrichten sie ihre Exercitien vor dem Gouverneur und der hohen Regierung. Jede dieser Kompagnien hat ihre besondere Mondirung.

Ferner sind zwey Kompagnien von den im Lohn der
ostindischen Gesellschaft stehenden Leuten formirt; eine
nehmlich von den Seeleuten auf dem Equipagenwerft, an
deren Spitze der Kommandeur und Oberequipagenmei-
ster steht, und die zweyte von den Handwerksgesellen in
dem Quartier, mit dem Fabrik, als Kapitain an der
Spitze.

Stavor. Reisen.   O   Auf

Ausserdem sind auch noch alle Freyleute, oder Bürger der Stadt, in zwey Kompagnien zu Fuß und zu Pferde eingetheilt; ein Rath von Indien kommandirt sie, und des Nachts halten sie bey oder auf dem Rathhause die Wache.

Alle Chirurgen, sowohl die, welche auf den Schiffen angestellt sind, als auch die, welche bey den Hospitälern dienen, stehen unter einem Chef, der Oberkaufmannsrang hat.

Da ich bey allen diesen Bedienungen den damit verbundenen Rang jedesmal so genau angegeben habe, so muß der leser wißen, daß der Rang in den Besitzungen der Kompagnie eine Sache von äußerster Wichtigkeit ist. In Gesellschaften hat der Herr des Hauses kein angelegentlicheres Geschäft, als jedem Gaste ganz pünktlich die Stelle anzuweisen, die sein Rang ihm zuerkennt; keiner der Gäste kann gröblicher fehlen, als wenn er nicht genau, dem Range der Mitglieder gemäß, seine Gesundheit jedem zubringt, oder sonst auf irgend eine Art die Achtung verletzt, die er jenem Abgotte, dem Range, schuldig ist. Besonders sind die Damen in diesem Punkt unerbittlich streng; überall machen sie den Rang des Mannes geltend, und finden sie sich auf eine niedrigere Stufe gesetzt, so sprechen sie in der Gesellschaft nicht nur kein Wort, sondern sie geben auch ihren Unwillen durch ein störrisches Betragen ganz ausdrücklich zu erkennen. Es ist nicht selten, daß, wenn zwey Damen von gleichem Range einander in Kutschen begegnen, keine der andern weichet, sollten sie auch Stunden lang still halten. Kurz vor meiner Ankunft in Batavia hatten die Frauen zweyer Geistlichen einen solchen Auftritt mit einander; eine volle Viertelstunde hielten ihre Wagen auf einem engen Wege, und diese ganze Zeit über warfen sie sich die ausgesuchtesten Schimpfwörter zu, wobey
unter

unter andern: „Hure" und „Sklavenkind" nicht gespart wurden. Scheltend und tobend fuhren sie endlich neben einander vorbey, und dieser Vorfall gab nicht nur Anlaß zu einem Proces, sondern dieser Proces wurde auch mit aller möglichen Erbitterung geführt.

Um allem Streit über den Rang vorzubeugen, erschien im Jahr 1764 eine Resolution von der hohen Regierung; auch bestimmte man in derselben den Aufwand bey Beerdigungen. Schade nur, daß auch hier, wie überall, die Gesetze so bald vergessen werden.

Unter der Regierung des Herrn von Mossel wurde eine Kleiderordnung publicirt; nach dieser Verordnung sollten nur Leute von einem gewißen Range besetzte Kleider tragen dürfen, allein zu meiner Zeit gieng, wer nur Lust dazu hatte, in einem Tressenrocke einher; Sammetröcke waren aber doch so gemein nicht; sondern wurden höchstens nur von Oberkaufmann an getragen. *)

Die Zahl der Prediger zu Batavia beläuft sich, wenn alle Stellen besetzt sind, auf zwölf; davon halten sechs ihre Vorträge in holländischer Sprache, vier in der portugiesischen und zwey in der malayischen, und dann giebt es hier noch drey lutherische Geistliche, diese predigen in holländischer Sprache. **)

Des Sonntags wird nur in der holländischen Kirche zweymal, des Morgens und Nachmittags um vier Uhr, geprediget; und dazu kömmt nur noch eine Katechisation am Mittewoch Abend; ist jede Stelle besetzt, so ha-

*) Verordnungen in Betreff des Luxus sind mehrere erschienen. Valentyn V. 230. Hupfer 143. u. f. L.
**) Die malayische Sprache ist zu einer Art allgemeiner Handelssprache in Ostindien geworden. Malayer findet man auf der Halbinsel Malakka, auf Sumatra und auf den Küsten aller S. O. asiatischen Inseln. Gatterers Geographie. Göttingen. 1793. S. 421. und 422. L.

haben also die Geistlichen gar keine Ursach über einen schweren Dienst zu klagen; der Gottesdienst am Morgen beginnet überdem schon um halb neun Uhr und ist gegen zehn Uhr, wenn die größte Hitze anfängt, geendigt.

Von kirchlichen Uneinigkeiten hört man hier nichts. Die hohe Regierung thut alles, was sich nur thun läßt, die Ruhe zu erhalten, und sollten ja einmal Kämpfer auftreten, so würde man sie kräftig und zeitig genug aus einander zu bringen wissen. Valentyn hat ein Beyspiel einer solchen Scheidung mitgetheilt, das die Anführung jedes andern unnöthig macht.

Es wäre sehr zu wünschen, daß immer tugendhafte und geschickte Lehrer nach Batavia gesendet würden, daß dies aber nicht durchaus geschah, sieht man aus einer Resolution der hohen Regierung vom Jahr 1768, in welcher die Versammlung der Siebenzehner auf das nachdrücklichste ersucht wird, einige gute Geistliche, oder auch nur Candidaten nach Batavia zu senden.

Der Gehalt der Geistlichen war eintausend acht hundert Gulden jährlich; wenn man hiezu Hausmiethe, Kostgeld, und einige andere Posten rechnet, so beträgt die ganze jährliche Einnahme gegen dreytausend Gulden, und diese reichen nicht zu, wenn der Geistliche mit seiner Familie auf den Fuß, wie ein Oberkaufmann, leben will.

Jährlich, oder alle zwey Jahre, geht einer der Prediger von Batavia nach den holländischen Besitzungen auf der Westküste von Sumatra, um dort das Abendmahl auszutheilen und Taufen und Trauungen zu verrichten; und diese Gelegenheit weiß man trefflich zum Vortheil der Börse zu benutzen; es werden nemlich Waaren mitgenommen. *)

Die

*) Man zählt im östlichen Indien der Holländer 240 Kirchen und Schulen, und die Zahl der Geistlichen oder vielmehr

Die gangbaren Münzen zu Batavia, gegen welche die mehresten Waaren umgesetzt werden, sind folgende:

Die guten, niederländischen, geränderten Dukaten, deren Werth sechs Gulden und zwölf Stüver beträgt.

Die goldenen japanischen Coupangs, von welchen die alten vier und zwanzig Gulden und die neuen vierzehn Gulden und acht Stüver gelten.

Der spanische Mat oder Piaster; der im Durchschnitt zwischen drey und sechzig und sechs und sechzig Stüver gilt.

Der geränderte, silberne Ducaton. Dieses ist die gewöhnliche Handelsmünze der Kompagnie zu Batavia, zu Colombo und auf den dazu gehörigen Komptoiren, zu Ceylon, auf der Westküste von Sumatra, zu Java, Cheribon, dem Vorgebürge der guten Hoffnung und auf den ostwärts gelegenen Komptoiren. Nach dem Werthe, nach welchem alle andere Münzen berechnet sind, beträgt sein wahrer Werth sechs und sechzig Stüver; nach Indischem Gelde gilt er aber achtzig Stüver, und dafür coursirt er zu Batavia. Am Vorgebürge der guten Hoffnung gilt er zwey und siebzig Stüver und zu Cochin fünf und siebzig. Der ungeränderte Dukaton gilt zu Batavia zwey Stüver weniger.

Die geränderte bataviasche Rupie, der silberne Derham d'jawa genannt, wurde ehemals zu Batavia ausgeprägt; sein wahrer Werth ist ein Gulden, drey Stüver und neun⅔ Pfennige; die Kompagnie berechnet ihn aber zu vier

mehr Prediger betrug in neueren Zeiten nur 30. Die besten Nachrichten von dem Kirchenzustande dieser Länder hat Hofstede in seinem Ostind. Kerkz. mitgetheilt. L.

vier und zwanzig Stüver, und von allen Rupien ist diese die einzige, die zu Batavia für dreyßig Stüver gangbar ist; alle übrige nimmt man nur zu sieben und zwanzig Stüver, und die persischen hält man für die besten; auch circuliren halbe und Viertelrupien.

Die Scheidemünze besteht aus Schillingen, Dubbeldjes und Deuten.

Man hat alte und neue, oder wie man diese zu nennen pflegt, Scheepjes-Schellinger; jene gelten sechs, diese achtehalb Stüver. Die alten, äußerst abgenutzten Dubbeldjes, nimmt man für zwey, die neuen aber für drittehalb Stüver. Von Deuten sind nur diejenigen gangbar, welche den Stempel der Kompagnie tragen, und der Werth derselben ist ein Dorbje.

Der Reichsthaler gilt acht und vierzig Stüver; drey neue, oder gerändete Dukatons machen also fünf Reichsthaler aus.*)

Die mehrsten Waaren werden nach Picols angegeben; jeder Picol hält hundert und fünf und zwanzig Pfund Amsterdammer Gewicht; hundert Cattys machen einen Picol; jeder Catty ist also $\frac{5}{4}$ Pfund schwer.

Der Reis, so wie anderes Getreide, wird nach Coyangs bestimmt; aber die Coyangs sind von verschiedenem Gewicht; in den Büchern der Kompagnie wird der Coyang Reis als dreytausend fünfhundert Pfund schwer angenommen, wird er aber verschifft, so werden für einen Coyang nicht mehr als dreytausend vierhundert Pfund Reis an Bord des Schiffes geliefert; wird er in Batavia selbst verkauft, so hält er nur dreytausend dreyhundert Pfund; wird er von dem Administrator nach den

*) Der Reichsthaler, so wie die Stüver, sind nur eingebildete oder sogenannte Rechnungsmünzen. L.

den auswärtigen Komptoiren gesandt, so ist der Coyang nur dreytausend zweyhundert Pfund schwer; nur dreytausend einhundert Pfund wiegt er, wenn ihn die Schiffer abliefern, und kommt er endlich in die Packhäuser, so hat er dreytausend Pfund; doch tritt dieser letztere Fall, daß nemlich der Coyang fünfhundert Pfund von seinem ursprünglichen Gewicht verlohren hat, nur blos alsdann ein, wenn er in diejenigen Packhäuser der Komptoire kommt, die, wie das Vorgebürge der guten Hoffnung, Malakka, Ceylon und einige andere, ihren Reis von Batavia bekommen.

Der Zucker wird nach Canassers verkauft, jeder derselben hält drey Picols, also dreyhundert fünf und siebzig Pf. netto, oder vierhundert und fünf Pf. brutto.

Der Ganting ist ein kleines Reismaaß von dreyzehn und einem halben Pfund.

Jeder Ballen Kaffee, welcher von Batavia nach Holland gesandt wird, wiegt zweyhundert und zwey und zwanzig Pfund, und ein Ballen Zimmet achtzig Pfund.*)

Fünfter Abschnitt.
Lebensart der Europäer in Batavia.

Die Lebensart der Europäer in Batavia ist fast bey allen dieselbe; Vaterland und Rang machen darin keinen Unterschied. Des Morgens um fünf Uhr, oder auch noch

*) Mit diesen Angaben müssen verglichen werden die Angaben in Batavia III. p. 21. u. f. und in den Verhand. der Bat. Gen. I. p. 64. u. f. K.

noch früher, wenn der Tag anbricht, steht man auf; in einem leichten Nachtrock, der Kabay genannt wird, und über den nackten Leib geworfen ist, setzt sich der größere Theil vor die Thür und trinkt Kaffee oder Thee; dann kleidet man sich an und geht seinen Geschäften ausser dem Hause nach. Fast alle, die eine Bedienung haben, müssen vor oder gegen acht Uhr, auf ihren Posten seyn. Um eilf oder halb zwölfe ist jeder wieder zu Haus. Um zwölf Uhr wird zu Mittage gespeiset. Bis vier Uhr dauert der Nachmittagsschlaf, und von vier bis sechs wird entweder wieder gearbeitet, oder man nimmt eine Spazierfarth vor. Um sechs Uhr fangen die Gesellschaften an; man spielt oder unterhält sich mit einander bis neun Uhr, und nun kann jeder nach Haus gehen oder zum Abendessen bleiben. Um eilf Uhr ist alles geendigt; um diese Zeit begiebt man sich gewöhnlich zur Ruhe.

Frölichkeit herrscht überall, aber diese Frölichkeit ist mit einer gewissen Zurückhaltung verbunden, welche Würkung einer willkührlichen Regierung ist; schon das unbedeutendste Wort kann sehr nachtheilig werden, auch wenn es an und für sich nicht beleidigt, sondern nur als beleidigend genommen wird. Mehr als einmahl habe ich es in Batavia gehört: „hier kann man seinem eigenen Bruder nicht trauen!"

In jenen Gesellschaften sieht man keine Damen, diese haben ihre eigenen Zusammenkünfte.

Die verheiratheten Männer machen sich mit ihren Frauen wenig zu schaffen, und bezeigen auch wenig Achtung für sie; die mehresten unterhalten sich niemahls mit ihnen über wichtige Gegenstände, oder über Gegenstände, deren Kenntniß täglich erfodert wird; und so sind und bleiben diese Weiber, auch wenn sie schon Jahrzehnde hindurch im Ehestande gelebt haben, eben die einfältigen Geschöpfe, die sie am Hochzeittage waren; gleichwohl fehlt es den Wei-

bern

bern hier im mindesten nicht an Anlagen, sondern blos den Männern fehlt es an Lust, diese Anlagen auszubilden.

Die Männer tragen sich hier eben so wie in Holland und zwar häufig schwarz gekleidet.

Kommt man in ein Haus, in dem man eine Stunde oder noch länger bleibt, so wird man von dem Herrn des Hauses ersucht, sich durch Ablegung einiger Kleidungsstücke bequem zu machen. Man legt dann den Degen ab, zieht den Rock aus, nimmt die Perücke vom Kopf — die wenigsten tragen hier ihr eigenes Haar — und setzt eine weiße Mütze auf, die man zu diesem Behuf beständig in der Tasche bey sich führt.

Wer ausgeht, hat einen Sklaven mit einem Sonnenschirm hinter sich; wer aber dem Range nach weniger als Unterkaufmann ist, muß ohne Sklaven erscheinen, und seinen Sonnenschirm selber tragen.

Die mehresten weißen Frauen in Batavia sind in Indien gebohren; die Zahl derer, welche mannbar aus Holland hieher kommen, ist unbedeutend; von jenen nur ist hier die Rede.

Diese Schönen stammen entweder von europäischen Müttern, oder von indischen Sklavinnen her, die anfangs nur Beyschläferinnen eines Europäers waren, und dann Frauen und Christinnen, oder wenigstens getauft wurden.

Die mit Sklavinnen erzeugten Kinder verrathen bis in das dritte oder vierte Geschlecht ihre Abkunft vorzüglich dadurch, daß sie viel kleinere Augen haben, als die, welche von europäischen Vätern und Müttern abstammen. Die von Portugiesen erzeugten werden nie ganz weiß.

Die in Indien gebohrnen Kinder nennt man Liplappen, auch wenn beyderseitige Eltern aus Europa gebürtig sind.

Die Mädchen werden hier gewöhnlich im zwölften oder dreyzehnten Jahre mannbar; einige sogar noch früher, und selten ist es, daß ein Mädchen nicht auch in diesem Jahre schon einen Mann erhielte, wenn sie nur nicht gar zu häßlich ist, und nur etwas Geld zu erwarten, oder nur etwas geltende Anverwandte hat.

Bey diesem frühen Verehelichen läßt es sich leicht erwarten, daß dem Mädchen alles fehlt, was eine Frau wissen muß, die ihrem Hauswesen wohl vorstehen will. Manches Mädchen wird hier getraut, das weder lesen noch schreiben kann, das weder einige Begriffe von Religion, noch von äußerem Anstande und von Manieren hat.

Eine Folge des frühen Heirathens ist es auch, daß die Ehen selten kinderreich sind, und daß eine Frau von dreyßig Jahren schon zu den alten gezählt wird. Eine Frau von funfzig Jahren in Europa, hat auch in der That ein weit blühenderes und jugendlicheres Ansehen, als eine Frau zu Batavia, die dreyßig Jahre alt ist. Ueberdies fehlt den Schönen von Batavia durchaus nicht nur das Frische und Blühende, was unser europäisches Frauenzimmer so vortheilhaft auszeichnet, sondern selbst das Einzige, worauf sie eigenthümlich Anspruch machen können, eine zarte Weiße der Haut, kommt einem Europäer leichenfarbig vor. Wahre Schönheiten sucht man unter ihnen ganz vergebens, und die Schönsten, die ich fand, würden in Europa höchstens in die Mittelklasse kommen. Eben die Geschmeidigkeit, die man bey dem weiblichen Geschlechte in Westindien, und in allen warmen Ländern findet, findet sich auch bey ihnen; sie können Arme und Hände in die widernatürlichste Richtung bringen.

Trägheit und Unthätigkeit sind ihre gewöhnlichen Fehler, und theils ihrer Erziehung, theils der Menge von

Skla-

Sklaven und Sklavinnen zuzuschreiben, die man zu ihrem Dienste hält.

Gegen acht Uhr stehen sie auf und bringen den ganzen Vormittag in Gesellschaft der Sklavinnen hin. Sie spielen mit diesen elenden Geschöpfen, sprechen und lachen mit ihnen, doch ist es gar nichts seltenes, daß sie, einige Augenblicke nach dem herzlichsten Gelächter, einer Kleinigkeit wegen, sie derb durchpeitschen lassen. Sie sitzen da unter den Sklavinnen auf einem Kanapee, oder wie Morgenländerinnen auf dem Boden, mit einem leichten Gewande bedeckt. Sie kauen Betel und javanischen Taback, wodurch sich in kurzer Zeit ein schwarzer Rand auf den Lippen festsetzt, der Mund häßlich wird, und die Zähne schwarz werden.

Vermittelst gehöriger Erziehung würde aber das weibliche Geschlecht sicherlich auch hier werden, was es seyn soll. Statt dessen übergiebt man das Kind unmittelbar nach seiner Geburt einer Sklavin, die es säuget; unter Sklavinnen ist und bleibt es sodann, bis zu seinem achten oder zehnten Jahr, und diese Gesellschafter und Erzieher des Kindes unterscheiden sich kaum von vernunftlosen Thieren; alle ihre schlechten Sitten und Gewohnheiten, ihre Vorurtheile und ihre Laster theilen sie dem Kinde mit, und dieses erscheint daher sein ganzes übriges Leben hindurch mehr wie ein Abkömmling verächtlicher Sklaven, als der Nachkomme freyer und edler Menschen!

Für das Baden und Waschen sind sie sehr; wenigstens zweymahl in jeder Woche baden sie sich im Hause, in einer großen Wanne, oder ausserhalb der Stadt, im Flusse.

Die Weiber sind hier, fast ohne Ausnahme, unerhört eifersüchtig, und gegen diejenigen Sklavinnen, welche sie im Verdacht eines Einverständnisses mit ihrem Man-

Manne haben; bis zur Grausamkeit rachgierig; gleichwohl darf die Sklavin den Mann nicht zurückweisen, wofern sie sich nicht von seiner Seite der härtesten Behandlung aussetzen will. Man hat Beyspiele, daß dergleichen Weiber, die Sklavin, auf welche sie eifersüchtig gewesen, mit dünnen Röhren so grausam auf den Hintern haben peitschen lassen, daß sie auf der Stelle todt geblieben ist. Auch versicherte man mich, daß unter andern sinnreichen Martern die Weiber hier das Talent hätten, ihre Sklavinnen an einer gewissen, sehr empfindlichen Stelle mit den Zähen dergestallt zu kneifen, daß sie gleich davon in Ohnmacht fallen*). Auch des Mannes Treulosigkeit wissen sie zu ahnden, nur nicht auf eine so barbarische, und zugleich auf eine, dem Weibe leichtere Art.

Das warme, stark auf den Körper würkende Klima, und die unregelmässige Lebensart der Herren vor ihrer Verheirathung, dürfen hier aber auch nicht übersehen werden, und geben häufig genug Veranlassung, daß die Frau sich vergißt.

Alle Trauungen zu Batavia geschehen am Sonntage, doch darf sich die Neuvermählte der hier eingeführten Etiquette gemäß, erst am Mittwochen Abend, wenn sie zum Gottesdienst geht, öffentlich zeigen.

Ist eine Frau Wittwe geworden und der Leichnam des Verstorbenen beerdigt, was gewöhnlich schon am Tage nach dem Absterben geschieht, so stellen sich, falls die Wittwe begütert ist, sogleich die Freyer in Menge ein. Ich kannte eine Dame zu Batavia, die während

---

*) Dies würklich ausserordentliche Talent zum Kneifen, glaubt Herr Stavorinus, zum Theil wenigstens, dadurch begreiflich zu machen, daß er hinzusetzt, die Weiber giengen im Hause gewöhnlich mit blossen Füßen. L.

rend meines dortigen Aufenthalts ihren Mann verlohr. Am Ende der vierten Woche nach des Mannes Tode befand sie sich bereits in den Armen des vierten Anbeters; nach Verlauf von vier Monaten schlief sie schon an der Seite ihres zweyten Mannes, und noch früher wäre ihr der zweyte Mann zu Theil geworden, wenn nur die Gesetze es früher erlaubt hätten.

Die Kleidung der hiesigen Frauenzimmer ist sehr leicht und ganz verschieden von der holländischen. Ladet eine Dame die andere ein, so wird jedesmahl dabey bestimmt, ob man mit der langen, bis auf die Füße herabreichenden, oder mit der kurzen, nur die Knie bedeckenden Kabay erscheinen solle. Alle gehen mit entblößtem Haupte; das schwarze, von den Seiten glatt hinaufgestrichene und mit Gold und Juwelen geschmückte Haar, glänzt von Kokosöhl; und der Kopfschmuck macht einen so wichtigen Theil des Anzugs aus, daß diejenige Sklavin sich am mehresten in Gunst setzt, die am geschicktesten das Haar zu behandeln weiß. Nur am Sonntag kleiden sich die Damen noch wohl auf holländische Art, sonst erscheinen sie immer in leichten Kleidern.

Geht eine Frau aus, so geschiehet es gewöhnlich mit einem Gefolge von vier und mehrern Sklavinnen; von welchen eine die Betelbose trägt. Diese Dosen sind reichlich mit Gold und Silber verziert, und machen einen vorzüglichen Gegenstand des Luxus aus.

Die Mannspersonen erscheinen nie in Damengesellschaften, ausgenommen bey Verlobungen.

Des Abends in ihren Equipagen in der Stadt herumzufahren, ist ein Hauptvergnügen der bataviaschen Damen. Ehemahls, wie Batavia sich noch in blühendern Wohlstande befand, ließen sie sich auf diesen ihren Zügen von einigen Musikanten begleiten. Jetzt ist dies eben so selten geworden, als die Fahrten in kleinen Schif-

Schiffen auf den Graben der Stadt, auf denen man sonst ganze Gesellschaften mit Musikanten sah.

Ich fand noch eine Schauspielergesellschaft hier, aber auch noch vor meiner Abreise erlebte sie das Ende ihrer Tage.

Die Wagen zu Batavia gleichen sehr unsern Charetten; jeder kann sich Equipage halten, allein auch der Wagen verräth den Rang des Besitzers und jeder, die Räthe Indiens und einige andere Bediente der Kompagnie ausgenommen, der eigene Equipage hat, muß dafür der Kompagnie eine Abgabe von hundert fünf und dreyßig Reichsthalern erlegen. Die mehrsten miethen sich einen Wagen für sechzig Reichsthaler monatlich, und dann wird der Impost von dem Wagenvermiether entrichtet. Jedem Wagen muß, einem Policengesetze gemäß, ein Sklavenjunge mit einem Stocke in der Hand, voraufslaufen; dies geschieht, damit niemand übergefahren werde; welches sonst wohl geschehen könnte, weil die Straßen nicht gepflastert sind, und man deßhalb den Wagen nicht kommen hört. Sänften von der Form der europäischen, sieht man in Batavia nicht; wohl aber, wenn gleich selten, kleine, schmal zulaufende Kasten, welche die Stelle der Sänften vertreten.

Sechster Abschnitt.
Auswärtige Komptoire.

Die Besitzungen der holländisch-ostindischen Kompagnie in Indien theilt man in die, welche im Osten, und in die, welche im Westen von Batavia gelegen sind.

Un-

Unter den Besitzungen im Osten von Batavia stehet das Gouvernement von Ambon oben an. Zu demselben gehören die benachbarten Eilande, und ein Theil von dem Eilande Ceram. Das gesammte Personale dieses Gouvernements wird auf acht bis neunhundert geschätzt.

Das einzige Produkt dieses Eilandes sind Gewürznelken, die hier in einer so großen Menge erzeugt werden, daß die hohe Regierung mehreremahle befahl, eine sehr beträchtliche Anzahl Bäume, welche diese Frucht hervorbringen, auszurotten, und nur eine gewisse bestimmte Anzahl zu pflanzen und zu erhalten. Eine solche Resolution erschien im Jahr 1768. Damahls fanden sich 759,040 Stück, theils schon tragende, theils junge Bäume; diese sollten bis auf 550,000 vermindert werden. Das Jahr 1770 war ein äusserst gesegnetes Jahr; in demselben wurden über 2,200,000 Pf. Nelken geliefert, von welchen das Pfund der Kompagnie kaum fünf Stüver kostete.

Banda ist das zweyte Gouvernement im Osten. Es besteht aus verschiedenen kleinen Eilanden. Die Besatzung und alle Bediente zusammen gerechnet, mag das Personale der Kompagnie hier fast eben so zahlreich seyn, als im vorigen Gouvernement.

Feindliche Angriffe hat man hier eben nicht zu fürchten; die Natur selbst sichert; die Ufer von Banda sind so steil, daß es fast unmöglich ist, irgendwo zu landen; auch machen sowohl die reißende Ströhmung als die enge Fahrt dies Wasser gefährlich. Die Schiffe der Kompagnie können nicht anders an diese Insel gelangen, als daß sie sich durch kleine Fahrzeuge mit Tauen heran bugsiren lassen.

Die Produkte sind Muskatennüsse und Blüthen; von jenen kostet der Kompagnie das Pfund fünfviertel Stü-

Stüver, und das Pfund Blüthen kömmt Ihr fast auf neun Stüver.

Das dritte Gouvernement ist das von Ternate, worunter auch Tibor steht. Die ganze Besatzung wird auf siebenhundert Mann angegeben. Wegen Ternate darf man nicht so sehr besorgt seyn, als der eben genannten Gewürzinseln wegen; dort sind nehmlich alle Gewürzliefernde Bäume ausgerottet, und keiner darf wieder welche anpflanzen. Dies Gouvernement ist der Kompagnie mehr nachtheilig als vortheilhaft; gleichwohl ist es äusserst wichtig zur Beschützung der Gewürzinseln; Ternate nehmlich dient, nebst fünf bis sechs andern daneben liegenden Eilanden, zum Schlüssel für jene Inseln. Diese durch ihre Lage so wichtigen Inseln nennet man die Moluken. Das Gouvernement von Ternate verursachet der Kompagnie eine jährliche Ausgabe von etwa hundert und vierzigtausend Gulden, und der Gewinn von den, unter den dortigen Eingebohrnen verhandelten Waaren beträgt nur sechszig bis siebzig tausend Gulden. Im August 1770 litt Ternate besonders viel durch Erdbeben; mehr als sechszig starke Stöße erfolgten innerhalb vier und zwanzig Stunden; die Westungswerke wurden dadurch sehr beschädigt.

Makasser auf Celebes ist das vierte Gouvernement; ein Theil dieser Inseln ist der Kompagnie unterworfen; und mit den mehresten, im übrigen Theile herrschenden Fürsten, sind von der Kompagnie Bündnisse geschlossen. Die Besatzung ist hier eben so stark, wie im vorigen Gouvernement. Hie und da hat die Kompagnie Westungen, aber die größte Sicherheit verschafft sie sich dadurch, daß sie ihre Bundesgenossen gegenseitig in fortdaurender Eifersucht erhält, damit sie nicht gemeinschaftlich die Holländer angreifen mögen. Im Jahr 1755 wurden in diesem Gouvernement gewonnen achtzigtausend Gul-

Gulden, und hundert und fünf und funfzigtausend Gulden mußten ausgegeben werden. Sklaven und Reis sind die wichtigsten Ausfuhrartikel dieser Insel; aber auch zur Erhaltung der Molukken und der Gewürzinseln ist Celebes von großem Werthe.

Auf der Insel Timor, die zum Theil den Holländern, zum Theil den Portugiesen gehört, hat die Kompagnie ein Oberhaupt. Einnahme und Ausgabe sind sich hier ohngefehr gleich, und so verhält es sich auch zu Banjer-massing auf der großen Insel Borneo; das Hauptprodukt dieser Insel ist Pfeffer.

Malakka, das fünfte Gouvernement, ist ein Ort von Wichtigkeit. Der Besitzer desselben kann die Durchfahrt durch die Straße von Malakka nach dem östlichsten Asien sperren; alle Schiffe, welche nach China, Siam, den Molukken und den Sundaschen Inseln wollen, müssen entweder durch jene Straße, oder durch die Straße von Sunda. Die dortige gesammte Besatzung wird auf fünfhundert Mann angegeben. Die Ausgaben tragen hier hunderttausend Gulden und eben so hoch steigt die Einnahme.

Das sechste Gouvernement befindet sich auf der Nordostküste von Java; der Gouverneur desselben hat seine Residenz gewöhnlich zu Samarang. Zu diesem Gouvernement, das Reis und Holz in sehr großer Menge liefert, und gegenwärtig das vortheilhafteste von allen in ganz Indien seyn soll, gehören alle Seeplätze bis nach Cheribon hin, in welchen sich Residenten oder Oberhäupter befinden.

Das siebente Gouvernement liegt auf der Küste von Koromandel; unter diesem stehen ausser Negapatnam alle Handelsplätze der Holländer auf dieser Küste, nemlich Pallcol, Sadraspatnam, Jaggernackpoeram und Bimilipatnam;*) die von dorther kommenden Waaren bestehen in baumwollenen Zeugen aller Art.

Ceylon macht das achte Gouvernement. Seit dem im Jahr 1763 mit dem Kaiser von Kandi geschlossenen Frieden, ist diese große Insel ganz den Holländern unterworfen; denn dieser Friede machte die Holländer zu unumschränkten Herren der gesammten Küsten, und aller daran befindlichen Häfen; nur die inneren Gegenden des Landes verblieben dem Kaiser; doch soll der Krieg, den jener Friede endigte, der Kompagnie auch über acht Millionen Gulden gekostet haben.

Das vornehmste und fast einzige Produkt der Insel Ceylon ist Zimmt; doch zieht auch die Kompagnie mehrentheils alle Jahre hunderttausend Reichsthaler von der Perlenfischerey. Ehemals wurden nur auf den tutokorinschen Banken Perlen gefischt; jetzt fischt man sie auf den Perlenbanken, die an der Ceylonschen Seite bey Manaar und Aripo liegen. Wenn die Zeit zum Fischen sich nähert, so werden die Austern von dem Ceylonschen Rathe untersucht; findet es sich, daß sie die gehörige Größe haben, so wird die Zeit, wenn die Fischerey anfangen soll, bekannt gemacht, und man bestimmt die Zahl der Fahrzeuge und Leute, die auf den Fang ausgehen sollen; die Zahl der Taucher wird meistens auf sechs und neunzig bestimmt. Der Gouverneur von Ceylon zieht gewisse Procente von dem, was der Fang der Kompagnie einträgt.

In Bengalen hat man den Handel einem Direkteur anvertrauet, weil das Grundgebiet der Holländer in diesem Reiche nur klein ist. Eben dies ist auch in
Surate

---
*) Negapatnam ist bekanntlich jetzt eine englische Besitzung. L.

Suratte der Fall; hier besitzt die Kompagnie, wie in Bengalen, eine Factorey, und ihre Jurisdiktion erstreckt sich auch hier nicht weit. Bengalen liefert baumwollene Zeuge, Salpeter und Opium, und Suratte vorzüglich allerley Arten Zeug und Kattun.

Die Besitzungen auf der Küste Malabar stehen unter einem Kommandeur; das Hauptprodukt ist hier Pfeffer, und den malabarischen Pfeffer hält man für den besten von ganz Indien.

Auf der Westküste von Sumatra befindet sich gleichfalls ein Kommandeur, und hier giebt es Gold, Kampher und Pfeffer.

Auch auf Bantam ist ein Kommandeur angestellt, von dorther erhält die Kompagnie den mehrsten Pfeffer.

Auf der Binnen- oder Ostküste von Sumatra im Reiche Palambang, hält die Kompagnie einen Residenten und zieht von dort Pfeffer und Zinn.

Und endlich hat die Kompagnie auch einen Residenten zu Cheribon, von woher sie die mehrsten Kaffeebohnen empfängt. *)

*) Nach neueren, sichern Angaben standen Einkünfte und Ausgaben in den holländischen Besitzungen in folgendem Verhältniß.

A. In dem Jahre von 1786 bis 1787.

	Ausgaben.	Gew. u. Eink.	Uebersch.	Mangel.
Batavia	3227898	1874146	1353752	–
Ceylon	1532956	793750	739206	–
Koromandel	–	–	–	–
Malabar	272617	370567	–	97890
Bengalen	218018	406452	–	188434
Suratte	53276	356728	–	303452
Padang	75692	40765	34927	–
Bantam	73178	66	79112	–
Palambang	63499	3157	60342	–
Malakka	–	–	–	–
Japan	110211	11563	–	5426

Einer der vortheilhaften Handelszweige der Holländer in Asien ist der Handel, welcher jährlich mit zwey oder

	Ausgaben.	Gew. u. Einf.	Ueberſch.	Mangel.
Amboina	235456 —	54198 —	181258 —	: : :
Banda	184834 —	17855 —	166979 —	: : :
Ternate	307118 —	35606 —	271512 —	: : :
Makaſſer	162763 —	66940 —	95823 —	: : :
Timor	19342 —	11733 —	7609 —	: : :
Samarang	356817 —	473370 —	: : :	116553
Cheribon	12791 —	31165 —	: : :	18374
Banjermaſſing	22967 —	: : :	2296 —	: : :
Cabo de Goede Hoop	1586501 —	41447 —	1172054 —	: : :
Puntiana	10668 —	1478 —	9190 —	: : :
	8,532,602 —	5068000 —	4194731 —	730129
Davon abgezogen	5068000 —	: : :	730129 —	: : :
So bleiben	3464602		3464602	

Von Koromandel und Malakka hatte man die Bücher nicht erhalten.

B. In dem Jahre von 1787 bis 1788.

Batavia	2814200 —	1961684 —	852516 —	: : :
Ceylon	1677320 —	823362 —	853958 —	: : :
Koromandel	: : :	: : :	: : :	: : :
Malabar	342072 —	229820 —	112252 —	: : :
Bengalen	180390 —	327139 —	: : :	146749
Suratte	: : :	: : :	: : :	: : :
Padang	: : :	: : :	: : :	: : :
Bantam	74020 —	11750 —	62270 —	: : :
Palambang	70239 —	4670 —	65569 —	: : :
Malakka	: : :	: : :	: : :	: : :
Japan	109541 —	139353 —	: : :	29812
Amboa	216430 —	63732 —	152698 —	: : :
Banda	176523 —	15088 —	161435 —	: : :
Ternate	297120 —	38365 —	2 8755 —	: : :
Makaſſer	184613 —	65613 —	119000 —	: : :
Timor	24786 —	7728 —	17058 —	: : :
Samarang	330407 —	495974 —	: : :	165567
Cheribon	14430 —	36764 —	: : :	22334
Banjermaſſing	52448 —	11841 —	40607 —	: : :
Cabo de Goede Hoop	1798717 —	348379 —	1450338 —	: : :
Puntiana	12068 —	4631 —	7437 —	: : :
	8375324 —	4585893 —	4153893 —	364462
Davon abgezogen	4585893 —	: : :	364462 —	: : :
So bleiben	3789431 —	: : :	3789431 —	: : :

Von Koromandel, Suratte, Padang und Malakka fehlten die Bücher. Man findet dieſe Liſten in Staat der Generale Niederl. Oſtind. Compagnie. D. I. Amſterdam 1792. p. 195. u. 196. *L.*

oder mehreren Schiffen nach Japan getrieben wird, und dieser Handel wird, die Chineser allein ausgenommen, mit Ausschließung aller übrigen Nationen getrieben. Man hat der Kompagnie das kleine Eiland Decima bey der Stadt Nangasacki angewiesen, und nach diesem Eilande werden die Waaren gebracht. Einem Oberauffeher, der nach Verlauf von zwey Jahren nach Batavia zurückkehrt, ist dieser Handel anvertrauet. Die Ausgaben dieses Komptoirs tragen jährlich volle hunderttausend Gulden; und die Geschenke für den Kaiser von Japan nehmen sicher die Hälfte dieser Summe hinweg. *)

Die wichtigsten Produkte, die nach Japan gesandt werden, sind Karet, Kampher, Baros, holländische Tücher und Zucker. Dagegen erhält die Kompagnie Japanischen Kampher, Stangenkupfer, Porcellain und etwas Lack.

Auch nach China handelt die Kompagnie; jährlich fahren vier Schiffe direkt aus Holland nach jenem Reiche; auf der Hinreise landen sie zu Batavia bloß um eine Ladung Zinn von Banca einzunehmen, das mit Vortheil in China verkauft wird.

*) Der Handel ist wohl ausschließend, es dürfen aber nur für eine bestimmte Summe Waaren von den Holländern hingebracht werden. Auf Nangasacki haben die Holländer eine Faktorey. L. — Die neuesten Nachrichten von diesem Handel und von den Eigenthümlichkeiten von Japan sind aus des gelehrten schwedischen Naturforschers, Thunbergs, Beschreibung seiner Reise zu ersehen, die er als holländischer Schiffschirurgus in den Jahren 1775 und 1776 dorthin unternommen hat. Eine vollständige und gute Uebersetzung dieser Reise aus dem Schwedischen, ist in zwey Bänden mit Kupfern bey Hande und Spener in Berlin herausgekommen, und kostet einen Thaler und zwölf Groschen.

Der Handel mit Cochin, Pegu, Persien, Mocha und anderen asiatischen Ländern, hat aufgehört; er beschränkt sich jetzt lediglich auf die eben genannten Länder; und unter diesen Ländern giebt es verschiedene, mit welchen ein Handel getrieben wird, der meinem Ermessen nach, der Kompagnie mehr Nachtheil als Gewinn bringt; dies ist besonders im Westen von Indien der Fall; hier verfiel der Handel offenbar durch die Veränderungen, welche in neuern Zeiten vorgiengen. Damahls als die Holländer ihren Handel mit diesen Ländern gründeten, hatten sie nur wenig Mitbewerber; damahls war die Macht der Britten noch unbedeutend, und die hinländischen Fürsten handelten lieber mit den Holländern, als mit ihren Nachbarn, aber jetzt ist gerade das Gegentheil der Fall. Die Britten sind mächtiger im Westen von Asien, als die Holländer es im Osten sind; fast alle europäische Seemächte schicken gegenwärtig Schiffe nach Asien, und haben im Westen Besitzungen sich verschafft; der baumwollene Waarenhandel, der ehemahls mit so großem Gewinn für die Kompagnie getrieben wurde, befindet sich fast ganz in den Händen der Britten; wenigstens wird der Einkauf durch die Britten sehr beeinträchtiget. Auch ließe sich hier vieles von der Ehrlichkeit und Treue der Diener der Kompagnie in Rechnung bringen. Man erwäge nur die Gefahren der See, die Unkosten der Schiffe und das Interesse von dem, zu diesem Handel erforderlichen Capital, so muß dies schon ein beträchtliches von dem Gewinn wegnehmen. Und nun kommt noch die große Menge unnützer Diener und das Militair obenein in Ausschlag.

Wenn der Handel in Bengalen, zu Suratte und auf der Küste Koromandel auf eben dem Fuß getrieben würde, wie der chinesische und japanische Handel, und wenn man dort statt der kostbaren Vestungen, Fak-
torepen

toreyen errichtete, so würden wenigstens die Vortheile dieselben bleiben und der Ausgaben unsäglich weniger seyn. Es kann der Kompagnie keinen bedeutenden Nutzen bringen, den Souverain in Gegenden zu spielen, in welchen sie keinen ausschließenden Handel hat, und keiner einzigen fremden Nation den Handel verbieten kann. Ihr Handel im Westen muß sich halten, denn Gewürze und japanisches Kupfer steht einzig und allein nur von der Kompagnie zu erlangen. Und dann wäre auch noch der Vortheil, daß bey weniger ausgedehnten Besitzungen sich die Misbräuche eher heben und verhindern ließen.

Ueberhaupt wären hier noch manche andere Bemerkungen über den Handel der Kompagnie. niederzuschreiben.

Wie mußte ich unter andern nicht erstaunen, als ich in Batavia sah, daß man, ohngeachtet der Kattun- und Opiumhandel Privatpersonen verboten ist, doch erlaubte, daß Engländer jene beyden Waaren zu vollen Ladungen einführten, und daß man ihnen sogar diesen Handel möglichst erleichterte. Und nicht blos jene Waaren allein brachten die Britten, sondern Waaren aller Art, theils aus Europa, theils aus andern Ländern; unsere Schiffsleute, welche diese Waaren nicht einführen dürfen, litten unsäglich dabey, und diejenigen, welche einige erlaubte Waaren mitbrachten, mußten mit Schaden verkaufen, weil bereits durch die Britten Ueberfluß davon vorhanden war. Auch die Ausfuhr des Zuckers war den Holländern verboten, und den Britten ließ man aus den Packhäusern der Kompagnie so viel Zucker verabfolgen, als sie nur verlangten; ja obenein wurden noch die Schiffe der Britten auf dem Eilande Onrust von den Arbeitern der Kompagnie ausgebessert. Im August des Jahrs 1769 sahe ich acht englische Schiffe bey dem eben erwähnten Eilande, und drey

andere

andere lagen auf der Rhede von Batavia. Doch schien es im folgenden Jahre, daß die hohe Regierung ihre Meinung in Betreff des englischen Handels etwas verändert habe. Künftig sollte nun den Britten nur Wasser und Brennholz verabfolgt werden, und jedermann wünschte, daß diese Anordnung von langer Dauer seyn möge.

Im Jahr 1742 legte sich die Kompagnie selbst noch eine drückende Last auf. Bis zu diesem Jahre war es nemlich der Mannschaft aller aus Indien zurückkehrenden Schiffe erlaubt, Waaren mitzubringen. Diese Erlaubniß wurde gemißbraucht; manches Schiff wurde überladen und einige dermaßen überladen, daß dadurch Schiffbruch erfolgte. Man nahm deshalb jene Erlaubniß zurück und statt derselben wurde nun jedem eine Prämie bewilligt. In wie weit man dadurch den Privathandel würklich eingeschränkt habe, würde sich nur alsdenn genau bestimmen lassen, wenn man die Zahl der verunglückten Schiffe in den dreyßig Jahren vor 1742 mit der Zahl der nach diesem Jahre verunglückten, vergleichen könnte. Ich für mein Theil bin der Meinung, daß der Unterschied nicht groß seyn würde. Die Prämien aber haben der Kompagnie von 1742 bis 1771 volle achtzehn Millionen Gulden, baaren Geldes gekostet. Wenn man die Bemannung eines jeden Ostindienfahrers im Durchschnitt zu hundert und zwanzig Mann annimmt, so erhielt jedes aus Asien zurückgekehrte Schiff achtzehntausend Gulden Prämien, hievon bekamen der Capitain zweytausend; der Obersteuermann fünfhundert, der Untersteuermann vierhundert, der Krankentröster dreyhundert und jeder Matrose hundert Gulden. Nimmt man nun an, daß, ein Jahr in's andere gerechnet, jährlich fünf und zwanzig Schiffe zurückkamen, so betragen die Prämien jedes Jahr vierhundert und funfzig zigtausend Gulden, mithin von 1742 bis 1771, in neun und zwanzig Jahren, dreyzehn Millionen und funfzigtausend Gulden. Zu diesen kommen nun noch die Interessen mit fünf Millionen und hundert und breytausend Gulden und dies giebt die vorerwähnte Summe von achtzehn Millionen hundert und drey und funfzigtausend Gulden.

Sollte man nicht auch den Verfall der Stadt Batavia (die vornehmlich durch Privathandel ihren Wohlstand erhielt,) zum Theil der Einführung jener Prämien zuschreiben müssen? Gewiß ist, daß alte glaubwürdige Männer, die vierzig und mehrere Jahre lang in Batavia gelebt hatten, mich versicherten, daß der jetzige Handel in Batavia himmelweit von dem unterschieden sey, der vor 1749 dort getrieben wurde. Freybürger, die niemals in Diensten der Kompagnie, gestanden hatten, kehrten in jenen Zeiten mit Schätzen beladen nach ihrem Vaterlande zurück; dagegen ist es jetzt ein seltenes Beyspiel, daß ein Privatmann hier durch den Handel reich wird. Batavia sinkt mit jedem Jahre tiefer, und gleichwohl sollte alles mögliche geschehen, was diese Stadt als den Mittelpunkt der Besitzungen der Kompagnie, heben und im Flor erhalten könnte! Auch leidet Batavia sehr dadurch, daß seit einigen Jahren dort eine so große Sterblichkeit geherrscht hat. Die wahrscheinlichste Ursache derselben liegt in der Anhäufung des Schlamms an der Seeseite, die zum Theil bey der Fluth überschwemmt wird; die Ebbe läßt Seeschlamm und allerhand Unreinigkeiten zurück, diese gerathen bey der großen Sonnenhitze schnell in Fäulniß, und theils dadurch, theils durch die häßlichen Dünste der benachbarten Moräste, wird die Luft verpestet. In dem obersten Theile der Stadt, der am weitesten von der See entfernt liegt, ist die Sterblichkeit nicht so groß als in der Nachbarschaft

schaft des Kastels, das jenem Schlamm und den Mord-
ſten ſo nahe iſt; ein klarer Beweis, daß die angegebene
Urſach am ſtärkſten wirkt. An der Oſtſeite des Fluſſes
erſtreckt ſich der Schlamm bereits über zweytauſend Fuß
weit.

Das Königreich Jaccatra ſelbſt, wird, wie ich bereits im vorhergehenden bemerkt habe, von dem Rathe
von Indien und beſonders durch den Generalgouverneur
regiert. Dieſer hat einen Bevollmächtigten angeſtellt,
der den Titel eines Commiſſaris tot en overde jaa-
ker van den inländer führt, und im Innern des Landes den Souverain repräſentirt. Er entſcheidet, jedoch
mit Vorwiſſen des Gouverneurs, alle Streitigkeiten
zwiſchen den inländiſchen Großen; er fordert die Geld-
ſtrafen ein, die jenen zuerkannt werden, und von welchen der Einſammler den mehreſten Vortheil hat; in
den entferntern Gegenden wird er als Fürſt geachtet und
geehrt, und er iſt es, von dem hier das Heil jedes einzelnen nur zu ſehr abhängt.

Die Statthalter, die unter ihm das Land regieren,
werden aus den Eingebohrnen genommen. Die erſten
dieſer Regenten heißen Abapatis und ihnen iſt die Regierung eines großen Landſtrichs anvertraut.

Auf die Abapatis folgen die Tomahgongs;
dieſe ſtehen aber im Range tief unter jenen, und haben
nur in kleinern Bezirken zu gebieten; doch regiert jeder
Tomangong unabhängig von dem andern.

Unter den Tomangons ſtehen die Jnghebe'es;
dieſe haben alle Streitigkeiten von geringem Belange
unter den Einwohnern ihres Diſtrikts zu ſchlichten, ſie
können aber auch von den ſtreitenden Theilen vor den
Commiſſaris gebracht werden.

Nur in wichtigen Vorfällen, bey welchen die Kompagnie beſonders intereſſirt iſt, wird unmittelbar von der
hohen

hohen Regierung selbst entschieden; solche Vorfälle sind aber sehr selten.

Der Commissaris, der außerhalb der Stadt wohnt, hat des Nachts eine Wache von Einländern und außerdem noch zwanzig bis vier und zwanzig Aufpasser, zu Gebothe; dies sind Javaner, gehen bewaffnet und müssen die Befehle des Commissaris ausführen.

Die vornehmsten Producte, welche dies Reich liefert, sind: Zucker, Kaffee, Indigo und baumwollen Garn, und die Einkünfte, welche die Kompagnie von demselben zieht, betragen jährlich eine volle Million Gulden.

Die Briefe der hohen Regierung an die inländischen Fürsten werden in holländischer Sprache abgefaßt; man fügt aber eine Uebersetzung in der Muttersprache des Fürsten bey, der den Brief erhält. Zu dem Ende sind verschiedene Uebersetzer zu Batavia angestellt, die gut bezahlt werden und Kaufmannsrang haben. Die Briefe, welche die inländischen Fürsten der hohen Regierung senden, sind auf Gold- und Silbergeblümten Papier geschrieben und werden mit vieler Feyerlichkeit überreicht.

Der Brief, den, nach dem Friedensschluß, der Kaiser von Kandi, der hohen Regierung sandte, und der eine Vollmacht für den Gesandten enthielt, über gewisse Angelegenheiten zu unterhandeln, über die man zu Ceylon nicht einig werden konnte, war auf ein Blatt von massiv geschlagenem Golde geschrieben. Das Blatt hatte die Form eines Kokosblattes und die Buchstaben waren künstlich darauf graviert. Aufgerollt steckte dies Blatt in einem goldenen Köcher, der mit feinen auf Golddrath gereiheten Perlen umwunden war. Der Köcher lag in einer massivgoldenen Dose, diese in einer Dose von massiven Silber, mit des Kaisers großem, in rothes Lack abgedrucktem Siegel verwahrt, die silberne Dose

se umschloß wieder eine Dose von Elfenbein, diese steckte in einem Beutel von schwarzem Goldstoff und den schwarzen Beutel umgab wieder ein weißer, von Kattunleinwand, mit dem kleinen Siegel des Kaisers versehen. Bey der Abschiedsaudienz, bey welcher der gesammte Rath von Indien zugegen war, ward jedem der kaiserlichen Abgeordneten eine goldene Kette umgehängt. Alle Mitglieder der hohen Regierung erhoben sich von ihren Sitzen, sowohl als die Gesandten in den Rathssaal traten, als da sie ihn wieder verließen, doch behielten die Herren Räthe, während der ganzen Ceremonie, gleich den Grands d' Espagne von der ersten Classe, den Hut auf dem Kopfe.

Von allen zu Batavia ein- oder ausgeführten Waaren muß Zoll entrichtet werden. Jährlich wird dieser Zoll nebst andern Auflagen verpachtet und meistens sind die Pächter Chineser. Diese Pachten tragen gewöhnlich monatlich zwey und dreyßigtausend Reichsthaler oder sechs und siebzigtausend achthundert und sechs Gulden, jährlich also neunhundert und ein und zwanzigtausend sechshundert Gulden.

Von alle den kleinen vor Batavia liegenden Eilanden werden nur viere von der Kompagnie benutzt, und unter diesen ist das Eiland Onrust das vornehmste. Dies fast runde und kleine Eiland hat ohngefehr nur zweyhundert und dreyßig Ruthen im Umfang; es ragt sechs bis acht Fuß hoch über dem Wasser hervor, und ist im Nordwesten fast drey Stunden weit von Batavia entlegen. Mitten auf demselben sind zehn bis zwölf grosse Magazine erbauet, in welchen, unter Aufsicht zweyer Administratoren, Zinn, japanisches Kupfer, Salpeter und andere Waaren aufbewahrt werden. Diese Packhäuser sind mit vier Bollwerken und drey Curtinen umgeben, aber diese, so wie noch drey andere, dicht am

Wasser

Waſſer angelegte Werker, ſind mit mehr nicht als mit
ſechszehn Kanonen von verſchiedenem Caliber beſetzt.

Auf der Nordſeite befinden ſich zwey Sägemühlen
und auf der Südſeite ein langer Damm, auf dem drey
große hölzerne Krane ſtehen, um Maſten in die Schiffe
und aus den Schiffen zu ſchaffen. Drey Schiffe
können hier hintereinander, mit einer Seite gegen den Damm gerichtet, im flotten Waſſer liegen, und
ausgebeſſert werden, ihre Ladungen einnehmen und ausladen. Etwas weiter nach Weſten hin, kömmt man noch
zu einem zweyten, zu dem Japanſchen Damm, bey dem
ein Schiff im flotten Waſſer liegen und Waaren ein- und
ausladen kann. Die größten Ausbeſſerungen der Schiffe werden auf dieſem Eilande verrichtet. Des hieraus
entſtehenden großen Verkehrs wegen, iſt dieſe kleine Inſel
von nicht weniger als dreytauſend Menſchen bewohnt, und
unter dieſen befinden ſich etwa dreyhundert europäiſche
Handwerker. Seit dem Jahr 1730 beſitzt die Inſel auch
eine Kirche, und ein Geiſtlicher, der am Sonnabend von
Batavia kömmt, verrichtet am Sonntage in derſelben
den Gottesdienſt.

Quer gegen Onruſt über, etwa hundert Ruthen
weit davon entfernt, liegt das Eiland De Kniper, welches noch um ein Drittel kleiner, als Onruſt iſt. Auch
hier hat die Kompagnie verſchiedene Packhäuſer, die vorzüglich zur Aufbewahrung des Kaffees beſtimmt ſind.
An der Südſeite ſind zwey Dämme angelegt, um die
Schiffe zu beladen und auszuladen. Dies Eiland iſt
gänzlich unbewohnt, die Arbeitsleute, welche daſelbſt zu
thun haben, gehen des Abends nach Onruſt bis auf
zwey Mann, die zur Bewachung des Eilandes zurück-
bleiben; dieſe haben eine Menge Hunde bey ſich, welche
ſo bösartig ſind, daß ſich keiner unterſtehen darf, einen
Fuß auf die Inſel zu ſetzen.

Oſt-

Ostwärts von Onrust, und noch einmal so weit wie De Kniper davon entfernt liegt das Eiland Purmerend, das ohngefähr anderthalbmal so groß ist, als Onrust. Es ist mit schattenreichen Bäumen bepflanzt und in der Mitte desselben steht ein Krankenhaus für unheilbare Kranke, die man von Batavia hieher sendet. Dies Hospital wird lediglich von der Menschenliebe der Europäer und Javaner, und zwar vorzüglich von den letztern durch freywillige Beyträge unterhalten.

Das vierte der erwähnten Eilande ist das Eiland Edam; es liegt Nordnordostwärts etwa drey Meilen von Batavia, und mag ohngefähr eine halbe Stunde im Umfange halten. Es ist mit einer Menge sehr starker Bäume bewachsen und unter diesen findet sich einer, dessen Stamm wohl zwanzig Menschen nicht umklaftern können, die äußersten Zweige desselben haben sich zur Erde hinabgesenkt, Wurzel gefaßt, und sind zu Bäumen herangewachsen, von denen einige schon zwey Fuß dick sind. Die Javaner verehren diesen Baum als heilig. Auf dieser Insel hat die Kompagnie Packhäuser, in welchen Salz liegt, vorzüglich aber dient sie zum Verbannungsort, und die hieher Verwiesenen müssen Schiffstaue machen.

Viertes Buch.
Vom Vorgebürge der guten Hoffnung.

Erster Abschnitt.
Lage und natürliche Beschaffenheit des Vorgebürgs.

Am fünften November 1770 verließen wir Batavia und am dritten Januar des folgenden Jahrs warfen wir die Anker auf der Rhede des Vorgebürges der guten Hoffnung.

Dies Vorgebürge ist eigentlich die Westspitze der Bay Falso, unter 34 Grad 25 Minuten südlicher Breite und unter dem 35sten Grad östlicher Länge von Teneriffa belegen. Das südlichste Vorgebürge aber ist das Caabo des Aiguilles oder Anguilhas, das noch einige Meilen östlicher, nehmlich unter 34 Grad und 50 Minuten südlicher Breite liegt.

Von diesem letztern Vorgebürge läuft ein Felsenrief wenigstens bis zum 36sten Grad südlicher Breite und vielleicht noch weiter in See. Hohe, aus Südwest kommende Wogen verkündigen dem Schiffer, daß er sich diesem Riefe nähere, und die Beschaffenheit des Meergrundes giebt ihm zu erkennen, ob er sich im Osten, oder im Westen des Caabo des Anguilhas befinde. Stürme, die man häufig auf dem Riefe hat, machen hier die Fahrt äußerst gefährlich, und haben schon manchen Schiffbruch veranlaßt, weil gerade in der Zeit, wenn diese Stürme am häufigsten und stärksten sind, nemlich im April

April oder May, die Retourschiffe der zweyten Absendung hier ankommen.

Etwa sieben Meilen nördlicher von der Westseite der Bay Falso liegt der Löwenberg. Von dem nördlichsten Theile desselben, oder von dem Löwenschwanze, zieht sich eine niedrige sandigte Spitze hinweg, welche man die Dulntjes nennt und die die Westspitze der Tafelbay ausmacht. Die Tafelbay selbst ist ein geräumiger Meerbusen, in dem die Schiffe gegen alle Winde geschützt liegen, ausgenommen gegen den Nordwest- und den West-Nordwestwind; toben diese Winde, so entsteht hohe See und ein solcher Sturm war es, durch den die Kompagnie im Jahr 1737 sieben Schiffe von der Retourflotte verlohr.

Vor der Bay liegt das kleine niedrige Robbeneiland, das volle drey Viertelstunden im Umfang hat. Auch dies Eiland dient zum Verbannungsorte für Strassenräuber, die man dorthin, von Indien sowohl, als vom Vorgebürge der guten Hoffnung, sendet. Sie arbeiten dort täglich einige Stunden für die Kompagnie; vorzüglich müßen sie Steine hauen und an den Strand hinschaffen, von wo aus man sie dann nach dem Vorgebürge bringt. Ein Sergeant und ein Posthalter mit vier- und zwanzig Mann Soldaten bewachen diese Verbannten, deren Anzahl im Jahr 1771 auf siebzig stieg. Durchaus kein Frauenzimmer darf sich auf diesem Eilande aufhalten, nicht einmal die Frau des Posthalters.

Die Tafelbay hat im Süden drey hohe Berge, von welchen der Löwenberg der westlichste, der Tafelberg der mittelste und der Wind- oder Teufelsberg der östlichste ist. Sie bilden zusammen fast einen Halbzirkel, den man die Tafelvalley nennt, und in dieser liegt Kapstadt nebst dem Kastel.

Der

Der Löwenberg, der von einem gewissen Standpunkt aus betrachtet, die Gestalt eines liegenden Löwen hat, erhebt sich, nach de la Caille, 2151 rheinländische Fuß über die Oberfläche des Meers, und der Theil dieses Berges, den man den Löwenschwanz nennet, ist 1140 solcher Füße hoch. Auf der Spitze des Berges, desgleichen auf dem Löwenschwanze ist eine große Stange errichtet, woran zwey Signalflaggen aufgezogen werden, sobald man ein Schiff in See entdeckt. Alle Monate werden diese Signale verändert, und zwey Jahre zuvor, wird nicht nur nach Holland, sondern auch nach den Komptoiren in Asien berichtet, welche Verfügungen man in Ansehung dieser Signale getroffen habe. Den Befehlshabern der Schiffe, die nach dem Vorgebürge gehen, wird die Beschreibung dieser Signale versiegelt mitgegeben; man eröfnet sie, so bald man den Berg in's Gesicht bekommt und erkennet nun an der Uebereinstimmung der würklichen mit den beschriebenen Signalen, ob man sicher auf die Rhede fahren könne. Ein oder zwey Mann haben immer die Wache auf dem Löwenkopfe, und so oft diese ein Schiff erblicken, feuern sie eine Kanone ab, die zu diesem Behuf nicht ohne große Mühe auf diese Höhe hinaufgeschaft worden ist. Die Höhe des Tafelbergs beträgt nach de la Caille 3416, und die des Windbergs 3215 Fuß.

Diese hohen und so nahe gelegenen Berge verursachen den Bewohnern der Stadt während der Südost- oder guten Mousson viele Unbequemlichkeiten, weil heftige Stoßwinde von dort herabwehen. Einige Stunden zuvor ehe dergleichen Stoßwinde einbrechen, zeigt sich, eine kleine Wolke oben auf dem Tafelberge; an diese setzen sich andere, kleinere, und vergrößern jene so, daß

Stavor. Reisen.   Q   sie

sie endlich den ganzen obern Theil des Berges bedeckt. Diese Wolke senkt sich oft bis auf die Hälfte des Bergs, und nun rollen die Wolken wogend in die Kluft hinab.

Dann erheben sich jene heftigen Stoßwinde, und halten zuweilen vier und mehrere Tage an. Während dieser Zeit wagt man es kaum auszugehen, denn der Wind wirft die Leute auf den Straßen um, und treibt kleine Steine bis nach den Schiffen, die auf der Rhede liegen. Ein Glück ist es, wenn die Schiffe nicht von ihren Ankern losgerissen werden; um sich hievor zu sichern, pflegen sie bey solchem Anlaß an dem Robbeneilande vor Anker zu gehen.

Wenn man gleich die Zeit, in welcher jener Wind tobt, die gute Jahrszeit nennt; so hat man doch vom May bis zum September, in der sogenannten bösen Mousson, weit bessere Tage; man nennet diese Zeit nur deßhalb die böse Mousson, weil während derselben zuweilen heftige Nordwestwinde wehen, und die Rhede der Tafelbay unsicher machen; eben wegen dieser Winde müssen die von der Mitte des Mays bis zur Mitte des Augusts ankommenden Schiffe nach der Bay Falso gehen, wo sie gegen alle Winde geschützt liegen.

Die Berge von Hottentotsholland liegen weit nach Osten hin, und bilden eine Kette, die sich nordwärts zieht, und im Süden, bey der Ostspitze der Bay Falso sich endigt. Der blaue Berg, der Kuhberg und die Tiegerberge sind nicht weit vom Kap entfernt.

Am Fuße der Berge ist das Land sehr fruchtbar, aber in den großen Thälern ist dürrer, sandiger Boden, der wegen Wassermangel wenig hervorbringt. Im Bezirk der Stadt ist der Boden an vielen Stellen salzicht,

also

also dem Weinbau nicht günstig; deshalb legte auch der Gouverneur van der Stel seinen Weinberg Constantia in einer, von der Stadt entferntern Gegend an, wo man einen für den Weinbau günstigen Boden fand. Herr van der Stel untersuchte den Boden, er ließ Erde ausgraben, vermischte sie mit Wasser und fand süßen Boden. Diese Anekdote erzählte mir ein alter Mann, dessen Vater den Garten anlegen half.

Große Flüsse giebt es hier nicht, alle Waaren müssen also auf der Axe transportirt werden, und der größte Fluß, Zoute Rivier, (der salzige Fluß) kann überall bis zu der Stelle hin durchwadet werden, wo er in die See fällt.

Alles, was zum Lebensunterhalt gehört, bringt das Land im Ueberfluß hervor. Der Waizen ist vorzüglich gut, und wird in einer solchen Menge gewonnen, daß, ausser den jährlichen Versendungen nach Batavia, die Engländer und vorzüglich die Franzosen große Quantitäten davon, theils in Mehl, theils als Schiffszwieback nach ihren indischen Besitzungen ausführen. Tausend Pfund von diesem Waizen verkauften zu meiner Zeit die Kolonisten in der Stadt für sechs und dreyßig Gulden.

Wein wird gleichfalls in Menge gekeltert. Man hat Sorten verschiedener Art; jede derselben aber ist sehr schätzbar. Den Muscateller und den Steinwein hält man nach dem Konstantiawein für den vorzüglichsten. Es giebt auch eine Sorte, welche den Geschmack des Maderaweins, aber bey weitem nicht gleiche Stärke hat. Von den geringsten Sorten gilt der Legger fünf und dreyßig Reichsthaler; der Legger Muskateller wird für sechszig bis siebzig, und der Ohm Konstantiawein für sechszig bis fünf und sechszig Reichsthaler verkauft. Nur Konstantia liefert den Wein dieses Nahmens. Dieser Weinberg liegt hinter dem Tafelberge nach der Seite der Bay Falso, und ist nicht viel über zwanzig Morgen Landes im Umfange groß. Es ist eine Muskatellertraube, welche diesen herrlichen Wein giebt; man läßt sie so lange an den Reben sitzen, bis sie überreif sind; *) dann werden die faulen Beeren ausgesucht, und aus den übrigen der Wein gepreßt; dies geschieht im März.

Man findet hier auch alle Arten von Bäumen und Früchten, sowohl die dem heißen Himmelsstriche, als auch die, welche Europa eigen sind. Nur Johannisbeeren sah ich nicht, und die Abrikosen und Pfirsichen dünkten mir nicht so schmackhaft, als unsere europäischen.

Zweyter Abschnitt.
Von den Thieren.

Die hiesigen Pferde sind kleiner, als die europäischen, aber im Laufen nicht zu ermüden. Einige lassen sich gut reiten, aber nicht der Pferde, sondern der Ochsen bedient man sich hier zum Ziehen. Die kapschen Kühe geben nicht so viel Milch, als die holländischen, und diese Milch wird für ein ungesundes Nahrungsmittel gehalten; man giebt ihr nehmlich Schuld, daß sie erhitzt. Auch sind die

*) Dood ryp.

die Kühe hier kleiner, und die, welche von Zeit zu Zeit aus Holland hieher kommen, werden weit höher geschätzt, als die inländischen.

Schafe hat man im Ueberfluß. Diese sind durchaus größer, als in Europa, und ihr Fleisch ist eben so wohlschmeckend. Der Schwanz dieser Thiere, der bloß aus Fett besteht, wiegt fünf Pfund und zuweilen noch mehr. Statt der Wolle tragen sie eine eigene Art Haare, und dies Haar ist nicht sehr fein. Man findet am Vorgebürge auch Schafe, die aus Europa hinüber gesandt wurden; auch diese sind hier fortgekommen, doch bey weitem nicht in so großer Menge vorhanden, als jene.

Zu den wilden Thieren des Landes gehören der Löwe, der Tieger, der Leopard, der Wolf, der Büffel und der Affe; aber selten sieht man noch eines dieser Thiere am Kap, nur der Wolf zeigt sich noch, doch nie anders als bey Nacht.

Gestreifte Esel werden zuweilen gefangen und zahm gemacht; auch ich fand einen im Thiergarten der Kompagnie; so zahm wird er indeß nie, daß er ruhig ohne zu beissen und zu schlagen, bey andern Thieren stände.

Man fängt auch Strauße, und die Straußeyer, die sehr gut zum Gebäcke sind, werden das Stück für zwey bis drey Stüver verkauft; man nimmt sie gern mit auf Reisen, weil ein einziges dieser Eyer, so viel enthält, als zwanzig Hühnereyer.

Seekühe, die sich zuweilen in den Flüssen zeigen, sahe ich nicht, aber ich aß Seekuhfleisch, und fand es, vorzüglich das Fett, sehr wohlschmeckend. Es stößt nicht auf, wenn man auch viel davon zu sich nimmt, und wer es nicht weiß, ißt dies Fleisch für Rindfleisch.

An Wild fehlt es auch noch nicht; man hat Hasen, Schnepfen, Steinböcke und anderes Wildpret; das Fleisch des Steinbocks ist eine Delikatesse und wird für das beste Wildfleisch gehalten.

Dies Meer liefert den Bewohnern des Vorgebürges einen Ueberfluß von Fischen aller Art. Der Hottentotsfisch, der einem Seebrassen gleicht, wird täglich in Menge zu Markte gebracht. Den noch etwas größern Romansfisch hält man für den schmackhaftesten; auch fängt man Schollen und Rochen.

Insekten, die warmen Ländern besonders eigen sind, trift man in großer Menge an. Vorzüglich werden die Einwohner von Fliegen geplagt. Auch giebt es Skorpionen, Spinnen und Tausendbeine, oder Scolopender.

Dritter Abschnitt.
Von den Einwohnern.

Die Hottentotten, die ursprünglichen Besitzer des Landes, haben sich jetzt größtentheils vom Vorgebürge entfernt. Die wenigen, die ich von diesen Menschen sah, waren von mittlerer Größe, aber nicht untersetzt, grob von Knochen, und von dunkelbrauner Farbe; sie hatten große Augen, eingedrückte Nasen und dicke Lippen. Ihr dickes, schwarzes, und wie bey den Negern gekräuseltes Haar war mit Schmiere aller Art reichlich versehen, und unzertrennbar an einander geklebt; desto schöner waren ihre Zähne, nehmlich schneeweiß und klein. Statt aller

aller Kleidung hatten sie blos ein Schaaffell um die Schulter gehangen,' auch waren die Zeugungstheile bey beyden Geschlechtern bedeckt, diese Hottentotten vermiethen sich oft bey den Holländern als Viehhirten, und auch zur Verrichtung anderer Arbeit. Sie wohnen in kleinen Dörfern, die sie Kraale nennen, und stehen insgesammt unter einem Oberhaupt, das sie selbst wählen und dem sie den Kaphainstitel ertheilen. Der Gouverneur des Vorgebürges bestätigt die Wahl eines solchen Kapitains, und ertheilt ihm, zum Zeichen seiner Würde, ein spanisch Rohr mit einem großen kupfernen Knopfe, auf dem das Wappen der Kompagnie eingegraben ist. Der Kapitain ließe ehe sein Leben, als diesen Stock fahren.

Die wahren Besitzer des Vorgebürges sind die Holländer; zum Flor der hier angesiedelten Kolonie trug aber eine Menge französischer Flüchtlinge sehr vieles bey. Die Fruchtbarkeit der Frauen unter diesem gesunden Himmel beförderte die Bevölkerung äußerst schnell. Frauen, die weniger als sechs Kinder zur Welt brächten, sind hier selten, häufig sieht man Mütter, die zehn, zwölf und mehr Kinder gebähren. Daher rührt es, daß die Kolonisten sich bereits volle hundert Meilen weit vom Kastel ausgebreitet haben. Viele dieser so entfernt wohnenden Landleute kommen nie nach dem Kap; sie leben von dem, was ihnen auf ihrem eigenen Grund und Boden zuwächst, und wenn sie dabey manches von dem was wir haben, entbehren, so wissen sie dagegen auch desto weniger von Krankheiten und andern Plagen, die uns heimsuchen.

Auch die Bewohner der Kapstadt, sowohl von dem einen, wie von dem andern Geschlecht, haben eine sehr frische und gesunde Farbe; sie sind wohlgebildet und unter h.n Frauenzimmern sind viele recht sehr schön. Im
Q 4   all-

allgemeinen sind die Weiber hier auch weit geistreicher, als die Männer, und im Umgange frey und ungezwungen. Sie bringen den größten Theil der Zeit in Freude und Wergnügen hin und daher ist ihnen der Fremde, vorzüglich der Britte, der kein Geld schonet, ihnen Zeitvertreib zu machen, äußerst willkommen. So wenig Anspruch der gemeine Matrose auch hat, hier vorzüglich gut aufgenommen zu werden, so trifft es sich doch nicht selten, daß ein Matrose, der los und ledig hier ankommt, als Ehemann wieder von dannen geht.

Die Einwohner führen hier allgemein ein sehr gemächliches Leben. Die Männer, welche Freyburger sind, sieht man selten öffentlich, sie halten sich die mehrste Zeit zu Hause, bleiben unangekleidet und vertreiben sich die Zeit mit Tabakrauchen, wobey sie langsam im Zimmer umherwandeln. Nach dem Mittagsessen überlassen sie sich wie in Asien, dem Schlafe, und mit dem Abend eilen sie zu den Karten. Freunde der Lektüre findet man unter ihnen nicht, und so wissen sie denn auch von alle dem, was in andern Welttheilen vorgeht, nichts mehr, als was sie von den ankommenden Fremden erfahren. Ich traf viele, die sich schlechterdings nicht überzeugen lassen wollten, daß es irgendwo auf Erden ein schöneres und besseres Land, als ihr Vorgebürge gebe.

Beyde Geschlechter kleiden sich auf holländische Art; doch wird zum Anzug des schönen Geschlechts weit mehr erfordert, als man an einem so kleinen Orte erwarten sollte.

Redlichkeit ist im allgemeinen ein Hauptzug im Charakter der Kapbewohner, besonders unter den Landleuten. Für den ankommenden Gast ist ihnen nichts zu theuer. In der Kapstadt herrscht indeß großer Neid;
so

so daß einer dem andern auch den unbedeutendsten Vorzug mißgönnt. Durch diese Stimmung werden die dortigen Gesellschaften für einen Fremden auf die Dauer unausstehlich. Der Abwesende muß durchaus mitgenommen werden, und wenn dazu die Wahrheit nicht hinreicht, so erlaubt man sichs auch auf seine Rechnung zu lügen.

Der größte Theil der Familien in der Kapstadt lebt von dem Handel, den man mit den Matrosen treibt, oder von der Bewirthung der Schiffsofficiere; diese bezahlen dafür jeder täglich einen Reichsthaler. Wären aber die Lebensmittel hier nicht so wohlfeil, so würde man doch von dieser Art von Gastwirthschaft nicht füglich leben können. Ein gutes fettes Schaaf kostet hier selten über sieben Schillinge. Das Pfund Rindfleisch verkauft man für vier bis fünf Deute (oder Pfennige) und den Malter Waitzen für etwa vier Gulden. Vom gewöhnlichen Wein hat man die Flasche für zwey bis zwey und einen halben Stüver. Bier trinkt man wenig, obgleich in einer Brauerey nicht weit von der Stadt, ziemlich gutes Bier gebraut wird.

Aber alles, was zur Kleidung gehört, erhält man aus Asien oder aus Europa und in diesem Betracht ist es hier theuer.

Die Hauptkrankheiten, denen die Einwohner des Vorgebürges ausgesetzt sind, entstehen durch Erkältungen und diese zieht man sich leicht zu, da die Luft an einem Tage sich oft mehrere mahle verändert. Von alle den Krankheiten, die durch übermäßige Hitze oder durch böse Dünste entstehen hört man hier wenig. *) Aber unlängst

graſ-

*) Die größte Hitze, die Herr Stavorinus wahrnahm, war 87° und die schwächste Nachmittags 68° Fahr. Th.

graſſirten hier zum drittenmahle auf eine ſchreckliche Art die Pocken; viele von den Einwohnern, die dieſe Krankheit noch nicht gehabt hatten, flüchteten auf das Land und die Kapſtadt glich nun einem ausgeſtorbenen Orte. Im Anfange unſers Jahrhunderts hatte man hier noch nie etwas von dieſer mörderiſchen Seuche gehört. Im Jahr 1713 brach ſie zum erſtenmahle aus und raffte eine Menge Menſchen weg; ſo erzählten mir wenigſtens alte Leute, die jenes traurige Jahr ſelbſt erlebt hatten. Im Jahr 1755 entſtand zum zweytenmale eine Pocken-Epidemie, an welcher in kurzer Zeit mehr als zweytauſend und zweyhundert Menſchen ſtarben. Zum drittenmale kamen ſie in den Jahren 1765 und 1766 wieder, und wurden namentlich durch einen indiſchen Sklaven auf einem Retourſchiffe hieher gebracht. Jetzt wütheten ſie zwar nicht ſo heftig, als in den Jahren 1713 und 1755, ſie hörten aber auch erſt im Jahr 1769 ganz auf. Zwey Kinder wurden während der letzten Epidemie von ihrem Vater inokulirt; die Pocken zeigten ſich zwar erſt am vier und zwanzigſten Tage, aber beyde Kinder kamen glücklich davon und lebten auch noch als ich das Kap verließ. Dieſer Verſuch der Inokulation war der einzige!

Die Kapſtadt, oder eigentlich der Kapflecken, bildet ein länglichtes Viereck, und enthält etwa fünfhundert Häuſer, die mehrentheils alle nur ein Stockwerk haben. Zu meiner Zeit gab es hier noch nicht gepflaſterte Straßen. Die Kirche iſt artig und hat eine gute Orgel. Das Rathhaus iſt, wenigſtens äußerlich, ziemlich ſchön gebaut; aber dem Hoſpital fehlt es an friſcher Luft, es ſteht der Kirche gegenüber, und iſt für die Zahl der Kranken viel zu klein, auch fehlt es der Anſtalt an geſchickten Aerzten und an guten Aufwärtern. Nicht weit von der Kirche ſieht man ein Gebäude, das den viel verſprechenden Namen Bibliotheca publica führt;

in

In demselben ist ein Saal, in dem man überhaupt wenig und namentlich wenig gute Bücher findet; ganz so, wie in der Bibliothek zu Batavia. Der Küster am Kap ist zugleich Bibliothekar. Zu Deckung der Rhede ist das Kastel, eine Schanze und eine große Batterie aufgeführt.

Der Gouverneur am Kap ist zugleich Rath von Indien, und eine gewisse Anzahl, aus den vornehmsten Bedienten der Kompagnie gewählter Männer sind ihm als Räthe zugeordnet. Der erste der Räthe, so wie der Fiskal haben Oberkaufmannsrang und sind, nebst dem Oberstlieutenant oder Major, die Vornehmsten der Kolonie. Die Besorgung der Seesachen und was dazu gehört, hat man einem Equipagenmeister anvertraut, der auch Mitglied des Raths ist.

Die Justizsachen werden von einem andern Kollegio, nemlich von dem Justizrathe abgemacht, doch ist der Erste, nach dem Gouverneur, der erste Rath, Präsident dieses Kollegii. Die Todesstrafen sind auch hier unmenschlich hart. — Zur Verwaltung der Justiz sind im Innern so genannte Drysten angestellt; diese können einen Verbrecher zwar arretiren lassen, sie müssen ihn aber dem Rathe am Kap zusenden.

Die Miliz der Kompagnie besteht ohngefehr aus vierhundert Mann; und nächst dieser sind auch die Bürger und die Landleute noch in Kompagnien eingetheilt.

Die Geistlichkeit besteht aus drey reformirten Predigern, die des Sonntags zweymal Gottesdienst halten.

Der silberne Dukaton, der in Indien zu achtzig Stüber kursirt, gilt hier nur zwey und siebzig, er sey geränet oder nicht. Die Rupie nimmt man zu vier und

und zwanzig Stüver. Alles holländische Geld ist auch hier gangbar, aber der seeländische Reichsthaler gilt nur funfzig Stüver, dagegen aber kursiren die Sestehalven (sechstehalb holländische Stüver-Stücke) als Schillinge. Wie in Batavia werden auch am Kap die Rechnungen in Reichsthalern zu acht und vierzig Stüver geführt. Beym Verkauf liegender Gründe und im kleinen Handel rechnet man nach kapschen Gulden zu sechzehn Stüver.

www.ingramcontent.com/pod-product-compliance
Lightning Source LLC
Chambersburg PA
CBHW021356230426
43666CB00006B/545